董蔡时　王国平　著

生与死
胡林翼的儒将人生

辽宁人民出版社

©董蔡时　王国平　2022

图书在版编目（CIP）数据

生与死：胡林翼的儒将人生 / 董蔡时，王国平著. —沈阳：辽宁人民出版社，2022.5
　ISBN 978-7-205-10397-2

　Ⅰ.①生… Ⅱ.①董… ②王… Ⅲ.①胡林翼（1812-1861）—传记 Ⅳ.①K827=52

中国版本图书馆CIP数据核字（2021）第277326号

出版发行：	辽宁人民出版社
地　址：	沈阳市和平区十一纬路25号　邮编：110003
电　话：	024-23284321（邮　购）　024-23284324（发行部）
传　真：	024-23284191（发行部）　024-23284304（办公室）
	http://www.lnpph.com.cn
印　　刷：	北京长宁印刷有限公司天津分公司
幅面尺寸：	165mm×235mm
印　　张：	18.25
字　　数：	256千字
出版时间：	2022年5月第1版
印刷时间：	2022年5月第1次印刷
责任编辑：	祁雪芬
封面设计：	高鹏博
版式设计：	姿　兰
责任校对：	吴艳杰
书　　号：	ISBN 978-7-205-10397-2
定　　价：	59.80元

"回顾丛书"序

约半年前,艾明秋女士来电,要我"再做点贡献"。小艾是辽宁人民出版社文史编辑室主任,也是我的第一本书《大汉开国谋士群》的责任编辑,我们的合作,非常愉快,进而"成为生活中的益友"(张立宪语)。

刘小艾的要求,我一向近乎有求必应。听她谈过初步构想后,觉得挺有意思,可以操作。今年初,辽宁人民出版社副总编辑张洪兄来电,进一步讨论、商定了相关细则。这便是"回顾丛书"的由来。

"回顾丛书"拟每年出一辑,每辑6册左右。以经过时间和市场淘洗的旧书再版为主,新作为辅;以专著为主,文集为辅;以史为主,政治经济军事社会思想文学为辅。入选的各类书籍,都是我所感兴趣的,有料,有趣,有种。回顾的目的,当然是为了更好地前瞻、前行。

太白诗:却顾所来径,苍苍横翠微。2008年初夏,收到首册样书时,欧洲杯激战方酣。去年秋天再版,新书出炉时,我正沿着318国道驱车前往珠峰大本营。此情此景,宛如昨日。我想,再过五年、十年,回过头来看这套"回顾丛书",又会是什么心境呢?

是为序。

梁由之

夏历癸巳芒种后一日,于深圳天海楼

却顾所来径·苍苍横翠微

前 言

1840年的鸦片战争，揭开了中国近代历史的篇章。外国资本主义对华的侵略，使中国社会开始向半殖民地半封建社会的深渊不断沉沦。近代中国社会的阶级矛盾和阶级斗争在这种新的历史条件下展开。

19世纪50—60年代，以洪秀全为代表的中国农民阶级掀起了气势磅礴的太平天国农民战争，这场农民战争沉重地打击了清王朝的封建统治和外国资本主义的侵略，最后却在中外反动派的联合进攻下失败了。

太平天国运动之所以失败，社会和阶级的历史局限性以及主观方面的种种失误，无疑是最根本的原因。然而，如毛泽东同志所指出："战争的胜负，主要地决定于作战双方的军事、政治、经济、自然诸条件。"① "战争是力量的竞赛，但力量在战争过程中变化其原来的形态……客观因素具备着这种变化的可能性，但实现这种可能性，就需要正确的方针和主观的努力。"② 这就是说，战争的胜负主要决定于作战双方的经济、政治、军事力量等诸种因素，作战双方可以通过主观努力而改变各方面的力量对比，影响战争的结局。因此，研究太平天国战争，除了研究太平天国一方，清政府及其所赖以镇压太平天国运动的那些得力干将的活动同样是应该研究的，其中，湖北巡抚胡林翼的活动就非常值得重视。

胡林翼，字贶生，号润之，或润芝、咏芝，湖南益阳人，生于嘉庆

---

① 毛泽东：《中国革命战争的战略问题》，载《毛泽东选集》（第1卷），人民出版社1966年7月横排本，第166页。
② 毛泽东：《论持久战》，载《毛泽东选集》（第2卷），人民出版社1966年7月横排本，第457页。

十七年（1812），与左宗棠同岁，比曾国藩小1岁。1835年，胡林翼考中举人。1836年成进士，朝考后钦点翰林院庶吉士，旋授编修。1840年，充江南乡试副考官，主考官文庆携带举人熊某入闱阅卷，回京复命时，胡林翼以"失察"降一级调用。1841年，因父死回籍守制，赋闲五载。

1846年，胡林翼在陕西捐输案中，由陕西巡抚林则徐专折奏办，报捐内阁中书，并捐升知府，分发贵州补用，开始了镇压农民革命生涯。在贵州的8年中，胡林翼历任安顺、镇远、思南、黎平知府，竭力镇压贵州东部农民的起义和反抗斗争，擢升贵东道道员。胡林翼由此"声誉鹊起"，知名于当时政界。

1853年底，太平军出师西征，溯江攻入湖北。湖广总督吴文镕奏调胡林翼"入鄂办理军务"[①]。御史王发桂也疏荐"胡林翼知兵，能胜重任，请起擢，俾任军旅"[②]。1854年初，胡林翼奉调率领所部黔勇赴援湖北。1854年2月，太平天国的西征军在黄州堵城击毙吴文镕，乘胜攻克汉阳，进围武昌。胡林翼行抵金口，进退失据，被湖南巡抚骆秉章奏留湖南。不久，曾国藩奏调胡林翼随同湘军与太平军作战，胡林翼开始投入曾国藩湘系集团。同年，胡林翼由贵东道道员升任四川按察使，仍留湖南，旋调湖北按察使。曾国藩湘系集团势力渗透进了湖北政界。1854年10月，湘军攻入武昌后进攻九江，胡林翼留驻岳州。旋奉曾国藩檄调至江西，会同湘军将领罗泽南等攻打湖口、梅家洲。

1855年初，太平军大捷于湖口、九江，乘胜直捣武昌。胡林翼奉曾国藩命率领所部回援，调升湖北布政使。曾国藩又令彭玉麟等率领湘军水师残破战船100余艘上驶武汉，与胡林翼水陆相依护。4月3日，太平军三克武昌，湖北巡抚陶恩培毙命，胡林翼奉命署理湖北巡抚，增募兵

[①] 夏先范：《胡文忠公年谱》，载阎敬铭编《胡文忠公遗集》（首卷），同治五年重刊本。

[②] 赵尔巽：《清史稿》（卷四百二十二），中华书局1977年7月第1版，第12186页。

勇，并奏调罗泽南部湘军陆师，与太平军鏖战一年多，1856年底攻陷武昌，实授湖北巡抚。此后，胡林翼锐意经营湖北，湖北成为镇压太平天国运动的重要基地。1857年，曾国藩与清政府闹矛盾，被削除兵权，胡林翼成为维护、发展湘军的中心人物。胡林翼担任湖北巡抚期间，使鄂湘军水陆师经历年扩编，由不足万人发展到3万余人。胡林翼并以湖北军饷不断接济在江西的湘军。由于以上原因，使胡林翼变成了湘军的第二号人物。

1856年底，胡林翼指挥湘、楚军进犯九江。1858年5月，攻陷九江，加太子少保衔。以后，他与曾国藩通力协作，移师进军太平天国安徽根据地。1861年9月，攻陷安庆，加太子太保衔，世袭骑都尉。

安庆战役期间，胡林翼一再遭到陈玉成出人意表的打击，旧病加剧。1861年9月底，胡林翼病死武昌。清政府感念他的犬马之劳，追赠总督，赐谥文忠。

纵观胡林翼的一生，他由镇压贵州的农民反抗斗争起家，镇压太平天国运动是他一生的主要活动。从时间上看，胡林翼从1854年至1861年的这段生涯，正当太平天国革命形势由盛转衰的重要转折时期。从地理上看，胡林翼活动在太平军与清军交战的主战场长江中游。从影响看，这一时期这一地区军事的胜负，对于太平天国和清王朝双方的存亡续绝，都有着战略决战的重大意义。正如历史所表明，曾国藩与胡林翼指挥湘、楚军在这一时期这一地区所取得的军事胜利，实际上已经奠定了清王朝的所谓"中兴"基业，清政府得以苟延残喘，暂时免于崩溃。相反，太平军在这一时期这一地区的军事失利，则决定了太平天国无可挽回的衰落和最后的败亡。胡林翼是这一时期这一地区主持清方军务的主角，所以，他和曾国藩一起，被当时和以后称为"中兴名臣"，并称"曾、胡"。

历史是无情的，近代中国的社会进程是封建制度走向崩溃，反帝反封建的资产阶级民主革命发生、发展和走向胜利的历史进程。胡林翼与曾国藩等尽管镇压了轰轰烈烈的太平天国运动，暂时使清王朝避免了崩溃，但是，他们无法改变历史发展的客观必然性，他们所竭力挽救的清王朝最终被孙中山领导的辛亥革命推翻了。辛亥革命以后的一切大大小小的"王朝"，无论它们如何吹捧曾、胡，无论他们如何渴望出现曾、胡一类的"中兴名臣"以挽救各自的必然覆灭的命运，结果同样是一顶顶王冠落地，被不断前进的历史车轮碾得粉碎。

"尔曹身与名俱裂，不废江河万古流。"曾国藩、胡林翼这些"中兴名臣"，将永远被后人评说。

撰写这本小书的过程中，王国平同志付出了极大的辛劳，我只是做了一点镶边嵌角的工作而已。由于水平有限，错误的地方一定不少，请大家批评指正。

董蔡时

1986年3月15日于苏州大学

目　录

前　言 ……………………………………………………………………001

第一章　理学经世派的出现和胡林翼的思想特点 …………………001
　　一、经世思想的风行和理学经世派的出现 ……………………001
　　二、胡林翼是理学经世派 ………………………………………010
　　三、胡林翼的理学经世术 ………………………………………020

第二章　出任贵州知府，镇压贵东各地农民起事 …………………026
　　一、从考中进士到捐官贵州知府 ………………………………026
　　二、镇压贵东各地农民起事 ……………………………………029

第三章　从贵东道到升任湖北巡抚 …………………………………038
　　一、曾国藩筹组湘军 ……………………………………………038
　　二、胡林翼加入湘军，参加湘北争夺战 ………………………044
　　三、从随同湘军进犯九江、湖口，到升任湖北巡抚 …………048
　　四、胡林翼出任湖北巡抚的影响 ………………………………054

第四章　指挥湘、楚军攻陷武昌 ……………………………………060
　　一、奓山溃败与奏调湘军 ………………………………………060
　　二、围攻武昌，罗泽南毙命 ……………………………………065
　　三、胡林翼指挥湘、楚军攻陷武昌 ……………………………070

第五章　交欢官文，兼行督抚之权 ··· 077

第六章　经营湖北 ··· 085
　　一、锐意整军和加强鄂东防御 ··· 085
　　二、掊克聚敛，筹措巨额军饷 ··· 104
　　三、"宽猛兼施"，恢复和稳定封建统治 ······································· 124

第七章　胡林翼经营湖北的作用与影响 ··· 139
　　一、由于胡林翼的锐意经营，湖北成为镇压太平天国的
　　　　重要基地 ·· 139
　　二、胡林翼经营湖北，维护和发展了曾国藩湘系集团 ·············· 144
　　三、胡林翼经营湖北，加速了太平天国战略形势的逆转 ········· 150

第八章　指挥湘、楚军攻陷九江 ·· 155
　　一、湘、楚军进攻九江时的战略形势和敌对双方的战略决策 ···· 155
　　二、陈玉成用兵鄂东，胡林翼督师黄州 ···································· 158
　　三、陈玉成再次挺进鄂东，湘、楚军攻陷九江 ························· 164

第九章　曾国藩湘系集团发生危机，胡林翼支撑危局 ······················ 170
　　一、曾国藩被削除兵权，胡林翼成为湘军巨魁 ························· 170
　　二、胡林翼支持曾国藩东山再起 ··· 175
　　三、三河溃败，胡林冀夺情视师 ·· 179
　　四、宝庆告警，胡林翼遣军援湘 ·· 186

第十章　曾、胡联兵进犯安徽 ··· 193
　　一、曾、胡联兵谋皖 ··· 193

二、湘、楚军侵占太湖与潜山，进窥安庆 ·················199

第十一章　曾、胡湘系党同伐异，争权夺利 ·················204
一、曾、胡湘系与何桂清集团的矛盾斗争 ·················204
二、曾、胡湘系与胜保的矛盾斗争 ·················215

第十二章　"外国主抚、内匪主剿"的决策 ·················222

第十三章　指挥湘、楚军攻陷安庆 ·················229
一、安庆战役开始时双方的军事决策和军事部署 ·················229
二、胡林翼支持曾国藩建立祁门大营，全力争夺安庆 ·················235
三、陈玉成进攻挂车河、枞阳，胡林翼移营太湖 ·················239
四、陈玉成攻入湖北，胡林翼分兵回援 ·················244
五、陈玉成从湖北回援安庆 ·················249
六、李秀成军攻入鄂南，胡林翼回驻武昌 ·················253
七、湘、楚军攻陷安庆，陈玉成慷慨就义 ·················259

第十四章　胡林翼病死武昌 ·················263

附录　大事简记 ·················270

第一章 理学经世派的出现和胡林翼的思想特点

胡林翼出生于一个地主家庭。他的青少年时代是在嘉庆（1796—1820）、道光（1821—1850）之际度过的。嘉、道年间的社会思想，无疑是他的世界观开始形成时的重要背景。他从进入官场，走上镇压贵州人民和太平天国运动的道路，他对清王朝政治的腐败、军事的衰弱、财政的匮乏以及阶级斗争的空前激烈，深有切肤之痛，这些又对他的思想产生重要影响。诸种因素相互作用，造成了胡林翼思想的理学经世派特点。卫道是胡林翼思想的主体，是他一生活动的思想基础。

一、经世思想的风行和理学经世派的出现

嘉庆、道光年间，中国的西南地区和中原地区先后爆发了声势浩大的农民起义，犹如地震，亦如火山喷发，震撼着清封建王朝。在沿海地区，鸦片走私的黑流滔滔不绝地涌进中国，游弋在东南海域的英国侵略者的炮舰，喷吐着黑色的浓烟，凝聚成不祥的战云，在天空飘浮。中国进入了一个空前风云紧急的时代。

1796年（嘉庆元年），封建统治者正陶醉于所谓乾隆"十全武功"的胜利之中，满以为嘉庆朝理应是乾隆盛世的继续。无可奈何花落去！就在这一年，湖北农民打起了"官逼民反"的旗号，发动了川楚白莲教农

民大起义。农民军纵横于湖北、四川、贵州、陕西等省,清政府调兵征饷,耗银2亿两,历时9年,才绞杀了这次农民起义。统治者惊魂甫定,1813年,清朝统治的心腹地区河南、山东又爆发了李文成、林清领导的天理教农民起义,林清甚至率领起义群众潜入北京紫禁城。清朝的宫廷重地,出现了农民军的刀光剑影,变成了阶级搏斗的战场。嘉庆皇帝颙琰也发现了王朝的深重危机,破天荒地接连颁发《罪己诏》《硃笔竭力尽心仰报天恩谕》《硃笔仰报天恩肃清吏治修武备谕》《御制致变之源说》《御制实政论》《御制实心行政说》等①。在封建王朝的统治下,土地集中,赋敛无度,吏治败坏等已成痼疾,农民"暖不号寒,丰不啼饥"而可以卒岁者,"十室之中无二、三焉"②。川楚白莲教起义和天理教起义的失败,仅仅表明农民的反抗斗争暂时趋于低潮,一场更大规模的农民起义,正在封建社会内不可避免的阶级矛盾中产生,将要波翻涛涌,掀起排天的革命巨浪。

时代在转换,形势在变化。17世纪中叶,英国发生了资产阶级革命,标志着整个世界进入了资本主义时代。随着资本主义生产力的汹涌发展,西方资本主义列强加紧对外掠夺,进行殖民侵略。老牌资本主义的英国,不断向东方侵略扩张。18世纪中叶,英国在印度的殖民统治站稳了脚跟,接着以印度为基地,把它的侵略魔掌伸向远东,首当其冲的是地大物博、人口众多的中国。

1792年(乾隆五十七年),英国派遣马戛尔尼为特使前来中国,翌年,马戛尔尼觐见了乾隆皇帝。他向清政府蛮横提出:准许英国商人在北京设立一个商行买卖货物;在舟山和广州附近各划一个岛屿给英商设立储存货物的仓库,并许设立租界;允许英国传教士在中国自由传教

---

① 《清仁宗实录》(卷二百七十四),第719页。(卷二百八十一),第十八页。中华书局1986年版。
② 章谦:《备荒通论》,载贺长龄《皇朝经世文编·户政·仓储上》(卷三十九),道光丁亥刻本,第10页。

等①。英国的侵略要求，遭到乾隆皇帝的严辞拒绝。中英之间的矛盾产生了。1816年（嘉庆二十一年），英国又派特使阿美士德来华，再次提出侵略要求，结果和马戛尔尼一样废然而返。中国与英国侵略者之间的矛盾深化了。

随着"工业革命"的迅猛发展，从19世纪开始，英国加快了向东方侵略的步伐，疯狂地侵占从印度通往远东的战略据点。1819年，英国占领了控扼马六甲海峡的战略据点新加坡。1824年，英国侵略的触角伸到了中国的邻邦缅甸。英国海军窜犯中国东南沿海，进行武装挑衅。与此同时，英国对华鸦片走私日益猖獗。道光初年，江淮间见祸事将起，"辄云闹西洋，凡此朕兆，大为可虑"②。有识之士，早在鸦片战争前就已为西方列强的对华侵略而忧心忡忡了。

中国西北边陲的形势也岌岌可危。沙俄不断向巴尔喀什湖以东以南中国的领土扩张。1820年（嘉庆二十五年），叛国逆匪张格尔在英国的怂恿支持下，从浩罕率军潜回南疆，于1826年（道光六年）发动了武装叛乱，占据了喀什噶尔、叶尔羌、和阗等边陲重镇，"戕兵民，毁廨舍"③，残暴无人理。因新疆驻军腐朽无能，清政府不得不从内地征兵调饷，出关讨伐，1826年底，戡定了张格尔叛乱。

如上所述，接踵而起的农民革命风暴，不断打击着清封建王朝，清政府的统治危机重重。英国和沙俄加紧了对华侵略的步骤，东南海疆和西北边陲危机潜伏，隐忧方长，中华民族和外国侵略者之间的民族矛盾日益激化。民族矛盾与阶级矛盾互相交织、互相影响、互相激荡，古老的中国社会开始面临前所未有的新局面，整个社会动荡起来了，有识之

---

① 马戛尔尼著：《乾隆英使觐见记》，刘复译，民国五年中华书局版，第145页。
② 包世臣：《致广东姚按察中丞书》，载《安吴四种》（卷三十五），光绪十四年版，第5页。
③ 魏源：《重定回疆记》，载《圣武记》（卷四），光绪壬寅上海书局版，第13—14页。

士开始怀疑清朝前途,忧虑国家命运,本来是一潭死水的中国思想界变得波澜横生了。

1644年清王朝建立后,为了维护其专制统治,对各族人民的武装反抗进行了残酷的镇压,对知识界则软硬兼施。一方面,大兴文字狱,迫害具有反清思想的知识分子,实行高压政策。另一方面,"持汉、宋之平"①,诱使知识分子沉溺于宋明理学和考据学之中。在清政府的高压统治下,地主知识分子只得"束发就学,皓首穷经",不是空谈性理,就是埋首考据,脱离现实,不问世事,思想界"万马齐喑",一片死寂。

到了嘉、道年间,民族危机和社会危机互相交织,日益激化,首先在一部分敏感的年轻知识分子中激起了强烈的反响,他们开始正视现实,提倡经世致用,"万马齐喑"的沉闷局面被打破了,出现了一批经世派人物。这批经世派人物中,既有地主阶级改革派,也有理学经世派。

以龚自珍、魏源、林则徐等人为代表的经世派人物是地主阶级改革派。龚自珍(1792—1841),字璱人,号定庵,后来更名巩祚,浙江仁和(今杭州)人。龚自珍出生于地主官僚家庭,曾受学于其外祖父、著名考据学家段玉裁。27岁中举,38岁成进士,曾官内阁中书。龚自珍学识渊博,怀才不遇,长期生活在民间,又曾涉足官场,社会阅历颇深。杌陧不安的社会状况,推动他研究现实政治。他深感清朝的统治已如"日之将夕,悲风骤至",对"万马齐喑"的思想界痛心疾首。青年人胆子大,有冲劲,有正义感,从来是社会的先锋。他奋袂而起,振臂高呼读书为了"经世致用""探世变者,圣之至也",23岁那年,他便撰写了《明良论》4篇,之后又写了《乙丙之际箸议》等政论文章,大胆揭露清政府的腐败政治,探讨社会问题,寻求解决办法。他警惕沙俄侵略中国的野心,致力于边疆历史地理的研究,29岁那年,他写了一篇具有远见卓识的《西域置行省议》,主张移民实边,新疆设省,防御外侮。鸦片战争前

---

① 皮锡瑞:《经学历史》,中华书局1959年12月第1版,第295页。

夕，龚自珍坚决支持林则徐严禁鸦片，林则徐被任命为钦差大臣赴粤查办海口事件时，他特地写了一篇《送钦差大臣侯官林公序》①，希望林则徐下定决心，禁绝鸦片，"重兵自随"，准备反抗侵略。

魏源（1792—1857），字默深，原名远达，湖南邵阳人。他主张经世致用，与龚自珍齐名。魏源斥责理学家是"庸儒"，斥责理学是"俗学"，"上不足制国用，外不足靖疆圉，下不足苏民困"。他对汉学也极为反感，斥之为"锢天下聪明智慧，使尽出于无用之一途"②。

魏源注重研究社会实际问题，曾参与编纂《皇朝经世文编》，撰写《筹漕篇》《筹盐篇》《筹河篇》及《湖广水利议》等。鉴于外敌入寇，国威不振，魏源还注意研究军事和"夷情"，第一次鸦片战争结束后一年便撰写成《圣武记》和《海国图志》等名著，批判了清朝军政的腐败，探讨了战争失败的原因，提出了"师夷长技以制夷"的爱国口号。《海国图志》一经刊行，传播海内，在思想界起了巨大的影响。

像龚自珍、魏源、林则徐这样的经世派人物，其基本特点是提倡经世致用，反对理学家空谈性理之学，当然也不赞成考据学派的不问世事。他们重视社会实际问题，诸如漕政、盐政、荒政、水利以及边疆等问题的研究解决，以求富国强兵。在外国的侵略面前，他们是爱国主义者，如林则徐所说："苟利国家生死以，岂因祸福避趋之？"③在内政问题上，他们主张改革，整饬吏治，缓和阶级矛盾，消弭社会危机，以维护清封建王朝的统治，如龚自珍所说"落红不是无情物，化作春泥更护花"④。这些基本特点，使他们成为经世派中的地主阶级改革派。他们的

---

① 龚自珍：《送钦差大臣侯官林公序》，载《龚自珍全集》（上册），中华书局1959年12月版，第169—171页。
② 魏源：《默觚下·治篇一·武进李申耆先生传》，载《魏源集》（上册），中华书局1976年3月版，第36页，359页。
③ 林则徐：《云左山房诗钞》（卷六），光绪丙戌刻本。
④ 龚自珍：《己亥杂诗》，载《龚自珍全集》（第10辑），中华书局1959年12月版，第509页。

思想特点是爱国忠君。

值得注意的是，稍晚一些，不少"步趋程朱"的理学家也开始转而兼治经世之学。理学家的一个基本特点，如顾炎武和皮锡瑞所刻画，"言心言性，舍多学而识以求一贯之方，置四海之困穷不言，而终日讲危微精一"[1]，"空衍义理，横发议论"[2]。嘉庆道光以后，虽然很多理学家仍是正襟危坐，空发议论，"侃侃谈身心性命之旨"，然而却也有不少理学家于衍说义理之外，兼治经世之学了。如蔡用锡"与诸生阐明性理之学，尤以身体力行为务"[3]，又"教人务为有用之学……于兵略、吏治尤所究心"[4]。"学宗阳明"的吴嘉宾"究心当世利弊"[5]，"步趋程朱"的刘蓉"于当世之务，无不穷究"[6]。比较典型的是曾国藩、罗泽南等人。

曾国藩（1811—1872），字伯涵，号涤生，湖南湘乡人，出生在一个地主家庭。1838年考中进士，供职京师。1841年，理学家唐鉴由江宁藩司调任京官，东南沿海一片战乱，曾国藩竟从唐鉴"讲求为学之方""肆力于宋学"，混迹于理学家的圈子，与倭仁、吴廷栋等"以义理之学相勖"。曾国藩的理学代表作是《顺性命之理论》。曾国藩说，"真与精相凝，而性即寓于肢体之中""理与气相丽，而实宰乎赋界之始"。就是说，理在气先，而又无所不在。他进而发挥说："以身之所具言，则有视听言动，即有肃乂哲谋。其必以肃乂哲谋为范者，性也；其所以主宰乎五事者，命也。以身之所接言，则有君臣父子，即有仁敬孝慈。其必以仁敬孝慈为则者，性也；其所以纲维乎五伦者，命也。此其中有理焉，

---

[1] 赵尔巽：《清史稿》（卷四百八十一），中华书局1977年版，第13167页。
[2] 皮锡瑞：《经学历史》，中华书局1959年12月第1版，第341页。
[3] 姚念扬：《益阳县志》（卷十六），同治十三年刻本，第30页。
[4] 梅英杰：《胡文忠公年谱》（卷一），己巳抱冰堂刻本，第7页。
[5] 赵尔巽：《清史稿》（卷四百八十），中华书局1977年版，第13156页。
[6] 胡林翼：《陈奏克复咸宁山坡进兵纸坊水师克复金口进屯池口疏》（五年十一月二十一日），载郑敦谨编《胡文忠公遗集·奏疏》（卷五），同治六年黄鹤楼刻本，第18页。

亦期于顺焉而已矣。"①一句话，封建纲常伦理即是天理，只可"顺焉而已"，丝毫不能违拗，曾国藩不但醉心理学，他还觉察到封建统治的危机，"思所以更张"，以图挽救，因而"求经世之学"②，研究社会问题。所以，在太平天国革命爆发后，为了缓和阶级矛盾，防止革命火焰的蔓延，他上了《备陈民间疾苦疏》。在这个奏折中，他并不讳言清朝官吏的贪残凶暴，主张整饬吏治。在《议汰兵疏》里并不讳言清军的腐化衰朽，主张裁汰冗杂，整顿军队，加强清军的作战能力。

罗泽南（1808—1856），字仲岳，号罗山，湖南湘乡人，诸生出身。罗泽南与曾国藩一样，是个狂热的理学信徒，他拾宋明理学的牙慧，著有《西铭讲义》《人极衍义》等书。罗泽南说："为父为子，自有父子之道，尽其道则太极之理见于父子也。为君为臣，即有君臣之道，尽其道则太极之理见于君臣也。""竭人事之当然"③才能合乎天理。罗泽南拼命宣扬天理与封建纲常，"汲汲……讲濂洛关闽之绪，瘏口焦思，大畅厥旨"。同时又"通知世务"，于"州域形势、百家述作靡不研讨"。著有《皇舆要览》等书④。"凡天文、舆地、律历、兵法及盐、河、漕诸务，无不探其原委"。⑤

上述情况表明，理学家兼治经世之学，已经不是个别的偶然的现象。实际上，就连清朝的最高统治者也在某种程度上变换着控驭地主知识分子和思想界的手腕。据张集馨说，道光皇帝就曾要求臣下"总宣读

---

① 曾国藩：《顺性命之理论》，载李瀚章编《曾文正公全集·文集》（卷一），光绪丙子传忠书局版，第1页。
② 黎庶昌：《曾国藩年谱》（卷一），岳麓书社1986年版，第4页。
③ 罗泽南：《道德》，载郭嵩焘编《罗忠节公遗集》（卷三），文海出版社，第9页。
④ 朱孔彰：《中兴名臣事略》（卷二），光绪癸卯上海宏文阁藏版，第22页。
⑤ 欧阳兆熊：《罗忠节轶事》，载《水窗春呓》，中华书局1984年3月第1版，第14页。

经世之书"①。稍晚一些，咸丰皇帝奕詝对不讲经世而"侃侃谈性命之旨"的倭仁，也"以迂阔视之"②。显然，经世思想风行，理学家而兼治经世之学，确实是嘉、道以后思想领域的一种新情况。

以林则徐等人为代表的地主阶级改革派和曾国藩之流的理学经世派，在镇压农民起义的问题上，会有相同的立场。但是，在外国侵略面前，他们的态度却泾渭分明。林则徐等人"苟利国家生死以"，是抵御外侮的民族英雄。而曾国藩之流以后的从政实践表明，他们面对外国的侵略更多的表现为惊慌失措、卑躬屈膝、妥协退让。如第一次鸦片战争期间，林则徐等人坚决抗战，表现出爱国主义的崇高气节和铮铮铁骨。曾国藩之流却在肆力宋学，对民族的安危无动于衷。1842年，清政府屈辱投降，签订了可耻的《中英南京条约》。爱国之士无不义愤填膺，而当时正"益致力程朱之学"的曾国藩却在家书中说："此次议抚，实出于不得已。但使夷人从此永不犯边，四海宴然安堵，则以大事小，乐天之道，孰不以为上策哉。"③屈辱投降在曾国藩之流看来却是"乐天之道"，是上策。宋代著名思想家陈亮鞭挞当时的理学家说："今世之儒士，自以为得正心诚意之学者，皆风痹不知痛痒之人也。举一世安于君父之仇（指屈辱降金——引者注），而方低头拱手以谈性命，不知何者谓之性命乎？"④曾国藩之流真不愧是宋学"正宗"，货真价实。在以三纲五常为核心的理学思想指导下，理学经世派以王朝利益为至上，不顾国家民族的利益，理学铸就了他们对外屈辱投降的媚骨。从上面的比较中可以看得很清楚，理学经世派的思想特点是忠君而不爱国。

---

① 张集馨：《道咸宦海见闻录》，中华书局1981年11月第1版，第21页。
② 费行简：《近代名人小传》，文海出版社，第91页。
③ 曾国藩：《致祖父母道光二十二年九月十七日》，载《曾文正公六种·家书》（第一册），新文化书社1932年版，第27页。
④ 陈亮：《上孝宗皇帝第一书》，载《陈亮集》，中华书局1974年第1版，第8—9页。

曾国藩等兼治经世之学的理学家和那些泥古不化的理学庸儒都抱着同一个宗旨，不断叨念"敦我天伦，植我天纪，序我天秩，复我天常"①。扶翼纲常名教，维护封建秩序。但在深刻的社会危机面前，曾国藩之流却比理学庸儒更能适应维护封建统治的需要。

清初思想家颜元、李塨批判理学庸儒说，"道学家不能办事，且恶人办事。""见料理边疆便指为多事，见理财便指为聚敛，见心计材武便恶斥为个人。""白面书生，微独无经天纬地之略，兵农礼乐之才，率柔脆如妇人女子，求一豪爽倜俪之气亦无之。""无事袖手谈心性，临危一死报君王即为上品矣。"典型地刻画出了理学家迂腐、没有实际才干的形象。然而面对空前尖锐的社会危机，曾国藩、罗泽南之流却清醒地看出，"潜研性道"而不求"有用之学"，只能"以道善其身而为醇儒"，并不能"以道济天下而为王佐"②。他们"忧所学不能拔俗入圣""耻无术以济天下"③。他们是为了"以道济天下"而兼治经世之学，探求经世之术。正是这一点，使他们有别于那些袖手空谈的理学庸儒。

朱孔彰在《中兴名臣事略》中说："理学家门下多将才，古来罕有！"④郭嵩焘在《〈罗忠节公遗集〉序》中说罗泽南等理学家"明天人性命之旨，体中正仁义之实，起为将帅，功成身显，诚所谓古今事局之变者"⑤。这恰恰说明：经世思想风行，是嘉、道以后中国思想界的一大变局。

---

① 罗泽南：《道德》，载郭嵩焘编《罗忠节公遗集》（卷三），同治二年刻本，第9页。

② 罗泽南：《文章》，载郭嵩焘编《罗忠节公遗集》（卷二），同治二年刻本，第9页。

③ 曾国藩：《罗忠节公神道铭》，载李瀚章编《曾文正公全集·文集》（卷四），光绪丙子传忠书局版，第20页。

④ 朱孔彰：《中兴名臣事略》（卷一），光绪癸卯上海宏文阁藏版，第21页。

⑤ 郭嵩焘：《〈罗忠节公遗集〉序》，同治二年刻本。

二、胡林翼是理学经世派

胡林翼和曾国藩是同时代人,他们既有共同的理学经世派的思想基础,又有镇压农民起义的相同经历。曾国藩兼治理学和经世之学;胡林翼也究心经世之学,"有心儒先理学"①。胡林翼认为:"当以紫阳、涑水为师"②,"穷义理之精微,考古今之事变"③。以司马光(陕州夏县涑水乡人,世称涑水先生——引者注)为师,考古今之事变,研讨经世之学。以朱熹(字元晦,号晦庵,别称紫阳——引者注)为师,穷义理之精微。这是胡林翼服膺理学的自白。

胡林翼之所以成为理学经世派,原因是多方面的。

第一,胡林翼立志经世决定于他的阶级地位与当时的阶级斗争的形势。

胡氏世居益阳,胡林翼出生前后,胡家"有田数百亩"④,须"日治百人食,以核田功",约计雇工数十人,是益阳的大地主。胡林翼的高祖胡民典著有《孝经义疏》行世。曾祖胡多吉,儒生。祖父胡显韶,庠生,著有《紫筠园诗文》,三代功名不售。到了胡林翼的父辈,胡家开始发迹。胡林翼的父亲胡达源,叔父胡达澍、胡达灏、胡达潏等在科场和仕途上"联翩腾达"。胡达源高中探花,官至少詹事。胡林翼自称"家世

---

① 李瀚章:《〈胡文忠公遗集〉序》,载姚念扬《益阳县志》(卷二十一),同治十三年文昌阁刻本,第26页。

② 胡林翼:《致汪梅村庚申二月初九日》,载郑敦谨编《胡文忠公遗集·抚鄂书牍》(卷七十),同治六年黄鹤楼刻本,第20页。

③ 胡林翼:《札各州县十年七月初一日》,载阎敬铭编《胡文忠公遗集·批牍》(卷十),同治五年重刊本,第37页。

④ 郭嵩焘:《胡文忠公行状》,载郑敦谨编《胡文忠公遗集》(卷首),同治六年黄鹤楼刻本,第16页。

力田，耕读相承"①，实际上他生长在一个从一般地主向官僚地主转化的封建家族。

胡氏发迹，深感"受国恩遇"②。"尽心报国"成为这个官僚地主家庭的家教庭训③。胡林翼生长在这样一个官僚地主家庭，深知自己的身家利益和清王朝休戚相关、血肉相连。他明确说，"忠于公者亦忠于私"④，又说，"吾辈作官，如仆之看家，若视主人之家如秦越之处，则不忠莫大焉"⑤，"吾辈司牧，如大户之派人庀家政。今使家宰不顾主人之田庐市廛，徇人情而任其逋匿，必曰此不忠之人也"⑥，真是"未尝一息敢忘君国艰难"⑦。

胡林翼的阶级地位决定了他效忠于清王朝，并力图维护清王朝的统治，连绵不断的农民起义形势则推动他研讨经世之学。

清朝统治从乾嘉之际的所谓"盛世"迅速趋于衰落，白莲教、天理教等大规模农民起义虽然被镇压，清朝的统治危机并未得到多少缓和，道光年间又孕育着更为严重的危机。犹如"日之将夕，悲风骤至"，农民的反抗斗争此起彼伏。其中发生在湖南的两次农民反抗斗争对胡林翼的思想震动最大。

---

① 胡林翼：《陈请终制疏八年八月初七日》，载郑敦谨编《胡文忠公遗集·奏疏》（卷三十），同治六年黄鹤楼刻本，第19页。
② 夏先范：《胡文忠公年谱》，载阎敬铭编《胡文忠公遗集》（首卷），同治五年重刊本，第16页。
③ 胡林翼：《陈请终制疏八年八月初七日》，载郑敦谨编《胡文忠公遗集·奏疏》（卷三十），同治六年黄鹤楼刻本，第19页。
④ 胡林翼：《致丁月台庚中正月二十九日》，载郑敦谨编《胡文忠公遗集·抚鄂书牍》（卷七十），同治六年黄鹤楼刻本，第13页。
⑤ 胡林翼：《再致鄂中僚友戊午冬》，载郑敦谨编《胡文忠公遗集·抚鄂书牍》（卷五十九），同治六年黄鹤楼刻本，第21页。
⑥ 胡林翼：《复孝感县文南邦》，载郑敦谨编《胡文忠公遗集·抚鄂书牍》（卷六十），同治六年黄鹤楼刻本，第28页。
⑦ 龙潭蔡氏藏：《胡林翼丁巳上云帆师书》，载梅英杰《胡文忠公年谱》（卷一），己巳三月梅氏抱冰堂刊，第8页。

1831年，胡林翼的家乡益阳以及濒临洞庭湖的邻近县区遭受水灾，濒湖堤垸溃决，房屋、田禾尽被淹没，大批农民流离失所，"饥民聚掠"，地主、富户惊恐万状，纷纷准备迁避他乡。当时，胡林翼年方二十，正在益阳桃花江乡居读书，他目睹灾情民情，担心"流民恐一变而为乱民"，"饥民聚掠"将酿成大规模的农民起义。他"忍不住"了，破门而出，以一介书生倡言劝捐赈灾，又到县衙门请官府"按灾区编户口，劝富民出钱粟以赈"。胡林翼还提出具体救灾方案，他说：立即饬遭灾各处保甲，按编户资财分上、中、下三等造册，上户不赈，中户可减价买米，下户发放赈米。同时他提出要"以威服暴"，以各处地主士绅协同办理，"镇压地方""严拿地痞"。益阳官府对胡林翼的建议不以为然，地主士绅却行动起来，"部署闾里丁壮，约同里团练"，镇压"聚掠"的饥民。"劫风乃息"①。这是胡林翼第一次亲身经历阶级斗争的严峻现实。

　　1832年，湖南又爆发了江华瑶族赵金龙起义。"桂阳、常德诸瑶蜂起应贼"②，广东瑶民也起义响应，声势浩大，湘粤震动。清政府先是出动常德水师，后又调集湖北、湖南、贵州、云南四省军队，派湖广总督卢坤（字厚山）督师，才将赵金龙义军镇压下去。接着又镇压了从广东攻入湖南的赵青籽率领的义军。活动在广东的瑶民起义军，被广西巡抚祁𡎴（字竹轩）出兵镇压。卢坤因此受赐双眼花翎，世袭一等轻车都尉。祁𡎴加太子少保衔③。

　　事过二十七年，胡林翼还念念不忘地说：他"幼年即见外省督抚"，最推服"陶文毅、林文忠与祁竹轩、卢厚山"④。胡林翼把祁𡎴、卢坤与

---

① 姚念扬：《益阳县志》（卷二十四），同治十三年文昌阁刻本，第31页。
② 赵尔巽：《清史稿》（卷三百七十九），中华书局1977年版，第11603页。
③ 赵尔巽：《清史稿》（卷三百七十一），中华书局1977年版，第11513页。
④ 胡林翼：《致官秀峰揆帅己未五月初六日》，载郑敦谨编《胡文忠公遗集·抚鄂书牍》（卷六十四），同治六年黄鹤楼刻本，第16页。

陶澍、林则徐相提并论，示以推崇，无非是追念祁𡎴、卢坤镇压湘、粤瑶民起义"有功"。于此可见。湖南、广东的这次瑶民起义，曾经使青年时代的胡林翼受到多大的思想震动！

1833年，胡林翼和左宗棠参加会试，在北京相会，两人"一见定交……每风雨联床，彻夜谈古今大政，论列得失，原始要终。若预知海内将乱者，则相与唏嘘太息，引为深忧"。显然，当时的阶级斗争形势已经使胡林翼敏锐地预感到将要天下大乱，因而深以为忧，胡林翼恰恰在这一时期立志经世，"以天下为己任"①，无疑和当时阶级斗争的形势有着密切的联系。

第二，胡林翼研讨经世之学，和当时社会思潮的影响又是分不开的。

经世思想风行，是嘉、道以后思想界的一大变局，胡林翼的思想受到这一背景的深刻影响，具体表现为陶澍和蔡用锡对其影响较大。

陶澍（1778—1839），字子霖，号云汀，湖南安化人。进士出身，历任编修、御史、给事中、山西按察使、安徽布政使，安徽巡抚、江苏巡抚、两江总督。陶澍"少负经世志，尤邃史志舆地之学"②。入仕后，历任所至，革除南漕陋规，筹办漕粮海运，大力兴修水利，改革淮盐盐政，兴利除弊，政绩蜚声朝野。《清史稿》称："陶澍治水利、漕运、盐政，垂百年之利，为屏为翰，庶无愧焉。"③1839年，陶澍因病卒于两江总督任所，生前曾密荐江苏巡抚林则徐继任两江总督，说林则徐"才长心细，识力十倍于臣"。

1818年，陶澍以给事中到四川东部地区视察，取道益阳，就便造访胡家。胡林翼方八岁，陶澍见到胡林翼，"惊为伟器，曰'吾已得一快婿'，遂以贺夫人所生女（名琇芝，字静娟——引者注）字之"④。1830

---

① 梅英杰：《胡文忠公年谱》（卷一），己巳三月梅氏抱冰堂刊，第11页。
② 魏源：《陶文毅公行状》，载《陶文毅集》（卷末），淮北士民公刊本。
③ 赵尔巽：《清史稿》（卷三百七十九），中华书局1977年版，第11608页。
④ 石彦陶、陶用舒：《陶澍年谱》，载《益阳师专学报》1984年增刊，第120页。

年，胡林翼入赘陶家，居住陶家益阳桃花江别墅。1832年春，胡林翼偕夫人送贺太夫人去江宁，这时，陶澍担任两江总督，胡林翼"留居节署"近一年，得以"亲见文毅（陶澍谥文毅——引者注）措施"①。《中兴名臣事略》说，其时，胡林翼尚负才不羁，"常恣意声伎。文毅一日大治筵宴，延公上座，纵谈古今豪杰，微讽之。公由是折节读书"②。这段记载颇富传奇色彩，但胡林翼受到陶澍的影响，是完全可信的。如《清史稿》所说，胡林翼"娶总督陶澍女，习闻绪论，有经世志"③。

蔡用锡，字云帆（或作云荩），湖南益阳人。嘉庆癸酉年（1813年）拔贡，肄业国子监，是理学经世派人物。其弟子胡林翼、劳崇光、唐际盛、周辑瑞等皆知名当时。咸丰年间，蔡用锡在湖南前后招募勇丁万余；"访求勇士"，资送胡林翼军营。以胡林翼疏荐，由湖南石门县教谕升内阁中书④。

蔡用锡早年"不得志于科名，乃客游，当世名卿大夫延至之恐后"⑤。道光年间，曾主讲广西道乡书院和辰州虎溪书院。1830年，蔡用锡应陶澍聘请到陶家益阳桃花江别墅教书。这一年，胡林翼入赘陶家（时年十九岁），遂亦师事蔡用锡。蔡用锡教书，既"阐明性理之学"，又"教人务为有用之学，不专重文艺，而于兵略、吏治尤所究心"。胡林翼尤其折服蔡用锡"夙谙兵略"⑥。在1830夏至1832年春，胡林翼就学于蔡用锡，"晨夕观摩，所诣大进"。在这段时间里，他已明确认识到"学

---

① 梅英杰：《胡文忠公年谱》（卷一），己巳三月梅氏抱冰堂刊，第5—10页。
② 朱孔彰：《中兴名臣事略》（卷一），光绪癸卯上海宏文阁藏版，第7页。
③ 赵尔巽：《清史稿》（卷四百六），中华书局1977年版，第11927页。
④ 胡林翼：《马队独剿山贼又会南勇合剿连获大胜疏七年三月十三日》，载郑敦谨编《胡文忠公遗集·奏疏》（卷十五），同治六年黄鹤楼刻本，第16页。
⑤ 严正基：《蔡先生家传》，载姚念扬《益阳县志》（卷十六），同治十三年文昌阁刻本，第30页。
⑥ 胡林翼：《马队独剿山贼又会南勇合剿连获大胜疏七年三月十三日》，载郑敦谨编《胡文忠公遗集·奏疏》（卷十五），同治六年黄鹤楼刻本，第16页。

问之道，当先端去向，明去取"，从而"笃嗜《史记》《汉书》《左氏传》、司马《通鉴》暨中外舆图地志，山川扼塞、兵政机要，探讨尤力"，认为"异日经世之谟，优劣即判于此"。胡林翼的经世学问造诣得力于蔡用锡处极大，如梅英杰所说，胡林翼师事蔡用锡两年，"涵濡渐渍，服膺终身"[①]。

第三，胡林翼在镇压太平天国革命过程中，愈加相信"安危治乱本于人心"的理学信条。

在镇压太平天国的过程中，胡林翼惊恐地看到：民"无仇贼之心，有助贼之意"。就在他的鼻子底下，湖北人民不畏屠杀，有的"运盐济贼"，有的"造划船济贼"，运往苏、常[②]。有的向太平军"领获伪文、伪印，回籍招兵办粮"，约期举事[③]。湖北的随州、大冶、蕲州、蕲水、鄂城、江夏、蒲圻、嘉鱼、通山、通城等州县以及江西武宁、义宁、德安等地起义群众数十万，"起义头四十余名……具禀差使"到苏州谒见李秀成，要求加入太平军[④]。湘、楚军驻扎安徽霍山，当地群众"甘心助贼""将所有谷米不碾不售，以致兵食缺乏"。安徽人民群众的"果于从逆"[⑤]，使胡林翼意识到，"今天下之乱不在盗贼，而在人心""天下之患不在盗贼，而在风化"。他说，镇压太平天国"在目前为急务，而自大端

[①] 梅英杰：《胡文忠公年谱》（卷一），己巳三月梅氏抱冰堂刊，第7—11页。夏先范：《胡文忠公年谱》，载阎敬铭编《胡文忠公遗集》（首卷），同治五年重刊本，第11页。

[②] 胡林翼：《札余副将十年九月三十日》，载阎敬铭编《胡文忠公遗集·批牍》（卷十），同治五年重刊本，第42—43页。

[③] 胡林翼：《蕲广匪徒通贼经州县先期拿获疏十年十月二十八日》，载郑敦谨编《胡文忠公遗集·奏疏》（卷三十九），同治六年黄鹤楼刻本，第8页。

[④] 李秀成：《李秀成自述》，载太平天国历史博物馆编《太平天国文书汇编》，中华书局1979年8月版，第513页。

[⑤] 胡林翼：《札余副将十年九月三十日》，载阎敬铭编《胡文忠公遗集·批牍》（卷十），同治五年重刊本，第42页。

论之，则此仅末务也"①。

如何挽救人心思乱的危机呢？在理学家看来，"人能孝弟，则其心和顺，少好犯上，必不好作乱也"②。胡林翼也正是这样看问题的。他拾取"儒先理学"的唾余，大肆宣扬封建纲常伦理，他说，孝弟是"本根本始""由不犯上作乱推而至于仁民爱物，莫不以此为本"③。"忠义孝弟、节孝贞烈""为天地正气"，人视为迂阔不切实际，其实是"大本"，大本立，人心才能"日趋于正"④。胡林翼妄图乞灵于理学，团结地主阶级，麻醉劳动人民，用封建纲常伦理的绳索束缚思乱之人心，以稳定封建统治秩序。

第四，胡林翼服膺理学又和他对清朝统治末日的预感有一定的联系。

在镇压农民起义的生涯中，尽管他竭尽犬马之劳，维护了封建秩序，但是，胡林翼对清王朝的命运并不乐观。长期以来连绵不断的农民起义以及他所目睹的各地人民群众"甘心从贼""果于从逆"，使他惊惧不安。他说："人心思乱，不自今日始，亦不自今日止。"⑤社会动乱的根源根本没有消除，他担心农民起义仍将相循不已。除此以外，地方势力的崛起也在触动他的政治敏感。

在镇压太平天国的过程中，清政府的虚弱暴露无遗，额兵腐败，库帑空虚，各地将帅"兵无可调，惟有募勇。饷无可请，惟有自筹"⑥。军政大权破例从中央旁落地方。疆臣大帅以及募勇从戎"以布衣跻节镇，

---

① 胡林翼：《复松滋县汪省吾庚申八月二十七日》，载郑敦谨编《胡文忠公遗集·抚鄂书牍》（卷七十七），同治六年黄鹤楼刻本，第14页。
② 朱熹：《论语集注》（卷一），中华书局1924年版。
③ 胡林翼语：载姚绍崇辑著《论语衍义》（卷六），同治墨君轩刊本，第40页。
④ 胡林翼：《札候补县方九年二月初四日》，载阎敬铭编《胡文忠公遗集·批牍》（卷十），同治五年重刊本，第5页。
⑤ 胡林翼：《复张石卿中丞启》，载郑敦谨编《胡文忠公遗集·宦黔书牍》（卷五十五），同治六年黄鹤楼刻本，第4页。
⑥ 胡林翼：《复军机蒋叔起庚申五月二十五日》，载郑敦谨编《胡文忠公遗集·抚鄂书牍》（卷七十四），同治六年黄鹤楼刻本，第15页。

绾虎节"①者"拥兵专土"②，为数甚多，清朝政局行将演成内轻外重、尾大不掉之势。

不少敏感的封建官僚已经觉察到地方势力的崛起，并预感到将危及清朝的统治。咸同之际，曾国藩的得意门生赵烈文说："今武臣多拥兵，吾恐大行弃天下，主少国疑，斯辈不可问耳"！③曾国藩湘系集团的政敌则把曾国藩也看作尾大不掉的隐患，大学士、军机大臣彭蕴章曾"条议时事颇备，不自上疏，诣军机大臣请代陈之。其大旨谓楚军遍天下，曾国藩权太重，恐有尾大不掉之患。于所以撤楚军、削曾国藩权者三致意焉"④。对于地方势力崛起的隐患，胡林翼更是忧心忡忡，早在咸丰九年他就说，镇压太平天国，"特恐是敷衍之局，为将帅增凌烟之色""恐朝堂大老、封疆大吏因此而骄泰自是，正烦圣虑"⑤"所虑者安史灭而祸更烈于安史耳""安史之祸，不在安史，黄巾之祸，乃成于破败之后，是可忧也"⑥。众所周知，安史之后是方镇跋扈，拥兵割据。黄巾之后是军阀混战，天下三分。胡林翼已经从当时地方势力的崛起和清朝中央的衰落，看到了汉末、唐季历史的阴暗投影，担心镇压太平天国之后，因地方势力的崛起而出现清朝统治土崩瓦解的局面。问题的矛盾之处在于他既害怕方镇跋扈危及清朝的统治，又帮助曾国藩扩编湘军，支持发展军

---

① 谭嗣同：《忠义家传》，载湖南文献委员会编《湖南文献汇编》（第一辑），民国三十七年九月版，第163页。
② 赵烈文：《能静居士日记》，载太平天国历史博物馆编《太平天国史料丛编简辑》（第三册），中华书局1962年10月版，第198页。
③ 赵烈文：《能静居士日记》，载太平天国历史博物馆编《太平天国史料丛编简辑》（第三册），中华书局1962年10月版，第203页。
④ 薛福成：《书宰相有学无识》，载《庸庵全集·庸庵文续编》（卷下），光绪上海书局版。
⑤ 胡林翼：《致钱萍矼典试己未十月二十九日》，载郑敦谨编《胡文忠公遗集·抚鄂书牍》（卷六十六），同治六年黄鹤楼刻本，第22页。
⑥ 胡林翼：《致曾涤帅己未十月初九日》，载郑敦谨编《胡文忠公遗集·抚鄂书牍》（卷六十六），同治六年黄鹤楼刻本，第14页。

阀队伍。这真是历史对他的绝大讽刺。

时事艰难，民心思乱，地方势力崛起，清朝中央衰落，胡林翼"蒿目时艰"，慨然而叹："天下事，成败利钝，早已了然于中矣……譬之大海遭风，已知万无可救。"①穷途末路的哀愁，一方面使胡林翼作垂死挣扎，疯狂镇压和屠杀起义农民；另一方面又使这个死心塌地的卫道士向腐臭的理学寻求慰藉和归宿。他在家书中说要"世自乱而我心自治，斯为正道"，并说他"心中专意道德，欲自勉以成名"②。他还对姚绍崇说："君子小人，当初止理、欲分途，……君子先立定志向，在'理'路上做人，不做不休。至时事艰难，拼身不顾转穷，万无中止之地。"③他发现清朝的前途不妙，茫无指归，又打算自勉以成名，做一个具有花岗岩脑袋的理学"君子"了。

胡林翼晚年愈加热衷于理学，尤其醉心于"正心诚意"这一套理学的修养方法。1855年，他"折节师事"罗泽南。1858年后，聘请姚绍崇等人，待以"宾友之礼"④。胡林翼以这些理学家和所谓道德儒家为师友，兢兢于"讲学修德"。他说："自今一言一动不中理道，君等争之。争之不得，至于襥被求去，则我必从。盖人生晚节末路，不可一毫失著，君等其念之。"⑤据郭嵩焘说：1860年，胡林翼治军于皖、鄂交界地区，练兵、筹饷，日不暇给，"而读书自课甚严，夜与桂轩（姚绍崇字桂轩——引者注）会讲《论语》"。1861年1月，胡林翼抱病冒风雪自英山（时属安徽）移营安徽太湖县城，"行军所至，日夕支帐为邸，烧烛席地

---

① 胡林翼：《致李次青观察己未正月二十五日》，载郑敦谨编《胡文忠公遗集·抚鄂书牍》（卷六十），同治六年黄鹤楼刻本，第20页。
② 胡林翼：《与静娟夫人书》，载梅英杰《胡文忠公年谱》（卷三），己巳三月梅氏抱冰堂刊，第27页。
③ 姚绍崇：《论语衍义》（卷七），同治墨君轩刊本，第46页。
④ 郭嵩焘：《姚桂轩墓志铭》，载《养知书屋文集》（卷二十一），光绪壬辰孟秋月刊本，第16页。
⑤ 姚绍崇：《论语衍义》（卷六），同治墨君轩刊本，第3页。

以讲。一日病甚，不能食饮，左右请稍息。笑曰：'是口不能食，而犹能语言，耳亦犹有闻，岂以病而废学哉？'"①。胡林翼对于理欲、孝弟、道统、知与仁、经权、理道等理学信条，发表了不少言论，后来，由姚绍崇辑录成《论语衍义》一书。胡林翼衍说"《论语》之精微""证之行事""每问吾今日接某人、治某事，颇不性于斯义否？"李元度就此议论说："程子有言：'今人读《论语》，未读时如此，既读亦如此，是谓不曾读。'若公者，庶可一雪斯言与。"②由此可见，胡林翼所醉心的讲学修德，就是理学家的"穷义理之精微"和"诚意正心"，"在'理'路上做人"。

显然，由于上述种种因素的影响和作用，胡林翼成了一个兼治经世之学和理学的理学经世派人物。李瀚章说："公生长华胄，少时鲜衣怒马为跅弛之游。中年折节读书，有心儒先理学。"又说："有阐道之文，有经世之文。阐道之文，夫人而能之矣。经世之文，必其学囊古今而四海，又更事多、千折万挫不渝，其浩然之气著为文章，大声发于天地，足以懿告乎天下后世，如益阳《胡文忠公遗集》是也。"③郭嵩焘说，胡林翼少负才气，晚年"维德日新，几于哲圣"④。曾国藩说："润公聪明，本可迳入霸术一路，近来一味讲究平实朴质，从日行俗事中看出至理来，开口便是正大的话，举笔便是正大之文，不意朋辈中进德之猛有

---

① 郭嵩焘：《姚桂轩墓志铭》，载《养知书屋文集》（卷二十一），光绪壬辰孟秋月刊本，第16页。
② 李元度：《〈论语衍义〉序》，载姚念扬《益阳县志》（卷二十三），同治十三年文昌阁刻本，第52页。
③ 李瀚章：《〈胡文忠公遗集〉序》，载姚念扬《益阳县志》（卷二十一），同治十三年文昌阁刻本，第26页。
④ 郭嵩焘：《太子少保益阳胡文忠公祭文》，载《养知书屋文集》（卷二十七），光绪壬辰孟秋月刊本，第1页。

如此者"！①赵烈文说，胡林翼"始犹英雄举动，继遂渐入道域"②。

三、胡林翼的理学经世术

作为理学经世派人物，胡林翼鄙视和反对理学庸儒泥古不化、不切实际的空谈和迂腐。理学庸儒煞有介事地说，"古之圣人，致诚心以致天理，而天下自服，王者之道也。……若夫齐桓、晋文，则假仁义以济私欲而已"③"立国之道，尚礼义不尚权谋"④。胡林翼却认为："兼弱攻昧，取乱侮亡，言道学者疑之，而英君贤相之方略实不外此。"⑤岂可作茧自缚？因此，在从政实践中，胡林翼使出了理学经世派的浑身解数。胡林翼的理学经世术主要有以下几个方面：

第一，"以居敬穷理之功，为除暴安良之用。"⑥他尤其重视宣扬理学纲常伦理，团结地主官僚士绅、麻醉劳动人民，把理学作为镇压人民反抗的文的一手。在贵州安顺知府任上，胡林翼"采访节孝八百人，汇案请旌"，"安顺二百年有司详报节孝"⑦自胡林翼始。在湖北巡抚任上，胡林翼前后十七次上疏奏请旌表所谓"殉难官绅士庶妇女人等"约计不下

---

① 曾国藩：《致李迪庵中丞》，载李瀚章编《曾文正公全集·书札》（卷六），光绪丙子传忠书局版，第24页。
② 赵烈文：《能静居日记摘抄》，载江世荣编注《曾国藩未刊信稿·附录二》，中华书局1959年9月版，第38页。
③ 朱熹：《朱子四书·孟子或问》（卷一）。
④ 倭仁语：宝鋆等修《筹办夷务始末》（同治卷四十七），中华书局版，第24页。
⑤ 胡林翼：载《论东路事宜启咸丰三年》，载郑敦谨编《胡文忠公遗集·宦黔书牍》（卷五十八），同治六年黄鹤楼刻本，第4页。
⑥ 胡林翼：《复监利县唐鹤九九年九月十三日》，载郑敦谨编《胡文忠公遗集·抚鄂书牍》（卷六十六），同治六年黄鹤楼刻本，第7页。
⑦ 梅英杰：《胡文忠公年谱》（卷一），己巳三月梅氏抱冰堂刊，第22页。

四五万人①，为当时各省所罕见。胡林翼还在湖北设立"节义局"，方宗诚说，"粤贼之兴，奏设忠义局，委官绅采访者，亦自胡文忠在湖北始，其后各省援以为例"②。胡林翼所以如此卖力旌表"节义"，如他所说，是为了"于表彰忠孝之中，隐示维持名教之道"③。

胡林翼十分重视部下将佐的理学修养，要求将领能"讲明义理，以为教战之方"④。据《论语衍义》记载，姚绍崇和胡林翼讲《论语》时，姚绍崇说，"盖道者，人之所以为人。一或有亏，则七尺之躯皆为空虚"。胡林翼紧接着发挥说："凡务鲜衣美食之人，都不可与共事，心既务外，才便不真……戊午八年冬，大营移驻英山，逼近贼垒。千里运粮，既恐被其所掠，三军夺气，或愿徙而之他。有荐奇士者，予倒屣迎之。至则见其仪表不俗，周身所服，光采动人。延之饮，山珍海味，错若无足下箸处。予曰：噫！是耻恶衣恶食之士也。不足与议道，安足与议兵？"⑤这个不能"存天理、灭人欲"的"奇士"，胡林翼拒不录用。据胡林翼说："予迩年督师在外，每岁时伏腊，各营将领遣丁趋候，予必假以词色，展待有加，问其主人闲时作何勾当，且寄语勉其读书，以为教战之方。"⑥显然，胡林翼强调能"议道"方能"议兵"，要求所部营官等"讲明义理"，把理学作为"教战之方"，其目的是要营官等完全按照他自己的理学经世术来"武装"湘、楚军，以理学来团结湘、楚军，驱使他们为"卫道"卖命，镇压太平天国运动。

---

① 据胡林翼有关奏疏所作不完全统计。另参见黄昌辅：《湖北节义录》，同治九年崇文书局版。
② 方宗诚：《柏堂师友言行记》（卷三），民国十五年京华印书局铅印本，第4页。
③ 胡林翼：《恳请恩恤殉难文武员弁疏七年正月二十四日》，载郑敦谨编《胡文忠公遗集·奏疏》（卷四十三），同治六年黄鹤楼刻本，第7页。
④ 姚绍崇：《论语衍义》（卷七），同治墨君轩刊本，第48页。
⑤ 姚绍崇：《论语衍义》（卷六），同治墨君轩刊本，第3页。
⑥ 姚绍崇：《论语衍义》（卷七），同治墨君轩刊本，第48页。

第二，在政治方面，胡林翼认为吏治腐败是社会动乱的诱因。他说："国家之败，皆由官邪……我朝之台湾、西域，川楚教匪皆由官吏贪婪，职为厉阶。"①"吏治不饬，兵祸乃起。"②他主张整饬吏治，惩治贪纵不职官吏，不拘文法资格用人，"痛扫差胥积弊"。他还说，"凶险之徒，读书应试无路，心常怏怏，因此遂生权谋，密相结煽。此辈散在民间，实能嫁祸"，更危险的还有那些"粗知文义、识古今"的不得志的士人。他认为与其"穷其党而去之，不如因其才而用之""驾驭人才，即以消弭隐患，先为布置，使得生养，授以羁勒，范我驰驱，内蠹不生，外侮自息"。他主张"用士用民"③，引用地主士人参与政事，以驾驭人才，团结地主士人，加强封建统治。

胡林翼还认为，"治乱民如治乱丝，乱者必斩，不可姑息""又所谓治乱民如治乱绳，不可急也"④。主张"休养生息，宽猛兼施"⑤，对农民群众的反抗斗争既采取屠杀政策，同时又采取一些缓和阶级矛盾的措施。

第三，在经济方面，胡林翼认为，"嘉庆、道光以后，度支渐绌，驯至近年，支绌更甚，其弊由于钱漕、盐课、关政不得其理"。咸丰初年，库帑空虚，封建官僚纷纷奏陈补救之策。清政府饮鸩止渴，1853年初下令行用"官票"，不久发行"宝钞"（钱票）。1854年，又开铸铁质大钱。胡林翼对此很不以为然，他说："近人议生财之法，不知本原，愈议论而

---

① 胡林翼：《上皖抚王清苑师》，载郑敦谨编《胡文忠公遗集·宦黔书牍》（卷五十三），同治六年黄鹤楼刻本，第3—4页。
② 胡林翼：《谕襄阳司道六年十一月》，载阎敬铭编《胡文忠公遗集·批牍》（卷八），同治五年重刊本，第11页。
③ 胡林翼：《启吕方伯壬子》，载郑敦谨编《胡文忠公遗集·宦黔书牍》（卷五十四），同治六年黄鹤楼刻本，第18页。
④ 胡林翼：《谕襄阳司道六年十二月》，载阎敬铭编《胡文忠公遗集·批牍》（卷八），同治五年重刊本，第11页。
⑤ 胡林翼：《奏陈鄂省员缺虚悬请不拘文法资格拣员调补疏七年十一月初九日》，载郑敦谨编《胡文忠公遗集·奏疏》（卷二十四），同治六年黄鹤楼刻本，第8页。

愈纷，愈更张而愈坏，锢蔽于卑琐之计。"①胡林翼主张整理财政，主要是采取严禁钱漕、盐课、厘金等征收中的贪污中饱等措施，不赞成采用大钱、宝钞等通货膨胀手段。

胡林翼还特别重视"薄赋"，以保证政府的"维正之供"。他说："历观史策所载，唐季五代，坏乱极矣，宋齐丘劝徐知诰蠲丁口钱，由是江淮间旷土尽辟，桑柘满野。唐庄初起，军储不足，李琪劝除折纳配纽之法，以休民力而济时艰。然则彻法之行，乃足国之要道也。"②胡林翼在湖北正是通过名义上的"减赋"而实收"增赋"之效的。

第四，在军事方面，胡林翼认为，"承平日久，文恬武嬉，额制之兵，无一可以御侮"③，"兵不可恃，无智愚皆知之"④。他主张改弦更张，招募勇丁，组建新的地主武装。在贵州知府任上，他首开在任官员举办练勇武装的先例，招募了一支由他这个知府文官直接掌握指挥的"黔勇"。在湖北巡抚任上，他大规模裁汰绿营，大力扩编湘军，并招募湖北勇丁重建楚军（湖北省军）。

胡林翼还认为："兵不可用，而保甲团练必不可不办。"⑤因此，无论在贵州的知府任上还是在湖北巡抚任上，胡林翼都大办保甲团练，作为军事镇压的重要辅助手段。他把保甲团练看作考查地方守令政绩的"第一要政"。

镇压太平天国是胡林翼的主要军事活动，根据长江中游战略地理特

---

① 胡林翼：《札荆门州八年五月初三日》，载阎敬铭编《胡文忠公遗集·批牍》（卷九），同治五年重刊本，第20页。
② 姚桂轩：《论语衍义》（卷六），同治墨君轩刊本，第29页。
③ 胡林翼：《致翁学使祖庚壬子》，载郑敦谨编《胡文忠公遗集·宦黔书牍》（卷五十四），同治六年黄鹤楼刻本，第26页。
④ 胡林翼：《致魏将侯壬子》，载郑敦谨编《胡文忠公遗集·宦黔书牍》（卷五十四），同治六年黄鹤楼刻本，第21页。
⑤ 胡林翼：《启吕方伯咸丰二年十一月初六日》，载郑敦谨编《胡文忠公遗集·宦黔书牍》（卷五十五），同治六年黄鹤楼刻本，第19页。

点，他制定了"力争上游"，节节东下的战略决策，提出"以水道为纲"，把水师作战作为重要战略手段。胡林翼根据太平军的主要战术，提出了不攻坚、防抄后、围点打援等战术。

第五，胡林翼认为，"为政之要，千条万缕，大纲必在得人"①。凡"察吏、筹饷、将兵，皆以得人为主"②。因此胡林翼极其注意网罗和驾驭人才，他在贵州担任知府时，就设想"若得广厦千间、假帑金一二万两，招致英俊，与之讲求方略"③。出任湖北巡抚后，胡林翼果然在武昌设立"储材馆"（后易名为"宝善堂"）④。郭嵩焘曾这样评论，"曾公之精于识鉴，胡公之勤于搜求人才，皆古大臣所难"⑤，"天下之士，奔走辐辏"，"狱狱文忠，实为之枢机"⑥。值得注意的是，胡林翼在用人方面，有他自己的一套指导思想：

其一，求才首重气节。胡林翼认为，"孔子立教，各举所知，周公之训，人无求备。大抵圣贤不可必得，必以志气、节操为主……有气节，则本根已植，长短高下均无不宜"⑦，"古今成大业之人，必以人才为根本。古今人才之要，必以气骨为根本"⑧。

---

① 胡林翼：《札襄阳道九年八月二十日》，载阎敬铭编《胡文忠公遗集·批牍》（卷十），同治五年重刊本，第13页。
② 夏先范：《胡文忠公年谱》，载阎敬铭编《胡文忠公遗集》（首卷），同治五年重刊本。
③ 胡林翼：《致翁学使祖庚壬子》，载郑敦谨编《胡文忠公遗集·宦黔书牍》（卷五十四），同治六年黄鹤楼刻本，第25页。
④ 胡林翼：《致罗方伯己未二月十五日》，载郑敦谨编《胡文忠公遗集·抚鄂书牍》（卷六十二），同治六年黄鹤楼刻本，第15页。
⑤ 郭嵩焘：《郭嵩焘日记》，湖南人民出版社1981年5月第1版，第520页。
⑥ 郭嵩焘：《胡母陶夫人祔葬志铭》，载《养知书屋文集》（卷二十四），光绪壬辰孟秋月刊本，第6页。
⑦ 胡林翼：《致汉阳府刘冰如己未正月二十三日》，载郑敦谨编《胡文忠公遗集·抚鄂书牍》（卷六十），同治六年黄鹤楼刻本，第19页。
⑧ 胡林翼：《致罗方伯己未》，载阎敬铭编《胡文忠公遗集·书牍》（卷四），同治五年重刊本，第46页。

其二，求才须破资格。胡林翼说："为事全在用人，用人全在破格。"①如"求将之道，在有良心，有血性，有勇气，有智略。举贡生监白丁皆可，不拘资格"②。

其三，求才应不拘一格。胡林翼说："办事之才，取人之法，原无一定。有圣贤一路，有豪侠一路，立贤无方，古人所以不可几及。"③关键在于使用人才时"阴阳得位，优劣得所"，人尽其用④。

其四，求才注重取士取民，不取膏粱子弟。胡林翼说："大抵用人之法，总须用苦人。心思才力，多出于磨炼，故遇事能知其艰苦曲折，亦能耐事。膏粱纨绔，皆下材也。"⑤又说："畎亩版筑鱼盐之中乃有英雄，膏粱子弟决无英雄，以积习不除，不知情伪艰难也。"⑥

其五，把求才和控驭人才作为消弭祸乱隐患的权术。他说，"古来成事败事之人，必在尘埃草野中，用之则为臣仆，弃之则为盗贼，其间操纵，间不容发"⑦，"帝王驭世之微权，必取强桀之人预为驾驭，为我用而不为人用……所以消天下之英杰而不觉耳"⑧。

---

① 胡林翼：《致庄蕙生方伯己未七月初一日》，载郑敦谨编《胡文忠公遗集·抚鄂书牍》（卷六十五），同治六年黄鹤楼刻本，第6页。
② 胡林翼：《与余会亭己未四月初十日》，载郑敦谨编《胡文忠公遗集·抚鄂书牍》（卷六十三），同治六年黄鹤楼刻本，第29页。
③ 胡林翼：《复李香雪太守己未三月十五》，载郑敦谨编《胡文忠公遗集·抚鄂书牍》（卷六十三），同治六年黄鹤楼刻本，第4页。
④ 胡林翼：《复庄蕙生方伯庚申三月二十六日》，载郑敦谨编《胡文忠公遗集·抚鄂书牍》（卷七十一），同治六年黄鹤楼刻本，第16页。
⑤ 胡林翼：《致厉观察己未》，载阎敬铭编《胡文忠公遗集·书牍》（卷五），同治五年重刊本，第7页。
⑥ 胡林翼：《致严观察戊午十二月十六日》，载郑敦谨编《胡文忠公遗集·抚鄂书牍》（卷五十九），同治六年黄鹤楼刻本，第33页。
⑦ 胡林翼：《致翁学使祖庚壬子》，载郑敦谨编《胡文忠公遗集·宦黔书牍》（卷五十四），同治六年黄鹤楼刻本，第26页。
⑧ 胡林翼：《论东路事宜启咸丰三年》，载郑敦谨编《胡文忠公遗集·宦黔书牍》（卷五十八），同治六年黄鹤楼刻本，第3页。

第二章　出任贵州知府，镇压贵东各地农民起事

一、从考中进士到捐官贵州知府

胡林翼出生后，家长望子成龙，在他孩提时代，就认为"此子俊伟，必昌吾宗，当善视之"①，对他寄予厚望。陶澍（时官给事中）路过益阳，见到胡林翼，"惊为伟器，曰'吾已得一快婿'"，遂以女字之。胡林翼五岁时，他的祖父就开始教他读书。从这时起到1835年（胡林翼二十四岁）中举，十八年中，胡林翼先后师事胡泽溥、贺熙龄、蔡用锡等十余人。在这段时间里，胡林翼同封建社会的一般士子一样，饱读儒家经籍，向科举讨前程。这段时间，也是胡林翼的经世思想逐渐形成过程中的一个重要阶段。在当时的社会思想和阶级斗争形势的影响下，胡林翼立志经世，研讨经世之学，他的思想已经打上了地主阶级经世派的烙印。

从1828年开始，胡林翼多次参加科举考试，名落孙山。1835年，胡林翼"时来运转"，他从北京返回益阳应试，成诸生，接着又在乡试时考中举人。中举后，胡林翼去了金陵。1836年，胡林翼从金陵前往北京参加会试，考中进士，朝考入选，钦点翰林院庶吉士。1837年，授编修。

---

① 夏先范：《胡文忠公年谱》，载阎敬铭编《胡文忠公遗集》（首卷），同治五年重刊本。

1839年，充国史馆协修。1840年，充会试同考官。同年秋，充江南乡试副考官，取蒋照、汪士铎等人。因正考官文庆私带举人熊某入闱阅卷，被揭发，回京复命后被革职，胡林翼也以"失察"降一级调用。胡林翼比较顺利地进入仕途，正在春风得意之时，却又意外地遭受了挫折。文庆与胡林翼共事时，发现他办事精明果断，才气横溢。而且胡林翼在降一级后，并未曾上疏声辩，这是他受知于文庆的开始。

1841年，胡林翼的父亲胡达源病死，循例回籍守制。从这时起直到1845年，胡林翼赋闲乡居，"终日书卷翰墨自娱""放浪形骸，流览山水"①。在这段时间里，有几件事对胡林翼后来的政治活动有不小的影响。

其一，与左宗棠的关系更为密切。左宗棠（1812—1885），字季高，与胡林翼同年生，湖南湘阴人。曾经师事贺熙龄，故胡林翼称自己和左宗棠"同受业于贺熙龄之门"。1832年，左宗棠考中举人。1837年，左宗棠主讲醴陵的渌江书院，陶澍阅兵江西，请假回籍省墓，路过醴陵，知县为陶澍治馆舍，请左宗棠拟楹联。左宗棠钦佩陶澍，他拟的楹联是：

春殿语从容，廿载家山印心石在；
大江流日夜，八州子弟翘首公归。②

陶澍激赏此联，延请相见，"纵论古今"，目为奇才，"倾谈竟夕，与订交而别"。1839年夏，陶澍病死两江任所，眷属从金陵归居湖南安化小淹，距益阳不远。胡林翼"时往经纪其家政，又主聘左季高先生傅公子"陶桄③，由是交往更密，胡林翼每至陶家，经常与左宗棠"纵谈彻

---

① 夏先范：《胡文忠公年谱》，载阎敬铭编《胡文忠公遗集》（首卷），同治五年重刊本。
② 罗正钧：《左文襄公年谱》（卷一），光绪丁酉湘省学院街萃文堂刻本，第14页。
③ 夏先范：《胡文忠公年谱》，载阎敬铭编《胡文忠公遗集》（首卷），同治五年重刊本。

夜"。左宗棠后来把女儿嫁给陶桄，遂和胡林翼结为姻亲，胡林翼称左宗棠为"左季丈"或"姻丈"。

其二，林则徐等屡次函催胡林翼出山。早在1832年，胡林翼入赘陶家后两年，他曾和家眷去金陵，在陶澍两江总督衙门留居近一年之久。当时，林则徐刚调任江苏巡抚，与陶澍协力整饬吏治，兴办水利。胡林翼耳闻目睹林则徐的政绩，对林则徐钦佩之至。据胡林翼说，当时，他曾见陶文毅，请其密保林则徐"作两江替人，文毅深以为然"①。鸦片战争中，林则徐横遭投降派穆彰阿等人的排挤打击，被流放新疆。1845年，林则徐重新被起用，署理陕西巡抚。据夏先范记："陕西抚军闽县（应为侯官县——引者注）林文忠公、安徽抚军王公植、两江制军沔阳陆公建瀛、两淮都转但公明伦及各知交节次寓书"胡林翼，"谓其才堪济世，不宜自甘遐逸"②。屡次催胡林翼出山，这对胡林翼再入仕途很有影响。

其三，胡林翼的一些门生集资请为其捐任地方官职。胡林翼因任江南乡试副考官"失察"而降级调用，接着守制回籍，他在江南乡试时录取的一些门生私下议论，"我辈受两座师之知遇，不宜恝然。文老师（文庆——引者注）为国家大臣，帝心简在，且系旗籍，升途较速，不久当复柄用。胡老师以新进骤遭罣误，恐将一蹶不振。而其才气过人，苟为外吏，必能有所建树"③，遂集资为胡林翼捐官。胡林翼自己也提到："某之出，资用皆他人助成之。"④

在籍赋闲，毕竟不是有经世之志的胡林翼所甘心情愿的。他在家书中这样说："林翼近年问舍求田，卑卑不足道。自顾读书三十年，未始不

---

① 胡林翼：《致官秀峰挨帅己未五月初六日》，载郑敦谨编《胡文忠公遗集·抚鄂书牍》（卷六十四），同治六年黄鹤楼刻本，第16页。
② 夏先范：《胡文忠公年谱》，载阎敬铭编《胡文忠公遗集》（首卷），同治五年重刊本。
③ 凌霄、一士：《曾胡谈荟》，第15页。
④ 夏先范：《胡文忠公年谱》，载阎敬铭编《胡文忠公遗集》（首卷），同治五年重刊本。

高自期许。今乃以室家多累,迫而为稻粱之谋,既惜志之不伸,亦叹命之不展矣。对镜则面觉其胖,围腰则带觉其短,身虽肥而心则疚……昔人以髀肉复生,慨然自惜,有志者可如是乎?"胡林翼既然不甘赋闲,林则徐等人的函催、门生等的集资相助,终于促使他"决计出山"。

1846年,胡林翼先到扬州,然后启行到北京,"承师友许贷万五千金"①。7月,由"林文忠公专折奏办",在"陕西捐输案内报捐内阁中书,并捐升知府,分发贵州补用"②。按照当时的捐输则例,"输金为吏者,得自择善地"。贵州为贫瘠之地,胡林翼独独选择贵州,照他自己的解释,一是他的父亲胡达源曾任贵州提督学政,他曾经随同其父到过贵州,"习闻其风俗"。二是他认为"此邦贫瘠,或可以保清白之风,而不致负良友厚意"。三是"窃念两世受国恩遇",正当勉力图报。一句话,如其在家书中所表示,"出山之始,立志作一清忠官"③,为清王朝效力。胡林翼正是出于这些动机,出仕贵州。1847年初,胡林翼回到益阳,5月中旬启程,7月抵贵阳,开始了他镇压贵东起事农民的生涯。

二、镇压贵东各地农民起事

胡林翼到贵州后,历任贵州安顺知府、镇远知府、思南知府、黎平知府。1852年11月,"卸黎平知府事,奉委带兵总办镇远、都匀、清江、黄平、凯里等外苗匪,兼办黄平、瓮安等处椰匪"④。胡林翼历任所

---

① 梅英杰:《胡文忠公年谱》(卷一),己巳三月梅氏抱冰堂刊,第19—20页。
② 夏先范:《胡文忠公年谱》,载阎敬铭编《胡文忠公遗集》(首卷),同治五年重刊本。
③ 梅英杰:《胡文忠公年谱》(卷一),己巳三月梅氏抱冰堂刊,第20页。
④ 夏先范:《胡文忠公年谱》,载阎敬铭编《胡文忠公遗集》(首卷),同治五年重刊本。

至地区，农民的反抗斗争比较激烈。据清方记载："贵州所属各地方往往聚有匪徒，为首者其党谓之帽顶，其次谓之大五，又其次谓之大满……黎平、古州与都匀之独山、荔波为尤甚。"① "黎平距省最远……该郡匪徒共有三种：一曰土匪，一曰苗匪，一曰外来游匪。数百为群，聚散无定，抢劫拒捕。"② "镇远府属之革夷寨苗匪以抢劫为事，首匪盘踞寨中，设有头目，该寨为匪等巢穴，有五六百户之多。附近各寨听其驱使，并制有枪炮器械，分掠乡村。"③镇远府属之黄平和平越州属之瓮安又有"榔匪"，"刘瞎么等纠众齐榔，沿村勒派……并建莲经寺为议事之所，民间词讼不准到官，勒令出钱了事""迨官兵查拿，辄敢拒杀差役"④。

为了镇压各地农民起事，胡林翼大办保甲团练，并且招募了一支由他直接掌握和指挥的练勇武装。

胡林翼对贵州营兵的腐败深恶痛绝，他说："每兵百名，侵蚀空旷殆将及半。其半在伍者，皆城中稿房队目之媪娅仆妾之党耳，否则革兵、老兵、死兵之子孙耳，否则将弁仆妾侍妇之子若孙及婿及姻亲耳。胎病已深，来头已久。"⑤积习难除，"营兵久成废物，屯军尤不可恃"⑥。胡林翼认为兵不可用，于是首先大办保甲团练，使"人人有捕盗之责，有

---

① 《清宣宗实录》（卷二百六十九），中华书局1986年版，第7—9页。
② 翁同书奏，载《清文宗实录》（卷三十二），中华书局1986—1987年版，第15—16页。
③ 翁同书奏，载《清文宗实录》（卷三十二），中华书局1986—1987年版，第15—16页。
④ 蒋蔚远奏，载《清文宗实录》（卷一百十一），中华书局1986—1987年版，第20—21页。
⑤ 胡林翼：《与孔廉访论会匪启三年》，载郑敦谨编《胡文忠公遗集·宦黔书牍》（卷五十七），同治六年黄鹤楼刻本，第9页。
⑥ 胡林翼：《复古州厅郎咸丰二年十月十三日》，载郑敦谨编《胡文忠公遗集·宦黔书牍》（卷五十五），同治六年黄鹤楼刻本，第16页。

捕盗之权"①。

清代乾隆（1736—1796）年间"更定保甲之法，十户为牌，立牌长。十牌为甲，立甲长。十甲为保，立保长"。胡林翼根据山区的特点，因地制宜，"大约十户即设牌长一人，一寨则设团长二三人，数寨则设乡正一二人"②。办团练则以"乡村堡寨周围二、三十里作为一团，一团之中，公举正派绅耆二人作为团总，公举强干晓事八人作为头人。苗寨中办（团）照此例办理"③。胡林翼规定，办保甲团练必须用士人，他认为："近年保甲团练，人人言之，亦人人行之。然文告徒繁，实政无补，牌籍空设，良莠不分。其交给土司、差役分发各乡者，徒资讹索，尤为浮伪。"应该改弦更张，请"明白正派之绅士"，到各村访求"正人、才人、有衣食、有顶戴人"④加以委任，"选择人之有才品、身家者充乡正、甲长之选"⑤。这样做，实际上是使地主士绅人人"有捕盗之责，捕盗之权"，客观上起到了更广泛地调动地主阶级的力量，以镇压当地农民反抗的作用。

胡林翼在贵东办保甲团练，参用碉堡之法。1851年，左宗棠致书胡林翼说："团练之法，粤西行之，未睹其效者，盖治小盗则团练固不易之法，若剧寇纵横、防剿并急之时，则用团练，断宜参用碉堡。"⑥胡林翼

---

① 胡林翼：《上季父默希公书壬子正月》，载梅英杰《胡文忠公年谱》（卷一），己巳三月梅氏抱冰堂刊，第29页。
② 胡林翼：《复古州厅郎咸丰二年十月十二日》，载郑敦谨编《胡文忠公遗集·官黔书牍》（卷五十五），同治六年黄鹤楼刻本，第16页。
③ 胡林翼：《镇远团练章程谕己酉》，载郑敦谨编《胡文忠公遗集·官黔书牍》（卷五十八），同治六年黄鹤楼刻本，第17页。
④ 胡林翼：《启陈剿盗十三条三年》，载郑敦谨编《胡文忠公遗集·官黔书牍》（卷五十七），同治六年黄鹤楼刻本，第15—16页。
⑤ 胡林翼：《论办瓮安榔匪启三年》，载郑敦谨编《胡文忠公遗集·官黔书牍》（卷五十七），同治六年黄鹤楼刻本，第6页。
⑥ 左宗棠：《答胡润之》，载杨书霖编《左文襄公全集·书牍》（卷二），光绪十六年版，第2页。

深以为然。他说，极盛之后，"人心日安于便利，未尝艰难，非此不足以救民水火耳"①。黎平府与广西毗连，重峦叠嶂，接界二百余里。胡林翼命令黎平府属之有关县份，由远及近，由内及外，"一律次第办理，日役土木竹石铁工千数百人""其堡中防守之具，大概与城守相类"。沿边各处，每堡常时巡守练丁百人，遇有紧急临时调用附近民苗二千人，协助守御②。各村寨则设立卡房，由乡正、团长轮派团丁昼夜防守③。

胡林翼既已认为贵州营兵不可恃，而他又身为"知府不能辖兵，非宪台专牍谆嘱各镇，则武弁一切呼之不出"④，更是无如之何。于是，他别出心裁，除了大办地方保甲团练外，招募了一支由他直接掌握和指挥的练勇武装，即后来由他带往湖北的"黔勇"。

1850年8月中旬，胡林翼到黎平府接篆视事。据他在家书中说，"到任后招募壮勇百名"⑤，后增募至近三百名，他招募练勇，首重"朴实耐苦，胆量可信""不用油滑人、怯懦畏缩人"。次重武艺技能，"取石掇二百五十勷者，弓开八力者，枪炮十发七八中者，刀矛有身法、手法者"，等等。胡林翼规定，每七人为一行，设行长一人。十五人为一队，设队长一人。四十五人为一哨，设哨长一人。薪饷一项，本着"优以饩廪"的原则，勇丁一月支钱四千，行长、队长、哨长则每月分别为五千、六千、七千不等，比较绿营薪饷远为优厚。练勇头目，则"选择绅士之晓

---

① 胡林翼：《请通饬修筑碉堡启壬子》，载郑敦谨编《胡文忠公遗集·宦黔书牍》（卷五十八），同治六年黄鹤楼刻本，第24页。
② 胡林翼：《修堡各条事件启咸丰二年壬子》，载郑敦谨编《胡文忠公遗集·宦黔书牍》（卷五十四），同治六年黄鹤楼刻本，第3—4页。
③ 胡林翼：《申谕保甲团练章程壬子》，载郑敦谨编《胡文忠公遗集·宦黔书牍》（卷五十八），同治六年黄鹤楼刻本，第24页。
④ 胡林翼：《启吕方伯咸丰二年十一月初六日）》，载郑敦谨编《胡文忠公遗集·宦黔书牍》（卷五十五），同治六年黄鹤楼刻本，第19页。
⑤ 胡林翼：《上季父默希公书壬子正月》，载梅英杰《胡文忠公年谱》（卷一），己巳三月梅氏抱冰堂刊，第29页。

兵事，有胆识，有志气，不顾身家，不爱钱财者"①。练勇之平日训练，则"仿戚继光法而变通之"②。胡林翼所募练勇，是一支以士绅为骨干，以朴实乡民为弁勇的地主武装。这支练勇武装，既有别于地方团练，又不同于清朝的经制之兵，和江忠源建立的新宁练勇（号称"楚军"）相类同。他们异地不同时，都是"自募练勇，自筹赏资"，表明一些地主、官僚不再把镇压农民起义的希望寄托于腐朽已极的八旗、绿营兵身上，而是企图自募练勇武装来挽救清朝的垂危统治了。

胡林翼宦黔八年，大办保甲团练，仅黎平一府，"办团练一千五百余寨，设卡栅四百五十余处"③。他亲率练勇"专精雕剿"，以保甲团练稽查防堵，镇压贵东的农民起事。在安顺一年，"先后擒正盗三百余名"。在镇远，"剿平黄平革夷、山丙、沙邦等处苗匪，获盗首保鹅等三百余名，悉平其寨"④。在黎平，"得盗三百余名"。在瓮安，斩杀百余人，"诛其首犯刘瞎么"⑤。当时，贵州比较重要的农民起事，大都被胡林翼镇压下去了。

按照胡林翼的说法："声威不可不立，而不可无恩威兼济之心。"⑥这是说于"剿"的同时，还要玩弄"抚"的花招。拿出缓和阶级矛盾的一手，借以防止农民反抗斗争的扩大。为此，他采取了一些重要的措施：

---

① 胡林翼：《致湖南永绥厅但梓村四则三年》，载郑敦谨编《胡文忠公遗集·宦黔书牍》（卷五十八），同治六年黄鹤楼刻本，第14—15页。
② 王发桂奏，见《胡文忠本传》，载郑敦谨编《胡文忠公遗集》，同治六年黄鹤楼刻本。
③ 夏先范：《胡文忠公年谱》，载阎敬铭编《胡文忠公遗集》（首卷），同治五年重刊本。
④ 郭嵩焘：《胡文忠公行状》，载郑敦谨编《胡文忠公遗集》（卷首），同治六年黄鹤楼刻本，第16页。
⑤ 夏先范：《胡文忠公年谱》，载阎敬铭编《胡文忠公遗集》（首卷），同治五年重刊本。
⑥ 胡林翼：《陈明黄平事竣并厘定粮章启咸丰三年》，载郑敦谨编《胡文忠公遗集·宦黔书牍》（卷五十六），同治六年黄鹤楼刻本，第18页。

一是厘定粮章。镇远府属之黄平等县，群众聚集数万抗粮，与邻县瓮安刘瞎么等"齐榔"抗粮互相呼应。胡林翼镇压抗粮群众，他说："此次并非真闹粮，匪徒本无粮，欲胁粮户以聚众。"即使全数奏请豁免，其鼓噪抗违如故①。事实是抗粮起于钱粮弊政，胡林翼的好友黄辅辰在接到胡林翼的信后就说："起事者，虽不为粮，胁从者，实因粮起。地方官洁己奉公，毋任吏卒滋扰，除正供之外，不多取一粟，方且感激不尽，岂忍为乱……何至一呼众应，举手数万人，风驰云集，如是之速耶。"②胡林翼实际上也很清楚，他说："书吏浮收之流弊，究未能逐一清厘，致若辈得所借口以惑乡愚，不除此弊，祸根不止。"③胡林翼决计厘定粮章，其具体情形，如他所说："除官之平余酌量裁减外，又厘剔书吏二千金，仅存交金。"④又说："损官者不满千金，损书吏者则二千金、三千金矣，而又明予书吏二百金，又明予各项人等杂费二百金，则一切有定制，有定限，昔年需索流弊一举而空。"⑤可见厘定粮章，实际上是革除大部分胥吏差役的浮收，客观上减轻了中小地主与自耕农等的负担。

二是查禁汉、苗地主对农民的过重剥削，贵州苗、汉杂处，苗、汉地主剥削之重，骇人听闻，苗、汉民人尤其是苗民贫困不堪。苗、汉民人之苦，一由官府和地主的侵夺，"苗产尽入汉奸，而差徭采买仍出于原

---

① 胡林翼：《与友人论黄平事咸丰三年》，载郑敦谨编《胡文忠公遗集·宦黔书牍》（卷五十六），同治六年黄鹤楼刻本，第14页。
② 黄辅辰：《戴经堂日钞》，载《太平天国资料》，科学出版社1959年3月第1版，第65页。
③ 胡林翼：《陈明黄平事竣并厘定粮章启咸丰三年》，载郑敦谨编《胡文忠公遗集·宦黔书牍》（卷五十六），同治六年黄鹤楼刻本，第19页。
④ 胡林翼：《与友人论黄平事咸丰三年》，载郑敦谨编《胡文忠公遗集·宦黔书牍》（卷五十六），同治六年黄鹤楼刻本，第17页。
⑤ 胡林翼：《陈明黄平事竣并厘定粮章启咸丰三年》，载郑敦谨编《胡文忠公遗集·宦黔书牍》（卷五十六），同治六年黄鹤楼刻本，第19页。

户。当秋冬催比之际，有自掘祖坟银饰者"。"百端盘剥，实为大害。"①二由高利贷剥削，"青黄不接之际，借谷一石，一月之内还至二石、三石不等，名为断头谷。借钱、借米亦然"。胡林翼认为这样无异于"剜肉医疮，害必及身"，苗、汉民人"为盗而死，忍饥而死，等死耳。犯法可以赊死，忍饥则将立毙"②，势必铤而走险，揭竿而起。因此，胡林翼规定：不准"招留""客籍新来"的"汉奸"（指从外地到苗民聚居区的汉族地主）。凡重利盘剥，银钱利过三分及放谷一挑勒还二挑（因青黄不接俗名"断头谷"），除访拿重办外，准受害人控告，官为严治。田主向佃户放借断头谷者，严惩不贷③。

三是严禁讼费。词讼刑名，是官吏差役营私舞弊、敲诈勒索的一大秕政。胡林翼说："案牍之起，一人投状，十家为破。官揣其肥瘠而食焉。脂膏几何，徒饱衙蠹。"④"客店影射、衙门陋规，籍端开销，以至民、苗受其愚弄，不保身家。"⑤瓮安县的刘瞎么等"齐榔"起事时，就曾揭露词讼的黑暗，针锋相对地提出，"由榔断案，罚处省费"⑥。毫无疑问，词讼弊政也是动摇贵东封建秩序的重要因素之一。为此，胡林翼从两方面着手严禁讼费：

其一，革除衙门陋规。规定讼案到官，必须及时受理，随到随审，

---

① 胡林翼：《致广顺但云湖丈丁未》，载郑敦谨编《胡文忠公遗集·宦黔书牍》（卷五十三），同治六年黄鹤楼刻本，第7页。

② 胡林翼：《论东路事宜启咸丰三年》，载郑敦谨编《胡文忠公遗集·宦黔书牍》（卷五十八），同治六年黄鹤楼刻本，第1—2页。

③ 胡林翼：《严立规条谕辛亥》，载郑敦谨编《胡文忠公遗集·宦黔书牍》（卷五十八），同治六年黄鹤楼刻本，第22—23页。

④ 胡林翼：《上皖抚王清苑师道光二十四年甲辰》，载郑敦谨编《胡文忠公遗集·宦黔书牍》（卷五十三），同治六年黄鹤楼刻本，第3页。

⑤ 胡林翼：《严禁讼费示辛亥》，载郑敦谨编《胡文忠公遗集·宦黔书牍》（卷五十八），同治六年黄鹤楼刻本，第20页。

⑥ 胡林翼：《论办瓮安榔匪启三年》，载郑敦谨编《胡文忠公遗集·宦黔书牍》（卷五十七），同治六年黄鹤楼刻本，第5页。

不使在外羁押，致滋勒索。须差传者，均出差票，载明事项，以免棍蠹乘机恐吓讹诈。书差之纸笔、饭食等费用，准许酌量给予，不准书差额外勒索。

其二，严禁客店浮冒开销，盘剥取利。乡民因案到城，客店乘机浮冒开销。乡民每因小案拖延，客店饭账开销竟至百金、数百金之多。胡林翼规定，嗣后有案到城百姓，"务须开算现钱，不准客店浮冒开销盘剥"。如违反上述规定，准许民人控告，官为查究，将客店从重追赃办罪，以清讼累而苏民困①。

胡林翼宦黔八年，"剿抚两施"，瓦解了贵州人民方兴未艾的反抗斗争。然而，他的"剿、抚"两手，可以缓和而不可能解决封建社会地主阶级和农民阶级的根本矛盾，可以暂时压抑而不可能扑灭人民群众反抗斗争的火焰。1853年底，胡林翼将要离开贵州之前，他已预感到贵州人民大起义犹如地火运行，行将爆发，他忧心如焚地说："窃恐此方之事，前盗已死，后盗又生，不过一年，又当复炽，事不可为。"②历史也正是这样发展的，1854年以后，张秀眉领导的苗民起义，刘义顺领导的"号军"起义，何得胜领导的斋教军起义等，以燎原之势燃遍黔中，沉重地打击和动摇了贵州的封建统治，有力地支援了太平天国革命运动。这时，胡林翼已在湖北直接投身于镇压太平天国革命运动了。

胡林翼在贵州为官数年，这一期间对他一生有着重要的影响。

第一，胡林翼由此而开始跻身于当时的政界。在贵州期间，他表现出的才干，开始得到地方督抚与清政府的赏识。1850年，云贵总督程矞采、贵州巡抚乔用迁已经保荐他升任道员。广西布政使劳崇光（湖南善化人）、浙江巡抚常大淳（湖南衡阳人）等进京，道光皇帝均加垂询，

---

① 胡林翼：《严禁讼费示辛亥》，载郑敦谨编《胡文忠公遗集·宦黔书牍》（卷五十八），同治六年黄鹤楼刻本，第20页。
② 胡林翼：《致黎平府曹子祥三年》，载郑敦谨编《胡文忠公遗集·宦黔书牍》（卷五十八），同治六年黄鹤楼刻本，第8页。

"且问胡林翼官声何以如此之好"。同年，咸丰皇帝即位，循例命各省督抚奏荐才堪大用者。云贵总督、贵州巡抚均保荐胡林翼堪胜大任，咸丰皇帝命"迅速来京送部引见"①。胡林翼在政界声誉鹊起。

第二，胡林翼在贵州表现出政治、军事方面的才干，遂被湖广总督吴文镕奏调前往湖北。他在贵州为官八年，亲身体察了清朝经制兵的衰朽、政治的腐败，采取了种种措施镇压农民起事，维护了垂危的封建统治，为他后来在湖北巡抚任上经营湖北、镇压太平天国革命运动积累了经验。

---

① 夏先范：《胡文忠公年谱》，载阎敬铭编《胡文忠公遗集》（首卷），同治五年重刊本。

第三章　从贵东道到升任湖北巡抚

一、曾国藩筹组湘军

当胡林翼于黔东的孤峭群山、幽险菁林镇压各处农民起事的时候，曾国藩正在湖南殚精竭虑，筹组湘军。曾国藩的这一活动，和胡林翼调离贵州以后的政治生涯有着重大而密切的关系。

1838年，曾国藩考中进士后，在京中做官，他与倭仁等人以理学相标榜，深得首席军机大臣穆彰阿的垂青，1847年，已被擢升为内阁学士、吏部侍郎衔。1852年，他奉命为江西乡试主考官。一任主考，可赚得门包、礼金等二千两左右白银，曾国藩喜出望外，兼程南下。9月8日，行抵安徽望江县的小池驿，得到他母亲去世的消息，循例奔丧回籍守制。离京时，曾国藩只带了到江西省城南昌的单程盘缠，行抵小池驿，囊橐将空。这时，他有意到九江逗留几天，放出这一信息，果然收到了从南昌送来的奠仪银一千两、门包银一百两[①]。9月29日，行抵武昌，得知太平军正在围攻长沙，便从岳州、湘阴绕道宁乡，10月初回到湘乡。

按照封建礼法，守制应足不出户，不与公事，以示尽孝。但曾国藩

---

① 曾国藩：《致纪泽儿咸丰二年八月初八日》，载《曾文正公六种·家书》（第二册），新文化书社1932年版，第51—54页。

到家不久，便破门而出，走访湘乡知县朱孙诒，又去县城团练总局与儒生罗泽南、王鑫等人商量团练事宜，嘱咐他们"练丁贵精而不贵多，设局宜合而不宜分"。论者每以为湘乡团练创始于罗泽南、王鑫，殊不知曾国藩是于幕后策划的谋主。

太平军于1852年9月中旬进击长沙，11月30日，撤围北上，连下益阳、岳州，直趋武昌。清政府看到八旗、绿营兵战无不败，而江忠源率领的新宁练勇（号称"楚军"）却在蓑衣渡伏击太平军取胜，于是重新运用地主团练镇压川楚白莲教农民起义的经验，命令"邻贼"各省官僚、士绅举办团练，以挽救清王朝垂危的统治。1853年1月8日，清政府任命曾国藩为帮办团练大臣，协同湖南巡抚办理本省团练。1853年1月12日，太平军一举攻克华中重镇武昌，清政府惊恐万状。曾国藩抓准这一时机，借口保卫省境，于1月30日上奏要求扩大他掌握的团练，并说要"改弦更张""以练兵为要务"①。曾国藩后来又曾向清政府奏称："臣自咸丰二年奉旨办团，初次折内即奏明白行练勇一千，是臣所办者乃'官勇'，非'团丁'也。"②这段话流露了曾国藩当初的隐衷，就是说，他所讲的"改弦更张"不仅指举办团练，不专恃经制之兵，还意味着他所要办的不是一般的地方民团，而是由他统率的"官勇"性质的湘军。因此，在曾国藩的奏折被清廷批准后，他就为扩大湘勇、筹组湘军争得了地步。

曾国藩奉命帮办团练后，于1853年1月29日至长沙，在长沙设立了帮办团练大臣公馆，在公馆中设立了审案局③。他将湘乡罗泽南、王鑫等

---

① 曾国藩：《敬陈团练查匪大概规模折咸丰二年十二月二十二日》，载《曾文正公全集·奏稿》（卷一），世界书局版，第22页。

② 曾国藩：《派宋梦兰办皖南团练片咸丰十年七月二十三日》，载《曾文正公全集·奏稿》（卷二），世界书局版，第353页。

③ 曾国藩：《致江岷樵》，载李瀚章编《曾文正公全集·书札》（卷二），光绪丙子传忠书局版，第17页。

人组成的一大团湘勇调到长沙,作为他筹组湘军的基干。

曾国藩出任帮办团练大臣,有机会行其理学经世之志了。他命令各府州县迅速团练,"剿办土匪"。他杀气腾腾地叫嚣:"其有匪徒、痞棍聚众排饭,持械抢劫者,格杀不论。"如有"剧盗"成群啸聚山谷,立即前来禀告,当即发兵"剿杀"。他称自己是奉命帮办团练,"欲行吾志","欲稍学武健之吏,以伸一割之用"。

"若非草剃而擒洗之,则悍民不知王法为何物"。他设立的审案局,凡被控为盗为匪,"重者立即枭首""轻者杖毙杖下"。他大言不惭地说:我"一意残忍",是形势所迫,即使人家在背后骂我"武健残酷",我也在所不计。曾国藩又致书在贵州的胡林翼说:"闻台端铲除强暴,不遗余力。鄙怀欲取为伐柯之则。倘肯授我方略,时示成法,实为厚幸。"①组织练勇镇压农民起义的共同愿望,使曾国藩和胡林翼紧紧地联合起来。

筹建湘军,还须取得湖南巡抚骆秉章、地方州县官以及地主士绅的好感与支持。为此,曾国藩派罗泽南、王鑫等统率湘勇,四出"攻剿"各县起事农民,又会同江忠源所部楚军镇压常宁、阳山、衡山、永兴、茶陵等地起事会党。为了博取清政府的信任,他又破格提拔旗籍官佐塔齐布为中军参将,得到了清政府的批准,这就为此后湘军中大、小头目猎取正式官职开了先河。到1853年7月中旬,曾国藩所部湘勇已有罗泽南、塔齐布等人所统十营,共四千人左右。

1853年6月,太平天国西征军进围南昌,8月,曾国藩派夏廷樾、郭嵩焘、罗泽南等前往增援南昌守军,在南昌城郊与太平军一战后大败。曾国藩却认为湘勇败而不散,犹能齐心协力,冲入南昌城中与江忠源统率的楚军会师,继续顽抗太平军②,远非八旗、绿营望风崩溃所能比拟,曾国藩扩练湘军的信心倍增。

---

① 曾国藩:《复胡润之》,载李瀚章编《曾文正公全集·书札》(卷一),光绪丙子传忠书局版,第37页。

② 王闿运:《湘军志·曾军篇第二》,同治版,第3—4页。

第三章 从贵东道到升任湖北巡抚

曾国藩在长沙骄横跋扈,与绿营兵发生矛盾,湖南巡抚骆秉章及司道各官皆不以曾国藩为然。绿营兵围攻曾公馆,刀矛竞入,刺伤士兵,几伤曾国藩。巡抚宅邸与曾公馆一墙之隔,对绿营兵闹事漠然不问。曾国藩意识到了问题的严重性,1853年9月下旬,移驻衡州。在衡州,曾国藩可以不受牵制干涉,专意练兵,募勇练兵几许,"唯吾之所为"[①],他决定练兵万人。衡州周围县份为会党啸聚之所,移军衡州,可以就近镇压。

练兵万名,容易引起地方官和政府的猜忌,他绞尽脑汁,拉大旗作虎皮,打出江忠源的旗号以练兵成军。曾国藩认为江忠源屡立军功,春风得意,前途无量。他说,江忠源保全南昌,"勋名日隆,物望攸归,帝简亦属,即特颁关防,全畀兵柄,亦意中之事"。他对外宣称:"鄙意欲募勇万人,勤加训练,发交岷樵(江忠源字岷樵——引者注)为扫荡之具。"[②]他写信给江忠源也信誓旦旦地声称拟练兵万人,"备左右之前驱"[③]。1853年10月17日,曾国藩趋炎附势,又提出湘、鄂、皖、赣四省联防的策略,推湖广总督吴文镕为头领,他愿率所部以效驰驱。曾国藩的这两着棋,果然搞活了全盘棋局,他得到了湖南官绅的支持,为他筹建湘军取得了护身符。

曾国藩在衡州大规模招募农民、猎户子弟为弁勇,更改营制,将原来每营三百六十人改为五百人一营,另有长伕一百名。按籍贯编组营伍,以便利用封建的家族、同乡、戚谊等关系固结军心。仿效江忠源部楚军和胡林翼部黔勇的规定,提高湘军待遇,营官月饷银五十两、办公

[①] 曾国藩:《与吴甄甫制军》,载李瀚章编《曾文正公全集·书札》(卷三),光绪丙子传忠书局版,第5页。

[②] 曾国藩:《与严仙舫》,载李瀚章编《曾文正公全集·书札》(卷三),光绪丙子传忠书局版,第14页。

[③] 曾国藩:《与江岷樵》,载李瀚章编《曾文正公全集·书札》(卷三),光绪丙子传忠书局版,第10页。

费一百五十两,勇丁月饷四两左右,远较绿营兵为优厚①。

江忠源、郭嵩焘在江西南昌顽抗太平军时,发现太平军利用长江中、下游水乡泽国的地理形势,发展水师,作战时水陆依护,行动迅捷。郭嵩焘建议江忠源奏请建置水师②,同时,江忠源致书曾国藩,力陈办理水师的重要性和迫切性,建议他迅速造战舰,置水师③。曾国藩用了四个月的时间,建成了拥有大小战船三百余艘,配带数百尊洋炮,弁勇凡十营,共五千人的水师,以褚汝航、杨载福、彭玉麟等为营官。至此,湘军成军,连同幕客等水陆共一万七千人。

湘军以儒生为骨干,以理学思想为指导,是一支战斗力极强的地主武装。营官、帮办都由曾国藩任命,他对湘军拥有绝对指挥权。湘军是中国近代史上第一支军阀武装,而曾国藩则是中国近代史上的第一个军阀。

曾国藩筹建湘军期间,长江中游战事方酣。1853年2月,太平军在攻取武昌一个月之后,三路夹江东下,帆樯蔽江,炮声遥震,连克九江、安庆,3月19日,攻占东南重镇金陵,改为天京,定为首都,建立了与清朝相对峙的农民革命政权。不久,分兵攻克镇江、扬州。3月31日,清钦差大臣向荣督军至天京城郊的孝陵卫,建立了江南大营。4月16日,钦差大臣琦善督军至扬州,在扬州城北的帽儿墩一带建立了江北大营。太平天国领导当局全不把江南、江北大营放在眼里,1853年5月,偏师北伐,同时,以太平军主力西征。6月10日,西征军二克安庆。6月下旬,围攻南昌,久攻不克,9月24日撤围,北上进攻九江。9月29日,占领九江。接着,移军渡江,10月20日,攻占汉口、汉阳。11月16日,

---

① 王定安:《求阙斋弟子记》(卷二十四),光绪二年刊本,第12—19页。
② 郭嵩焘:《请置船舰练水师疏(代)》,载《郭侍郎奏疏》(卷一),光绪壬辰本,第1—3页。
③ 江忠源:《答曾涤生侍郎师书》,载《江忠烈公遗集·文》(卷一),同治十二年刊本,第31—34页。

西征军退屯黄州，监视武汉清军，掩护护国侯胡以晃、检点曾天养指挥西征军主力进攻庐州，开辟安徽根据地。清政府发现局势危殆，急调湖北按察使江忠源为安徽巡抚。12月10日，江忠源率领楚军三千余人进入庐州，百计守御。清政府命曾国藩统率湘军驰援庐州，曾国藩借口水师尚未练成，拒不赴援江忠源。他曾信誓旦旦地声言要练兵万人交江忠源，"以为扫荡天下之具"，湘军既成，曾国藩羽翼已丰，便败誓毁约。1854年1月14日，西征军攻克庐州，江忠源穷蹙自杀。太平军略定庐州以南州县，设官治理，推行乡官制度，建立农村各级基层政权。从此，太平天国安徽根据地成为太平军在西线与湘、楚军长期鏖战，争夺武昌、九江的战略基地。

1853年8月，署理湖广总督、湖南巡抚张亮基调任山东巡抚，闽浙总督吴文镕接任湖广总督。10月，吴文镕到武昌接篆视事。湖北巡抚崇纶与吴文镕不睦，奏劾吴文镕株守武昌，不敢出战。清政府切责吴文镕用兵迟缓。吴文镕愤而率军东下，驻军离黄州二十里的堵城大营。时值隆冬，寒风凛冽，雨雪交加，清军纪律败坏，拆民房木料烤火取暖，"数十里内民房尽毁"。1854年2月12日，太平天国国宗石祥祯、韦俊、石凤魁，秋官正丞相曾天养，春官又副丞相林绍璋等挥军猛攻堵城大营。"民衔兵勇之毁其庐舍也，群起助贼为大围。"①清军惊惧溃逃，吴文镕兵败自杀。太平军乘胜西进，2月16日，三克汉阳，围攻武昌，分兵曾天养、陈玉成等略取长江南北州县，另以偏师进击湖南，企图同时开辟湖北根据地和湖南根据地。

1854年2月，太平军兵锋直指湘北。2月15日，曾国藩亲自督率湘军水陆师从衡州沿湘江顺流而下，号称"出师东征"，沿途发布臭名昭著的《讨粤匪檄》，动员地主士绅投入反对太平天国的战争。湘北战云密布，

---

① 张曜孙：《楚寇纪略》，载太平天国历史博物馆编《太平天国史料丛编简辑》（第一册），中华书局1961年版，第74页。

大战一触即发。胡林翼正是在这一形势下参加湘军的。

二、胡林翼加入湘军，参加湘北争夺战

　　胡林翼在贵州镇压农民起事，当时督抚争相延揽。1852年夏，湖南巡抚张亮基上疏清政府，请调胡林翼到湖南"襄办军务"。贵州巡抚蒋蔚远"以事关全省大局入告，乞留"胡林翼，清政府饬胡林翼仍留贵州。1853年春，张亮基署理湖广总督，又与湖南巡抚骆秉章合疏奏调胡林翼入鄂，清政府不许。1853年9月，张亮基移调山东巡抚，吴文镕接任湖广总督，10月到任视事。当时太平军已于9月20日攻克九江后用兵湖北，连下田家镇、蕲州、蕲水、黄州，10月20日再克汉阳。吴文镕株守武昌，形势危迫，遂奏调胡林翼入鄂办理军务。御史王发桂也疏荐胡林翼知兵，能胜大任，所部黔勇"不满三百，锐健果敢"，倘"逾格畀以重任，留于湖北，带兵剿贼，可期得力"。清政府知道湖北危急，批准了吴文镕的请求。1854年1月10日，胡林翼率黔勇三百，自贵州镇远起程，途中续募黔勇三百，所部号称千人。2月16日，行至湖北金口附近的簰州，得到吴文镕败死堵城的探报，进退失据。

　　2月15日，曾国藩湘军水陆师从衡州倾巢北上顽抗太平军，先至长沙。胡林翼具禀湖南巡抚骆秉章和曾国藩，请示行止。曾、胡等人早已臭味相投，曾国藩、骆秉章接到胡林翼的禀报，立即加以资助，奏留胡林翼在湖南军营防剿，暂时移驻岳州①。曾国藩并"密疏论荐，谓其才胜臣十倍，可倚平寇"。这是胡林翼参加湘军的开始。

　　1854年2月中旬，太平天国西征军占领汉口、汉阳后，一面由国宗

---

① 曾国藩：《留胡林翼黔勇会剿片咸丰四年二月十五日》，载《曾文正公全集·奏稿》（卷一），世界书局版，第37页。

韦俊、石凤魁,典圣粮陈玉成等率军围攻武昌并攻取外围州县,分军一支,由石祥祯、林绍璋等统率进击湖南。2月17日,石祥祯等督军攻占岳州,控制了从湖北进入湖南的锁钥。3月7日,石祥祯等部太平军占领湘阴,续克靖港、铜官渚。3月11日,石祥祯军进占宁乡,与湘军训导储玫躬所部发生遭遇战,击毙储玫躬。湘北战略据点全部为太平军所占领,形成了全面进击长沙的军事态势,长沙大震。

太平军在宁乡扑杀储玫躬后,疑敌军大至,连夜退出宁乡。曾国藩督军北上。太平军因兵力不足,于3月19日、21日先后从湘阴、岳州相继北撤。当湘军进犯湘北时,曾国藩檄调贵东道胡林翼自岳州移军平江阻击太平军。3月30日,曾国藩亲统湘军水陆师进至岳州,命胡林翼会同塔齐布、林源恩等部进犯崇阳、通城,胡林翼纵兵杀戮,农民深受其害①。

3月下旬,太平军加强进攻湖南的兵力,春官又副丞相林绍璋等从武昌得到西征军的增援②。4月4日入湖南境,在羊楼司败王鑫,乘胜追击。4月7日,在岳州大败湘军水陆师,湘军向南溃退③。太平军跟踪追击,水师战船分布于临资口、樟树港、乔口、铜官渚、靖港一带,重兵集结靖港,防御工事极为完备,港外环列战船,岸上修筑炮垒。4月21日、22日,曾国藩亲督湘军水师驶往靖港,更番开炮轰击,靖港守军毫不示弱,发炮还击,双方发生激烈炮战。

太平军探知长沙守备甚严,"思由陆路绕越宁乡,径扑湘潭"。事先,曾国藩已派湘军三营入守宁乡,4月22日,林绍璋从靖港分兵进攻

---

① 曾国藩:《报崇通剿匪胜仗折咸丰四年二月二十一日》,载《曾文正公全集·奏稿》(卷一),世界书局版,第42页。
② 曾国藩:《探明前路贼踪片咸丰四年三月二十日》,载《曾文正公全集·奏稿》(卷一),世界书局版,第41页。
③ 曾国藩:《岳州战败自请治罪折咸丰四年三月二十日》,载《曾文正公全集·奏稿》(卷一),世界书局版,第40页。

宁乡，大胜。翌日清晨，疾趋湘潭，敌方毫无戒备，太平军出奇制胜，又于4月27日攻取湘潭，太平军对长沙已经形成前后夹击的态势，长沙官绅惶惶不可终日。曾国藩急调副将塔齐布从通城回攻湘潭，另派褚汝航、杨载福、彭玉麟等率水师五营配合塔齐布对湘潭的进攻。

为了击退长沙正面的太平军，策应塔齐布等对湘潭的攻势，4月29日，曾国藩督率湘军水防师和长沙团丁扑犯靖港，靖港守军进行反击，湘军水陆溃败。曾国藩随同溃兵逃命，避居铜官渚水师船上，羞愤交加，投水自尽，获救。这时，左宗棠已受聘为湖南巡抚骆秉章的机要幕客，主军事。得到靖港败报，他随即前往铜官渚探视曾国藩，鼓励他收聚残部，重整旗鼓，整军再战①。接着，塔齐布等湘军水陆师攻陷湘潭禀报前来，曾国藩转悲为喜，精神一振，退兵长沙，命令驻守平江的胡林翼回保省城，与他一起驻军妙高峰，全面整顿湘军。自从5月1日湘军水陆师攻陷湘潭后，林绍璋率领余部北退靖港。5月4日，太平军轻弃靖港、湘阴，退守岳州。林绍璋北撤时，胡林翼率军追击，进抵湘阴，适逢安化农民起事，骆秉章檄调胡林翼前往镇压，"擒其巨魁黄国旭、刘盛治等"。②

林绍璋湘潭失利，转战于湖北宜昌、荆门一带的曾天养率领所部飞渡长江，直插湘西北，增援湘北太平军。6月上旬，岳州太平军占领龙阳，于11日攻克常德，同日，曾天养部攻占澧州、安福。湘西北战火纷飞。骆秉章、曾国藩得到湘西北败报后，派胡林翼统率湘军游击周凤山、都司李辅朝等前往常德进击太平军。周凤山等不服节制，6月25日，在龙阳大败于曾天养部太平军。胡林翼收集残兵退保益阳。事后，左宗棠致书胡林翼说："拟札查龙阳事，意在警风，以折其骄悍之气，使其有求于老兄，或就羁勒。……经此大挫之后，又须养之时日，其气渐

---

① 左宗棠：《铜官感旧图序》，载杨书霖编《左文襄公全集·文集》，光绪十六年版。
② 梅英杰：《胡文忠公年谱》（卷二），己巳三月梅氏抱冰堂刊，第12页。

固,始可用之。"①在左宗棠的幕后支持下,曾国藩拨湘军一千归胡林翼节制调遣,使胡林翼军稍堪自立。6月25日,常德太平军撤回岳州,胡林翼升任四川按察使,仍留湖南。7月5日,胡林翼移军驻扎常德。这时,太平军已于6月26日二克武昌。

曾国藩部湘军经过长沙整军后,元气恢复,全军北犯,7月25日,攻陷岳州。8月8日,曾国藩从长沙到岳州,决定继续向北进犯,窥伺武昌,拟奏调胡林翼带勇随军征战。骆秉章奏留胡林翼驻防岳州,他说,"胡林翼随同东征,不过多一劲旅,而以此时事势言之,则驻守岳州,遥为大军声援,俾大军无后顾之忧"②,亦为用兵稳著。实际上,胡林翼谋略优长,拙于临阵指挥,所部在湘军中最弱。左宗棠怂恿骆秉章奏留胡林翼驻防岳州,其目的在于使胡林翼避免冒险犯难,参与进攻武昌的战役。

9月中旬,曾国藩一方面派出水师北上,搜索江湖河汉,同时命署理湖南提督塔齐布率军侵驻羊楼司,与知府罗泽南部会师。胡林翼也从岳州前来会合③。8月25日,塔齐布、罗泽南军攻陷崇阳,此后,塔齐布、罗泽南移军北犯武昌,留胡林翼驻守崇阳。

崇阳一带,丘陵起伏,山路险峻,农民群众大多站在太平军一边。据曾国藩奏称:"崇(崇阳)、通(通城)两县,向为匪徒啸聚之处,……居民畏贼,多已蓄发,乐为贼用。……官兵到境,无土人为之向导,无米盐可供买办,人心之坏,实堪痛恨。"④这个奏折,恰好反映

---

① 左宗棠:《与胡润之》,载杨书霖编《左文襄公全集·书牍》(卷二),光绪十六年版,第16页。
② 骆秉章:《请留胡臬司驻守岳州片》,载《骆文忠公奏议·湘中稿》(卷一),光绪四年刻木,第56—58页。
③ 曾国藩:《水陆官军迭获胜仗现在剿办情形折咸丰四年八月初四日》,载《曾文正公全集·奏稿》(卷一),世界书局版,第70页。
④ 曾国藩:《报崇通剿匪胜仗折咸丰四年三月二十二日》,载《曾文正公全集·奏稿》(卷一),世界书局版,第42页。

了崇阳、通城农民热烈拥护太平军的实际情况。胡林翼对此大为恼怒，在驻军崇阳期间，"搜缚崇、通余匪，谕乡绅举行保甲团练"，捆缚斩杀农民数千，连地主士绅都看不过去，批评胡林翼"斩刈过当"①。

胡林翼从贵州调到湖北、湖南以后，虽然随军作战，惟所部兵力较弱，为湘军将领所轻视，并无战功可录，只是镇压地方起事农民，心毒手辣。但是，由于左宗棠、骆秉章、曾国藩等人的护佑，1854年6月26日西征军攻取武昌时，胡林翼竟被擢升为四川按察使，他喜不自胜，驻防岳州时，走马岳阳楼，极目远眺，提笔捷书："放不开眼底乾坤，何必登斯楼把酒？吞得尽胸中云梦，方能对仙人吟诗。"②俨然以"荡平乾坤"自任。1854年10月14日，曾国藩督率湘军攻陷武昌，胡林翼调补湖北按察使，10月25日，受印于崇阳行营。这是胡林翼任湖北大吏的开始，也是湘系的政治势力渗透入湖北的开端。

三、从随同湘军进犯九江、湖口，到升任湖北巡抚

1854年12月7日，胡林翼自崇阳移驻湖北省城武昌。胡林翼在家书中说，入城以后，看到"武昌城中，民物凋耗，官场尽如乞丐。非三、五年长养抚育，其气不苏"。这完全是湘军水陆师破城之后大肆抢劫破坏所造成的。驻在武昌城中的湖北巡抚陶恩培，一贯仇视曾国藩湘系，自己不懂军事，委兵事于屯驻广济的湖广总督杨霈，胡林翼在武昌得不到重用，"羁绁其间，郁郁无所施"③。

攻陷武昌后，曾国藩原拟休整一番，他陈奏说，湘军攻占武昌以后有可虑者数端：破城以后，水师抢船太多，"水陆弁勇各获财物，颇有饱

---

① 王闿运：《湘军志·湖北篇第三》，岳麓书社1983年11月版，第1页。
② 胡林翼书岳阳楼楹联。
③ 梅英杰：《胡文忠公年谱》（卷二），己巳三月梅氏抱冰堂刊，第4页。

则思飏之意"。屡胜之后，志骄气盈，纪律散漫，暗伏挫败之机，此可虑者一。武昌城中撤出的太平军为数众多，厚集于下游蕲州、黄州一带。自岳州至于金陵，数千里之地，"久已沦为异域，小民蓄发纳贡，习为固然……崇阳、兴国、蕲州、黄（黄州）、孝（孝感）等处，乱民尤多，设官军稍有挫衄，则四面皆贼，饷道易断，此可虑者二也"。"以往银米子药，皆仗湖南运来，挥师东下，去湘日远，转输尤难，一旦缺乏，全军有溃散之虞，此可虑者三也"[①]。就在曾国藩瞻前顾后之际，湖广总督杨霈奏请与曾国藩联兵东下。

杨霈，字慰农，汉军镶黄旗人，进士出身。为人善于钻营，交结权贵，生性畏葸怯懦，专图因人成事，所部鄂军大多为召集散兵游勇组成，害民有余，争战无能。杨霈看到湘军攻占武昌，认为有余勇可贾，想借湘军之锋锐图功，上奏愿与曾国藩联兵东下，自当北岸军事，而由曾国藩率领湘军水陆师控扼长江，兼当南岸军事。曾国藩迫于清政府的催促，只得硬着头皮驱使湘军连续作战，继续东进。他自己乘坐水师拖罟大船顺江东下，命塔齐布、罗泽南等部湘军陆师沿长江南岸向东进发。11月，湘军陆师迭陷兴国、大冶、富池口、半壁山，陆上战事移至湖北田家镇。12月2日，湘军水师摧毁燕王秦日纲设于半壁山与田家镇之间的拦江工事。12月3日，太平军撤出田家镇，退守黄梅。这时，杨霈所部畏缩不前，曾国藩不得不调湘军陆师到长江北岸作战。12月17日，湘军攻陷广济。12月23日，攻陷黄梅。1855年1月1日，攻陷小池口。燕王秦日纲、检点陈玉成等率部退守安徽宿松、太湖。湘军虽屡获胜仗，如曾国藩所说，陆师连续作战，兵员消耗甚多，"精锐暗销"。九江对岸各重要城池被湘军占领后，曾国藩将湘军陆师再调回长江南岸，顿兵九江城下，会合湘军水师围攻九江。

[①] 曾国藩：《水师搜剿襄河续获大胜折咸丰四年八月三十日》，载《曾文正公全集·奏稿》（卷一），世界书局版，第80页。

这时，太平天国翼王石达开奉命主持西征军事，坐镇湖口，命猛将冬宫正丞相罗大纲在梅家洲构筑强固防御工事，坚守该地。命骁勇善战的检点林启容坚守九江。这样，梅家洲、湖口、九江互相依偎，控制了鄱阳湖口，保持了九江的水路通道。湘军水陆师屡次扑犯九江，仰攻坚城，徒然死伤枕藉。1854年1月，曾国藩奏调胡林翼增援，胡林翼率兵勇二千人自咸宁东出瑞昌，与罗泽南部会合，进攻湖口、梅家洲。

翼王石达开审察敌情，认为湘军之强在水不在陆，扳回西征危局的关键在于击破湘军水师。1855年1月29日，石达开设计诱敌深入，湘军水师骄横不可一世，轻快战船舢板等一百二十余号不顾一切冲进鄱阳湖，太平军当即将隘口堵塞，筑浮桥两道，设卡筑垒，堵死鄱阳湖通长江的水道。湘军水师被分割为内湖水师和外江水师。湘军水师大、中型战船快蟹、长龙等炮火最为猛烈，但行动笨拙，自从轻快战船舢板等被堵在鄱阳湖以后，外江水师快蟹、长龙等重型战船，"如鸟去翼，如虫去足"，失去了保护。就在湘军水师轻快战船陷入鄱阳湖的当天深夜，石达开、罗大纲等出动小划三四十号，突入停泊湖口江面的湘军水师船群，纵火焚烧敌船，两岸太平军纷掷火箭喷筒，湖口江面火光融融，呼声震天，一时间，湘军水师大小战舰船只四十余号烈焰飞腾，不久，"樯橹灰飞烟灭"。太平军乘胜反攻，梅家洲守军奋勇出击罗泽南、胡林翼等部。2月2日，罗大纲亲率所部渡江重克九江对岸的小池口。2月8日，曾国藩急调罗泽南、胡林翼两军回援九江，战事重心移至九江。2月11日夜，石达开、罗大纲、林启容等自九江、小池口分别出动轻快小船，乘月黑风高，再次火攻湘军水师，大胜。焚毁敌船一百余号，缴获曾国藩座船，其余湘军水师战船纷纷溃窜上驶。曾国藩又投水自杀，获救后逃入罗泽南陆营。

当太平军在湖口、九江连获大捷时，2月3日，燕王秦日纲、三十检点陈玉成等奉命转入反攻，在北岸大败杨霈所部刘富成军，攻克黄梅。2月16日，秦日纲指挥西征军猛攻杨霈的广济大营，广济的农民群众奋起助战，吼声震天，清军胆裂，顿时崩溃，杨霈率领残兵败将向西逃窜，败不能止。太平军挟战胜余威，马不停蹄，蹑踪追击。2月21日，杨霈逃抵汉口，眼看武昌无可守之势，借口"防贼北窜"，转奔德安。当他逃离汉口时，奏劾湖北布政使夏廷樾，清政府升任胡林翼为湖北布政使。2月23日，陈玉成等部占领汉阳，不久，分军渡江，攻占兴国、通山、通城、崇阳等州县。西征军在长江南北岸的攻势桴鼓相应，配合默契，完全出乎曾国藩等人的意料之外。胡林翼、罗泽南等部坐困九江城下，"夜夜戒备，岁晏不得息"。

曾国藩意识到武昌危急，湘军在江西将腹背受敌，急谋对策。2月18日，曾国藩命令李孟群率外江水师战船数十号，挂帆上驶，还救武昌。胡林翼"以按察使有守土责，因自请"回援①，曾国藩益以副将王国才、都司石清吉等部共数千人先后回师湖北。2月21日，曾国藩命彭玉麟率领残破水师战船七十余号上驶武汉，指望湘军外江水师破损战船能在湘系将领新任湖北布政使胡林翼的庇护下得到修缮恢复，并使胡林翼在湖北作战时有湘军水师的支持。曾国藩自己何去何从，他反复筹思，认为不能回师武昌。

第一，湖北巡抚陶恩培是他的政敌，当1854年4月底他兵败靖港，湘潭战役胜负未卜时，湖南"布政使徐有壬绕室达旦，明日，与按察使陶恩培会详巡抚，请罢遣曾军，语倨妄甚"②。曾国藩当然不愿到武昌去寄居陶恩培的篱下，仰政敌之鼻息。

第二，湖广总督杨霈在清政府中奥援其深，争战无能而又惯于攘人之功。曾国藩指挥湘军攻陷武昌时，杨霈抢先向清政府发出红旗捷报，身为湖广总督，却不与曾国藩议及犒赏、拨饷。对此，曾国藩恶气未吐，岂肯再受这个"恶婆婆"的管辖？

---

① 梅英杰：《胡文忠公年谱》（卷二），己巳三月梅氏抱冰堂刊，第4—5页。
② 王闿运：《湘军志·曾军篇第二》，岳麓书社1983年11月版，第9页。

第三，外江水师回师武汉，自有胡林翼扶持庇护，他也尽可放心。

由于以上种种原因，虽然战局重心已经移向武汉，曾国藩还是借口照顾鄱阳湖内水师，留下罗泽南、塔齐布等部继续围攻九江，自己于2月28日离开九江，3月4日进入南昌，以待战事的变化。

湖北战场，秦日纲、陈玉成等部坚守汉阳，兼攻武昌。国宗韦俊部自田家镇渡江，循兴国、通山、咸宁等地直趋武昌，与秦日纲等部会攻武昌。湖北巡抚陶恩培株守危城，束手无策。

陶恩培，字益云，浙江山阴人。进士出身，原任湖南按察使，升任山西布政使，为骆秉章奏留湖南。1854年6月，太平军二克武昌，湖北巡抚青麐率军败逃被正法。1854年10月14日，湘军攻陷武昌，清政府出尔反尔，先以曾国藩署理湖北巡抚，接着收回成命，11月2日，擢升曾国藩的政敌陶恩培为湖北巡抚。陶恩培不谙军事，坐困武昌，不作战守之计。

1855年3月6日，胡林翼从江西回到武昌，见"城中一无所有"①，遂移军汉阳附近的沌口，与李孟群部湘军水师相依护。3月16日，又与湘军水师移屯武昌上游的金口。此后，数次扑犯汉阳，屡攻不逞。4月3日，燕王秦日纲、国宗韦俊等部西征军前锋进攻武昌，胡林翼等率军驰抵武昌城外。武昌城内、外清军万余人之众，见太平军黄旗摇动，城内守军二千人一哄而散，城外胡林翼所部久经战阵，竟也相继溃退。西征军前锋部队奋勇缒城而上，湖北巡抚陶恩培投水自杀，太平军三克武昌。

关于胡林翼对陶恩培见死不救的情况，各种史籍大多隐讳不谈，只有王闿运著《湘军志》微露其辞。《湘军志》载：武昌省城守兵二千，然城内外守军一万二千，见太平军黄旗摇动，城内守军多缒城出，城外兵亦走，"水师固不任城守事，省城溃，自保而已。寇至城下，用缒城绳引

---

① 胡林翼：《与静娟夫人书》，载梅英杰《胡文忠公年谱》（卷二），己巳三月梅氏抱冰堂刊，第5页。

而上，城中唯巡抚陶恩培、署按察使武昌知府多山及仆人五、六人，恩培先赴水死，多山燃城上炮击来寇，炮不发，拜祝之，再燃，火烟出而无声，发愤自刎死。布政使胡林翼、按察使李孟群皆将兵赴援，屯城外。副将王国才驰入城，城闭，亦用缒城绳以上，至藩署，群盗方会饮，重门开，列火以为燎。国才乃悟，业已入，因率亲兵入，暴砍之，群盗惊走且呼，街巷间有出者，辄为官军所砍，俄而定。城中居民固未复业，至是早尽逃。国才悃悃不知所为，则登城招水陆军，不见一人。明日出城，合林翼屯，语激昂，林翼心怍焉"[①]。胡林翼既因"有守土之责"，请命回援武昌，论理到武昌后应当率军入城据守，但他一直屯兵城外。太平军前锋部队摇旗攻城，他一枪不发，竟率军逃走。这样，他既保存了实力，又断送了陶恩培的性命。虽然于心有"怍"，内疚神明，却为曾国藩及其统率的湘军报了一箭之仇，除了一个政敌，可算是善体曾国藩之意了。他们内部从来矛盾重重，互相倾轧排挤，甚至不惜阴谋陷害。胡林翼送了陶恩培的命，他自己却爬上了巡抚的宝座，1855年4月18日，清政府任命湖北布政使胡林翼署理湖北巡抚，从此，湖北变成了湘系的地盘。

胡林翼从1854年1月离开贵州，先是随同湘军参与湖北争夺战，以后，又会同湘军进犯湖口、九江，回援武昌，在一年多的时间里转战三省，无所建树，竟由贵东道员升任按察使、布政使，以致超擢湖北巡抚，其升迁之速，既非曾国藩可比，犹在江忠源之上。胡林翼升迁得如此之快，不是没有原因的。除了地方上有骆秉章（幕后人物是左宗棠）、曾国藩的扶持，主要得力于清政府中文庆的提拔。

文庆，字孔修，满洲镶红旗人，进士出身。1840年秋，文庆奉命典江南乡试，胡林翼为江南乡试副考官。文庆生病，胡林翼"竭三十余昼

[①] 王闿运：《湘军志·湖北篇第二》，岳麓书社1983年11月版，第1页。

夜之力,独阅一万四千余卷"①。是年冬回京复命,文庆"以上、下江中额有误,又私携湖南举人熊少牧入闱阅卷,议褫职"。胡林翼受牵连,以"失察降一级调用"。文庆是旗籍大员,在官场"屡踬屡起,眷倚不衰",不久,出任库伦办事大臣,迁左都御史、兵部尚书、军机大臣、陕甘总督等职,1855年,复为军机大臣,大学士,充上书房总师傅。在镇压太平天国问题上,文庆主张"当重用汉臣"。他"曾与胡林翼同典试,深知其才略,屡密荐,由贵州道员,一岁之间擢至湖北巡抚"②。

四、胡林翼出任湖北巡抚的影响

胡林翼出任湖北巡抚,对湘系势力的发展和当时长江中游战略形势的变化,有着重大的影响。

第一,胡林翼出任湖北巡抚,使湘系的战略布局有了转弱为强的可能。

1854年2月,太平天国西征军攻克汉阳,一面围攻武昌,略取长江南北诸州县,一面分军进击湖南,计划同时开辟湖北根据地和湖南根据地。这时,曾国藩湘军刚刚开始"出师东征"。清政府担心太平军在湖北得手后将兴师北进,攻打清政府的心脏地区,为京师安全计,清政府命令湘军急赴湖北作战。湘军以湖南为饷源、兵源基地,湘系岂能不顾桑梓根本?1854年3月,骆秉章、曾国藩奏称:"该逆现窜湖南,鄂省情形较缓,拟俟南省剿办事竣,臣即派兵驰往鄂省。"咸丰皇帝大为不满,批示道:"不能专待事竣,缓缓北上。楚省办有头绪,仍应速赴湖北为是。曾国藩素明大义,谅不致专顾桑梓,置全局于不问。北重于南,皖、鄂

---

① 梅英杰:《胡文忠公年谱》(卷一),己巳三月梅氏抱冰堂刊,第5页。
② 赵尔巽:《清史稿》(卷三百八十六),中华书局1977年版,第11686—11687页。

重于楚南，此不易之局也。"5月6日，清政府又发上谕切责曾国藩："现在湖北待援孔亟，曾国藩以在籍绅士，若祗专顾湖南，不为通筹全局之计，平日所以自许者安在？"①其实，曾国藩与清政府的战略思想并无根本分歧。曾国藩等也认为："鄂省之存亡，关系天下全局固大，关系吾省之祸福尤切。鄂省存，则贼虽南窜，长沙犹有幸存之理，鄂省亡，则贼虽不南窜，长沙断无独存之势。"②而湘军东征，"欲制九江之命，未有不从武汉而下"。"欲复金陵，亦必先收鄂、浔，而后成建瓴之势"③。可见，在曾国藩等看来，湖北既是湖南的屏障，又是湘军东征的前进基地，势在必争。

1855年1月，在湖口、九江战役后，太平军攻入湖北，三克武昌，掐断了湘系战略全局的中间环节，在江西的曾国藩部湘军成为一着"死子"，至少是一着"呆子""如坐瓮底"，全局皆呆。这时，胡林翼出任湖北巡抚，清政府命令他主持长江南岸军事，他以湖北巡抚身份易于筹饷扩军。胡林翼以所部进攻武昌，牵制武昌太平军，为湖南添一屏障。一旦军事得手，势必以武昌为基地，顺流东下九江，与江西的曾国藩湘军会合，湘系的战略全局将会起死回生，满盘皆活，这种可能为后来的战事实践所证实。

第二，胡林翼出任湖北巡抚，湘系由此而施展手段，加紧控制湖北地盘，使湘系势力成为长江中游政局潜在的决定因素。

1854年10月14日，曾国藩指挥湘军攻陷武昌，这是自1851年1月太平天国金田起义以来，清方第一次取得这样重大的军事胜利。咸丰皇帝闻报大喜，对军机大臣说："不意曾国藩一书生，乃能建此奇功。"10月

---

① 曾国藩：《曾文正公全集·年谱》，光绪丙子传忠书局版，第24页。
② 曾国藩：《与王璞山》，载李瀚章编《曾文正公全集·书札》（卷三），光绪丙子传忠书局版，第25页。
③ 罗泽南：《与曾节帅论东南战守形势书》，载《罗忠节公遗集》（卷六），文海出版社，第39页。

26日，命令以曾国藩署理湖北巡抚。大学士、军机大臣祁寯藻对咸丰皇帝说："曾国藩以侍郎在籍，犹匹夫耳。匹夫居闾里，一呼蹶起，从之者万余人，恐非国家福也。"咸丰皇帝"默然变色"，遂于11月12日收回成命，赏曾国藩兵部侍郎衔，毋庸署理湖北巡抚。另以陶恩培补授湖北巡抚。曾国藩立下汗马功劳，只赏得一个侍郎空衔，湖北巡抚的宝座得而复失，反而落到他的政敌陶恩培的手中，这不能不是曾国藩湘系的一件恨事。胡林翼见死不救，断送了陶恩培的性命，又坐上了湖北巡抚的交椅，湘系集团自然是喜出望外。然而他们也知道，还须赶走昏庸无能、畏葸怯战的湖广总督杨霈这个"恶婆婆"，胡林翼才能不做"小媳妇"，才能在湖北有所展布。

杨霈从广济溃败后，逃抵汉口，眼看省城武昌已无可守之势，便借口"防贼北窜"，转奔德安，续退随州。为了自身的安全，他又奏调胡林翼从南岸渡江，驻军德安南面的汉川，为他偷生德安作挡箭牌。清政府的战略思想首重京师安全，认定"北重于南"是不易之局。杨霈声称"防贼北窜"，迎合了清政府的意向，而和湘系以湘、鄂为基地，沿江东征的战略思想相抵触。1855年4月中旬，清政府就此征询湖南巡抚骆秉章的意见。骆秉章上奏说，杨霈驻军德安，以"防贼北窜"，保荆州、襄阳为词。如果南北相争，自应以防守荆、襄为重。现在情况不同，太平天国建都金陵，力争九江、武昌。而湖南、江西尚属完好，如竟弃置武汉于不顾，则曾国藩一军困于江西，在在可危。若将胡林翼移驻汉川，"则长江千里尽委之贼，其将置东南于不顾乎？"更何有直捣金陵之望？"此臣之所未解者一也"。如按杨霈所请，将胡林翼军移驻汉川，亦只能御"上窜襄阳之贼""其于荆州无足轻重"。如果太平军从武昌溯江西进，"荆州门户何存？此臣之所未解者二也"。若使胡林翼移驻汉川，湘军水师杨载福等部势必退据湖南岳州等地，武汉将克复无期。为湖南计，固无不可，为天下计，则不可。"此臣之所未解者三也。"杨霈动称贼众兵单，殊不知广济溃败之时，"贼之前队尾追督臣不过千余，督臣麾下兵勇万余，亦未为少，乃退黄州未一日，即退汉口"，又退汉川，续走德安，走随州，"今日退至枣阳矣。是北窜者贼也，引贼北窜者谁乎？"杨霈至今犹在招募无籍之徒，临阵岂堪一战？"此臣之所未解者四也。"以地理形势而言，荆州、襄阳分踞长江、汉水上游，"而武昌、汉阳为之锁钥，是荆、襄者中原之门户，而武汉者又荆、襄之门户也。扼贼北窜，必固荆、襄，欲保荆、襄，必守武汉，此固一定之局。督臣既知北窜为重，何以舍武汉不守而先顾荆、襄。既以上扼汉川足以固守荆襄之门户，何以舍汉川而不顾"，而更退德安？"此臣之所未解者五也"①。骆秉章的这个五不解奏折，结结实实地参奏了杨霈。

1855年5月12日，胡林翼奏陈，"臣维荆襄据东南之形胜，而江汉又为荆、襄之咽喉"，自从太平军攻占武汉，长江南、北两岸形势梗塞，"贼势蔓延"。为今之计，"惟当急攻武汉，乃可内固荆、襄"，陆续澄清大江南、北两岸，时局才有转机②。这个奏折分明在抵制杨霈奏调他从南岸渡江，移驻汉川，呼应骆秉章对杨霈的参奏。

1855年5月16日，曾国藩在江西上《湖北兵勇不可复用折》。他在奏折中指出湖北兵勇先后大溃五次。1854年10月，湘军攻占武昌后，湖广总督杨霈"复收溃兵，又招湖北、河南之勇，新旧兵勇，数近三万……不图广济一败，退至蕲水，又退至汉口，又退至德安、枣阳。万余兵勇，或从之行，或星散无归，是为第五次大溃。夫古今所以激励军士者，重赏以鼓好胜之心，严刑以诛奔溃之卒，故可用也。今湖北兵勇，既不好胜，又不畏刑，视溃散为常行之道，恬然不以为怪。若因循不改，其可笑更有甚于今日者"。湖北目前之急务，在于另募额兵，另招新勇，"目前之收复鄂垣在此，异日之保守楚疆亦在

---

① 骆秉章：《复陈鄂督败退武昌失守情形折》，载《骆文忠公奏议·湘中稿》（卷三），光绪四年刻本，第17—22页。

② 胡林翼：《添募水陆二军分布南北岸克期进剿疏五年三月二十七日》，载郑敦瑾编《胡文忠公遗集·奏疏》（卷一），同治六年黄鹤楼刻本，第2页。

此"①。曾国藩的这个奏折，揪住广济溃败不放，痛揭杨霈的治军无状，畏葸怯战。所谓"严刑以诛奔溃之卒""湖北兵勇不可复用"云云，不过是"项庄舞剑，意在沛公"，含沙射影地要求惩治、罢黜率兵溃逃的湖广总督杨霈。

湘系大僚的三个奏折从湖南、湖北、江西接连发出，犹如连弩箭似的射向杨霈。清政府看到杨霈既不是太平军的对手，又已成为长江中游疆臣大帅的众矢之的。1855年6月，不得不以西安将军扎拉芬败死随州，杨霈坐视不救的罪名，将杨霈革职留营差遣，调荆州将军官文为湖广总督。杨霈被革职，显示了湘系左右长江中游政局的实力，这对继任湖广总督的官文，也不啻是个杀威棒。所以，1856年12月，胡林翼指挥湘、楚军攻陷武昌，官文移驻武昌后，曾接连两次去拜访胡林翼，胡林翼拒绝会见，官文仍虚心下气，再去拜访②，不是没有原因的。显然，胡林翼升任湖北巡抚后，伙同骆秉章、曾国藩扳倒杨霈，以后又指挥湘、楚军攻陷武昌，腰杆子硬了，湘系对湖北的控制加强了。

第三，胡林翼出任湖北巡抚，预示着湖北将迅速变为湘系和清方镇压太平天国运动的又一个重要的前进基地。

从1853年1月以来，太平军先后三次攻克武昌。从清朝方面来看，这一时期的湖北大吏，多为粥粥无能之辈，非但无能于吏治、饷事，尤其不谙军事，这也是清军屡次败北的一个原因。胡林翼不同于这些前任之处，正在于他作为理学经世派人物，不但比他们更为顽固，而且于吏治、财政、兵略等经世之学有一定的功底，他在贵州为官八年，又积累了一些经验，尤其在军事方面较为优长，他自己后来曾经吹嘘，"目今十

---

① 曾国藩：《湖北兵勇不可复用折咸丰五年四月初一日》，载《曾文正公全集·奏稿》（卷一），世界书局版，第137页。
② 薛福成：《书宰相有学无识》，载《庸庵全集·庸庵文续编》（卷下），光绪上海书局版，第5页。

八省之上座者，尚以不肖为最能兵"①。因此，胡林翼出任湖北巡抚这件事本身就意味着湘系在湖北势力的加强。

  湖北的战略地位极为重要，既足以屏藩湖南，又是湘军进犯太平天国安徽根据地的前进基地，而且胡林翼已是湘系中的第二号人物，这就决定了湖南的官、绅以及在江西作战的曾国藩将会从各方面给胡林翼以全力支持。因此，胡林翼出任湖北巡抚后，随之而出现了湖南、湖北、江西三省开始协调合作的局面。在这种条件下，通过胡林翼的经营，湖北的军事力量不断迅速地膨胀，成为太平天国的劲敌和心腹大患。

---

  ① 胡林翼：《致左季丈己未二月十六日》，载郑敦谨编《胡文忠公遗集·抚鄂书牍》（卷六十二），同治六年黄鹤楼刻本，第16页。

第四章　指挥湘、楚军攻陷武昌

一、崇山溃败与奏调湘军

胡林翼初任巡抚时，他自己直接指挥的兵力二千人左右，另有副将王国才部三千人左右也归他节制调遣。湘军水师刚到湖北时，"经署臬司记名知府彭玉麟等召集水勇千余，于三月中旬（公历1855年4月中旬）陆续赶到金口"，又得"湖南绅局添造新船百余只"，不久，"募军实之，合旧水军为三千人"①，由彭玉麟和李孟群指挥。1855年6月，清政府明令胡林翼以湖北巡抚身份兼统湘军外江水师。7月，胡林翼命杨载福自岳州招募水勇、携带湖南制造的战船而来，湘军水师增至十营。胡林翼出任巡抚后，立即部署军事，命令李孟群率湘军水师三营与王国才部陆师驻扎汉阳上游长江北岸的沌口。沌口山势微高，足以避风涛。李孟群、王国才驻军沌口，进可以扑犯汉阳，退可以自守并阻遏太平军进攻荆州。金口在沌口以西一、二十里的长江南岸，两岸群山壁立，山势险峻，收束江流。胡林翼亲率所部陆师及彭玉麟所统湘军水师主力驻扎金口，进可以伺机出击武昌，退足以防堵太平军西进和南下，翼蔽湖南和荆州。

经过这番部署后，胡林翼督同王国才等部陆师与湘军水师联合作

---

① 王闿运：《湘军志·水师篇第六》，岳麓书社1983年11月版。

战，时而攻打汉阳，时而进犯武昌。守御汉阳、武昌外围据点的太平军，凭借工事坚守营垒，打击扑犯之敌，挫其锐气，并伺机反击，予以重创。胡林翼等部屡战不逞，兵心涣散，士气低落，种种矛盾激化起来了，首先是湘军水师统领不和。

1855年7月，湘军水师从下游之沙口驶回上游之沌口，取道武汉江面，挂帆而上。武昌、汉阳的太平军夹岸轰击，炮火猛烈。彭玉麟所乘船只"桅折，不能进。望见载福（杨岳斌，初名载福，同治年间避载淳讳赐名岳斌——引者注），自呼之，载福船瞬息已去"。彭、杨先已不和，至此遂致反目①。湘军水师将领中，李孟群先以统带水师不力，与诸将不协，已改统陆师。彭玉麟、杨载福成为水师的两根台柱。彭、杨反目，胡林翼焦灼万分。据胡林翼的好友陈鼐说，胡林翼请彭、杨会议，"命设席，酌酒三斗，自捧一斗，跪而请曰：'天下糜烂至此，实赖公等协力支撑，公等今自生隙，又何能佐治中兴之业邪？'因泣下沾襟"。彭、杨感愧，修好如初②。其实，他们两人始终面和心不和。

胡林翼面临的另一个棘手问题是饷项奇绌。当时，太平军占领了鄂南大片地区，胡林翼"号令不出三十里"，州县残破，饷源枯竭，他亲作书函，各方求援，十不一应。"至发其益阳私家之谷以济军食"，然而杯水车薪，无补于事，所部欠饷至数月之多，士气益加涣散，将士无斗志。

1855年元月上旬，胡林翼攻武昌不胜，变计先取汉阳，亲自督兵往攻，而调李孟群率水陆数千人移驻金口。9月11、12日，武昌太平军会同崇阳、通城等地太平军对金口发动连续攻势。12日，太平军六路进兵，攻势凌厉，李孟群水陆大败，太平军攻克金口。胡林翼渡江至北岸后，与彭玉麟、杨载福水师猛攻汉阳。太平军在汉阳已构筑了坚强的防御工事，胡林翼在奏报中说，"汉阳一城，外江内河，湖水又环绕其

---

① 王闿运：《湘军志·水师篇第六》，岳麓书社1983年11月版。
② 方宗诚：《柏堂师友言行记》（卷二），民国十五年京华印书局铅印本，第13页。原文记此事谓时在太湖军中，疑应为此时。

中",附城四面坚修沟垒,上架大炮,城外埋地雷,城上悬滚木。城北大别山遍挖陷坑,建石城一座、木城二座,内架大炮十余尊,排列三面,皆可轰击。①胡林翼等屡屡强攻,徒然损兵折将。德安等地太平军又不断南下增援,打得胡林翼狼狈不堪。"攻战方紧,而金口之警报旋来",胡林翼首尾不能兼顾,进退维谷。9月14日,被迫退驻奓山。9月18日,汉阳太平军分七、八路前来攻击胡林翼所在的奓山军营,胡林翼所部兵勇因欠饷三月,又兼屡战屡败,斗志丧失,拒绝应战。胡林翼强令出击,这时,太平军数千人从后抄袭而来,胡林翼部全军哗溃②。胡林翼羞愤交加,"索马欲赴敌死。阍人见巡抚色恶,反旋马四五转,向空野,乃鞭之。马驰不能止"。疾驰至江边,遇湘军水师哨官都司鲍超,鲍超急救胡林翼下船③。胡林翼幸免于死,鲍超由此而受知于胡林翼。

在贵州的时候,胡林翼目睹营兵腐败,于是招募了一支由他亲自掌握和指挥的练勇,调赴湖北时,他带着这支练勇武装,又在途中续募湖南辰州等地勇丁,众至千人,号称"黔勇"。奓山溃败,使他痛心疾首,他奏陈说,"以久战之勇,溃于一旦,诚可惜也"④。胡林翼收集溃勇,并奏陈要对所部勇丁及王国才一军大加裁汰,去弱留强。9月21日,胡林翼得到外省协饷三万两,乃"严汰疲羸",率沌口水师及王国才军退屯新堤,而以杨载福、彭玉麟等部水师梭巡于六滩口、新堤、六溪口等地,屏藩湖南。不久,曾国藩招彭玉麟主持鄱阳湖水师,彭间道去江

---

① 胡林翼:《驰报进剿汉阳连获大胜水师劳绩尤著请先行奖励疏五年八月初三日》,载郑敦谨编《胡文忠公遗集·奏疏》(卷二),同治六年黄鹤楼刻本,第15—16页。

② 胡林翼:《陈奏分防金口及回剿奓山勇丁先后溃散现在迅派将弁收集整理以期补救疏五年八月十二日》,载郑敦谨编《胡文忠公遗集·奏疏》(卷三),同治六年黄鹤楼刻本,第1—3页。

③ 王闿运:《湘军志·水师篇第六》,岳麓书社1983年11月版。

④ 胡林翼:《整顿诸军援师会剿请敕川省迅筹军饷疏五年九月初一日》,载郑敦谨编《胡文忠公遗集·奏疏》(卷三),同治六年黄鹤楼刻本,第7页。

西。胡林翼以杨载福总统湘军外江水师。胡林翼又奏准以湘军水师游击衔都司鲍超改统陆师，派赴湖南募勇。翌年夏，鲍超到湖南招募湘勇三千，自成一军。鲍超，原字春亭，行伍出身，四川奉节人。胡林翼以其作战凶猛剽悍，改其字为春霆，故所部号称"霆军"。

羊山溃败，使胡林翼不得不重新统筹全局。他认为仅仅依凭自己所部水陆师必难得手，决计奏调湘军陆师前来武昌外围，加强兵力，企图攻取武汉，"乃可水陆东下，合于九江"①。胡林翼的这一军事决策和曾国藩、罗泽南的战略思想不谋而合。

1855年3月上旬，曾国藩从九江退驻南昌，留塔齐布、罗泽南继续围攻九江。又命湘军内湖水师驻泊南康，得到江西巡抚陈启迈的支持，添造快蟹、长龙等大型战船，提高战斗力，与李元度部湘军平江勇水陆相依以自保。太平天国贞天侯林启容在九江守备森严，1855年初，湘军水陆云集、围攻九江，九江尚且巍然不动。现在仅以塔齐布、罗泽南部扑犯九江，湘军仰攻坚城，徒伤精锐。曾国藩所以出此下策，是有难言之隐的。如果他抽回塔、罗两军，撤九江之围，无疑是承认满盘皆输。为了保全体面，曾国藩不得不下了这一着死要面子活受罪的蠢棋。

1855年3月，皖南太平军楔入江西东部，进攻广信等地。曾国藩湘军依赖江西筹集粮饷，不能不应江西巡抚陈启迈的要求，调罗泽南一军赴广信、上饶一带作战。九江城下的塔齐布兵少力单，自保而已。4月上旬，罗泽南率部驰援赣东，转战弋阳、广信、兴安、德兴、浮梁等地，8月上旬，又回师赣西北，进援义宁。四个月中，罗泽南部疲于奔命，穷于应付。他认为"江西之事，转战无已时，如坐瓮底，因此无益大局"。8月30日，塔齐布因长期仰攻九江不能得手，损伤精锐，忧愤郁结，一命呜呼，副将周凤山接统所部。曾国藩的蠢棋无法再走下去了，湘军在

---

① 胡林翼：《陈奏分防金口及回剿羊山勇丁先后溃散现在迅派将弁收集整理以期补救疏五年八月十二日》，载郑敦谨编《胡文忠公遗集·奏疏》（卷三），同治六年黄鹤楼刻本，第5页。

江西的军事行动已经到了山穷水尽的地步。在这种情况下，罗泽南上书曾国藩说，"武汉者，东南之枢纽也，形势百倍于浔阳。今两城（武昌、汉阳——引者注）复为贼据，而崇、通群盗出没，江西、湖南缘边驿骚""欲制九江之命，未有不由武汉而下，欲解武昌之围，未有不由崇、通而入"①。曾国藩接受罗泽南的建议，决定在江西的湘军暂持守局，派罗泽南回援胡林翼，加强武昌方面的攻势，俟武昌得手后，水陆沿江东下，与江西的湘军会攻九江、湖口。

1855年10月7日，宁绍台道道员罗泽南统率湘军五千人，从义宁杭口出发，以训导刘蓉将左军、知府李续宾将右军，取道崇、通等地驰援胡林翼。

崇阳、通城在湖北、江西、湖南三省交界地区，这一带丘陵绵延、岗峦起伏，农民群众长期"蓄发助贼"，是鄂南义民与太平军集聚之区。太平军占领崇阳、通城一带，北上可以协助武昌守军，进攻武昌外围敌军，南下则可以楔入湘北，威胁湖南。因此，当胡林翼奏调罗泽南军赴援武昌外围时，湖南巡抚骆秉章也发文咨调罗泽南军赴援湖南。为了既能减轻武昌外围胡林翼部所遭到的压力，又能解除太平军对湘北的威胁，罗泽南取道通城、崇阳前往武昌，企图血洗崇、通，廓清三省交界地区。

10月16日，罗泽南部攻陷通城，24日，续陷崇阳，派军进驻羊楼司。29日，胡林翼得到罗泽南军已经深入崇、通的探报，亲率陆师三千、战船十余号，从六溪口南下蒲圻迎接罗泽南军。11月1日，翼王石达开督军二万余名在鄂城的樊口登陆，进至咸宁，准备进军江西，开辟江西根据地。为了打击罗泽南军，减轻武昌守军的压力，11月4日，翼王石达开指挥太平军在壕头堡围攻罗泽南军彭三元部，当地农民踊跃助战，阵斩彭三元。罗泽南被迫退守崇阳，续退羊楼峒，双方激战不已，

---

① 罗泽南：《与曾节帅论东南战守形势书》，载《罗忠节公遗集》（卷六），文海出版社，第39页。

石达开分军增援韦俊。12月22日，胡林翼到羊楼峒与罗泽南会商军事，决定避免与太平军主力作战，直趋蒲圻，转进武昌外围。翼王石达开因急于开辟江西根据地，嘱韦俊坚守武昌。11月24日，石达开亲督所部主力挺进江西义宁。胡林翼、罗泽南会师，合军攻陷蒲圻。韦俊回守武昌。11月25日，胡林翼、罗泽南部进至武昌纸坊的胡林翼大营。罗泽南取道崇、通赴援武昌，由于太平军的打击，并没有达到廓清三省交界地区的目的。然而，久困武昌外围的胡林翼，得到罗泽南湘军的增援，却加强了战斗力量。

二、围攻武昌，罗泽南毙命

罗泽南到武昌外围后，"薄武昌而垒，朝命听公（指胡林翼——引者注）节制"。胡林翼工于权术，为了得到罗泽南的死力相助，对他极其礼遇。罗泽南，字仲岳，号罗山，湖南湘乡人。年三十三成诸生，长期在湘乡教书，"假馆四方，弟子甚众"。著有《周易附说》《西铭讲义》《人极衍义》和《皇舆要览》等性理之书和经世之书，是典型的理学经世派人物。他的弟子王鑫、李续宾、李续宜、刘腾鸿、蒋益澧等后来都"崛起为名将"，是镇压太平天国的得力干将。曾国藩筹组湘军时，以罗泽南所部湘勇为基干，湘军规制皆由罗泽南手定，罗泽南部和塔齐布部是曾国藩部湘军的两大主力。罗泽南到湖北后，胡林翼极意笼络，"一见执弟子礼，甚恭，虽僚属语必称罗山先生，事无巨细，咨而后行"。又把妹妹嫁给罗泽南的长子，"以疆臣而为统将之晚辈"。罗泽南部以刘蓉、李续宾分领左右营，胡林翼竟然对刘蓉也"折节师事之"[①]。这样，罗泽

[①] 赵烈文：《能静居日记摘抄》，载江世荣编注《曾国藩未刊信稿附录》，中华书局1959年版，第386页。

南也就"稍稍分其军众隶公,俾部勒其士卒,由是尽传楚军规制",胡林翼部由此得到加强①。

12月20日,杨载福督率湘军水师攻陷金口。23日,胡林翼部与杨载福部水师会师金口,同时,王国才部从沌口移驻新滩,各部在武昌外围集结。胡林翼以罗泽南驻军武昌城东之洪山为东路,以九溪营陆师屯金口为水师犄角当西路,胡林翼自任中路,进驻武昌城南之李家桥、板桥。湘、楚军开始围攻武昌。

1855年4月3日,太平军三克武昌后,即构筑了坚强的城守工事。据胡林翼目击:武昌城上,遍设望楼,积滚木巨石。武胜门外、望山门外、中和门外、小东门外及东南附城山坡上均筑有大垒或炮台一二座,筑小垒若干以为联络。炮眼密布,重沟深壕,竹签木桩,纵横杂错。旌旗耀日,戈铤如雪。武昌、汉阳之间江面,水营船只排列两岸,声气联络。武昌、汉阳夹江雄峙,浑然一体。胡林翼望城兴叹:"所以为守城计者,至严至密矣!"②太平军据城固守,不断出击胡林翼大营并夜袭罗泽南洪山军营。武昌城下,鏖战不休。

翼王石达开率部挺进江西后,以秋风扫落叶之势连下义宁、瑞州、临江,1856年3月1日,攻取吉安。24日,大破曾国藩在江西的湘军主力周凤山部于樟树。曾国藩急忙从南康回守南昌,收集周凤山部残兵败将。3月28日,太平军攻占抚州。曾国藩调李元度部平江勇驻扎抚州城外,监视抚州太平军,屏蔽南昌。4月4日,翼王石达开派翼贵丈黄玉崑占领建昌。至此,太平军席卷江西腹地,占领了江西八府五十余州县。曾国藩湘军与湖北、湖南的联系阻绝,困守南昌,朝不保夕。曾国藩百思无计,自顾不暇,顾不得武昌战事方殷,去函胡林翼、罗泽南,并上

---

① 薛福成:《叙益阳胡文忠公御将》,载《庸庵全集·庸庵文续编》(卷四),光绪上海书局版,第3页。
② 胡林翼:《进攻武昌省城大获胜仗疏五年十二月初二日》,载郑敦谨编《胡文忠公遗集·奏疏》(卷五),同治六年黄鹤楼刻本,第19—20页。

疏奏调罗泽南部迅速回援江西。胡林翼不同意，上奏说，江西之事固属可虑，而武汉尤关天下大局，"各军力攻八十余日，战士良苦，功隳垂成"，请留罗泽南一军，"臣等定计力图克复，如旬日无成，则鄂省战守惟臣无可委责"，必定先分军数千回援江西①。罗泽南也致书曾国藩说："以事势论之，今岁之围武昌，与去岁智亭（塔齐布字智亭——引者注）军门之围九江，其势不同。"去岁围九江，江面及陆上三面皆为"贼"有。今武昌南、北岸皆为"我"有，江面湘军水师纵横，武昌基本被围，"所未围者，祇水路下游一面……现在贼粮将尽，势日穷蹙。若得水陆俱下，釜中之鱼，必不能久生。湘勇遽然撤去，则润之中丞之兵单，不能独立于南岸，不特前功尽弃，其祸殆有不可知者……武汉天下枢纽，我与贼所必争之地，垂成而急释之，尤非策也……天假之缘，武汉克复，即偕水师下浔城，与大营会"②。

曾国藩反复思考，同意胡林翼和罗泽南的战略观点，他复书罗泽南说："国藩为江省计之，深望阁下之来援，为大局计之，又甚不愿阁下之回援，何也？凡善弈者，每于棋危劫急之时，一面自救，一面破敌，往往因病成妍，转败为功，善用兵者亦然。今江西之势，亦可谓棋危劫急矣。当此之时，若雄师能从北岸长驱，与水军鼓行东下，直至小池口、八里江等处，则敝处青山、湖口之师，忽如枯鱼之得水；江西瑞州、临江之贼，忽如釜底之去薪，以不援为援，乃转败为功之要著也。如阁下仍以通城、义宁回援江西，则武汉纵能克复，恐败贼从而回窜，北岸既无重兵，外江之水师万无东下之理，内湖之水师终无出江之望。是回援而满盘皆滞，不援而全局皆生。顷接湖南来信，湖南拟派六千兵来援，

---

① 胡林翼：《陈奏水陆官军连日获胜疏六年三月初一日》，载郑敦谨编《胡文忠公遗集·奏疏》（卷七），同治六年黄鹤楼刻本，第17—18页。
② 罗泽南：《与曾节帅论分援江西机宜书》，载《罗忠节公遗集》（卷六），文海出版社，第40—43页。

阁下暂时无庸回师江西。"①曾国藩硬着头皮，装作围棋高手，留罗泽南这颗棋子在武昌，同太平军"打劫"了。

太平军坚守武昌，席卷江西，气局豪迈，表现出高超的战略战术。曾国藩、胡林翼棋危劫急，孤注一掷，以武昌之得手与否赌胜负。

罗泽南、胡林翼加紧围攻武昌，企图及早攻陷武昌，早日水陆东下，援救曾国藩并会攻九江。武昌太平军百计防御，斗志旺盛。罗泽南督战益急，湘、楚军"肉薄城下，伤亡枕藉"。1856年3月，武昌守军得到九江、黄州、大冶、兴国等地太平军的增援，士气大振。4月6日，武昌守军主动大举出击，一支由望山门出，为数三千左右；一支约三四千人出保安门从正面猛攻胡林翼军营，另以三四千人从八步街抄袭胡林翼大营之后；一支从鹰嘴阁出，奔袭罗泽南部唐训方军营；另有将近万人从武胜门、忠孝门冲出，分据小龟山、紫金山、双凤山。太平军在宾阳门内埋伏精锐万名，城门虚掩，寂然无声，示敌以有暇可击。罗泽南驻军洪山，看到武昌太平军分路出击，陆续派唐训方、蒋益澧、何绍彩等分途接战，乘各路鏖战不休，罗泽南从洪山挥军出击，太平军佯退，"争夺门走"。罗泽南拼力穷追，直抵宾阳门，企图夺门而入。正在这时，"宾阳门忽启，万众突出"，直冲罗泽南军，以致"军不能退，罗公策马躬拒之，三退三进，军几溃，火枪子中罗公左额，血沾衣"。湘军受重创，败回洪山。4月10日，胡林翼赶往洪山军营并住营中探视罗泽南。4月12日，罗泽南伤发，死于洪山军营，湘军水陆师为之夺气。据说罗泽南临死时，与胡林翼"握手诀别"说："危急时站得定，才算有用之学。今武汉未克，江西复危，不能两顾，死何足惜，事未了耳。其与迪庵好为之。"②言毕气绝。胡林翼如丧考妣，"恸哭"之余，以李续宾接统罗泽南军，继续扑犯武昌。

---

① 曾国藩：《致罗罗山》，载李瀚章编《曾文正公全集·书札》（卷五），光绪丙子传忠书局版，第37—38页。

② 梅英杰：《胡文忠公年谱》（卷二），己巳三月梅氏抱冰堂刊，第13—19页。

罗泽南是和曾国藩、胡林翼志趣相投的理学经世派人物。他是湘乡团练的创始人和组织者，是曾国藩举办团练、筹组湘军、出兵顽抗太平军过程中最得力的将领，他与塔齐布同为湘军陆师的两大主力。罗泽南历经大小二百余战，攻陷城池二十。罗泽南死讯由胡林翼函告曾国藩，曾国藩"恐损士气，秘不告人"。江西太平军获悉武昌太平军大捷、击毙罗泽南的消息，欢欣鼓舞。他们唱道，"破了锣，倒了塔，杀了马，飞了凤，徒留一个也无用"。意指罗泽南毙命武昌，塔齐布气死九江，马继美毙命南昌，周凤山败归湖南，只有一个刘于浔率领水师驻扎南昌、临江，徒劳无功。地主文人赋诗说："破锣倒塔凤飞洲，马丧人空一个留。此语传闻真可叹，斯时寇盗大堪忧。"①

　　罗泽南毙命后，胡林翼、李续宾指挥湘、楚军继续强攻武昌。武昌太平军守志弥坚，城头望楼高耸，军旗飘扬，坚城巍然，屹立如山。曾国藩奏调罗泽南回援江西时，胡林翼曾向清政府声言武昌指日可下，随即援应江西，现已克复无期，不得不分军援赣了。

　　江西西北与湖南、湖北毗连，接界数百里。太平军占有江西大部地区，随时可能从江西楔入湖南，湖南有防不胜防之势。当石达开用兵江西，曾国藩向湖南、湖北告急求援时，湖南巡抚骆秉章为了自身的安全，以攻为守，1856年春，派刘长佑、萧启江等率军进入江西，进犯萍乡、万载等地，牵制太平军，减轻曾国藩的压力。曾国藩的父亲曾麟书派他第三个儿子曾国华奔赴湖北，请求胡林翼分兵入赣。胡林翼命李续宾拨所部湘军刘腾鸿、刘连捷、吴坤修、普承尧等部共四千一百人，发足欠饷，置办行粮，交曾国华统带援赣。5月7日，曾国华等拔营向江西进发。武昌外围湘军陆师锐减，胡林翼立即招募湘勇，使李续宾部保持八千余名兵员。命令鲍超改统陆师，9月，鲍超赴长沙等地招募湘勇三

---

① 邹树荣：《霭青诗草·感事》，载中国科学院历史研究所第三所、近代史资料编辑部编《太平天国资料》，科学出版社1959年版，第79页。

千，于冬季回到湖北，是为霆军①。胡林翼的兵力得到加强。

三、胡林翼指挥湘、楚军攻陷武昌

罗泽南毙命后，胡林翼督率李续宾等部湘、楚军继续围攻武昌，但仰攻坚城，损伤精锐，师老无功。清政府下诏切责说："该署抚于三月初间（公历4月上、中旬）叠次奏报均称旬日之间城池可复，……今已迁延数月，……徒以空言搪塞，直似无计可施。"并严令"务将城池剋期攻克，若再事迁延，朕必治其老师糜饷之罪"。面对朝廷的斥责，胡林翼上疏一面陈述攻战的艰辛，一面表示要拼死效力，攻陷武昌。由于湘、楚军仰攻坚城，死伤惨重，胡林翼决定加强对武昌守军粮道的拦截，因派千总余云龙、军功唐飞舞率勇千余，每日在武昌下游塘角、青山、窑湾、白杨桥一带"雕剿"，以断绝武昌守军陆运的接济。"李续宾营驻洪山，其地至高，可以眺远，见有大股贼护运，即添兵飞击之"。另以水师参将李成谋、守备周清元率水师二营驻扎沙口，断绝武昌守军水运的粮食来路②。7月初，胡林翼又命蒋益澧、杨载福水陆会攻樊口、葛店和梁子湖。梁子湖位于武昌东南，"周四百余里，汇江（夏）、武（昌）、咸（宁）、通（山）、兴（国）、（大）冶六州县之水，内有九十九汊"，太平军接济武昌的"粮食、军火均聚于此"。梁子湖入江处，其西岸为樊口，东岸为武昌县（今鄂城市）城外之西山、雷山，蟠亘险峻，太平军"于此扼要守险，筑垒设关，贼船凭依陆垒，得以出没江湖。又于城外筑

---

① 陈昌：《霆军纪略》，文海出版社。
② 胡林翼：《遵奉谕旨沥陈下情疏六年五月十五日》，载郑敦谨编《胡文忠公遗集·奏疏》（卷十），同治六年黄鹤楼刻本，第1—4页。

垒，互为犄角，夹护贼舟"①。湘军水师曾攻打樊口，因江水湍急不能久驻，且无陆师配合，不能得手。"故贼得负嵎自固，湖内贼舟不能净尽，下游各贼仍得上驶"。7月5日，湘军水、陆师先陷西岸太平军营垒，再陷武昌县城及城外西山、雷山营垒，焚夺太平军战船、辎重船等二百号左右，湘军水师旋入梁子湖"搜剿"②。武昌守军的粮食、军火补给基地丧失，武昌的防守出现危机。

这时，翼王石达开于攻破江南大营后自天京回援武汉，7月中旬到达湖口，调集援军西上。胡林翼探闻石达开援鄂，急忙部署战守，以蒋益澧等部驻扎鲁家巷阻击石达开援军，鲁家巷"为洪山后路之总要"、武昌东路要隘。8月11日，石达开指挥援军分十三路猛攻鲁家巷蒋益澧等军。自此，双方连日激战。8月28日，韦俊又派军出击鲁家巷，因胡林翼不断派湘、楚军增援鲁家巷，韦、石两军仍旧未能会合，战争愈演愈烈③。正在这一关键时刻，太平天国内部天崩地裂的天京变乱爆发了。

1953年3月，太平天国定都天京。5月，派林凤祥、李开芳率领偏师北伐，又派遣春官正丞相胡以晃、夏官副丞相赖汉英等率领太平军主力溯江西征。虽然北伐军因悬军深入，后援不继，于1855年全军覆没，但是西征军经过三年的浴血奋战，却开辟了安徽、江西、湖北三省根据地，军事形势胜利发展。1856年上半年，清钦差大臣督办江南军务的湖北提督向荣，指挥江南大营清军加强围攻天京，严重威胁着天京的安全。太平天国为了摆脱受到长江中下游湘、楚军和江南大营夹击的被动态势，铲除天京的心腹之患，调集在江西作战的石达开等部回援天京，

---

① 胡林翼：《奏陈水陆分扼绝贼资粮攻剿获胜疏六年四月二十九日》，载郑敦谨编《胡文忠公遗集·奏疏》（卷九），同治六年黄鹤楼刻本，第6页。

② 胡林翼：《分兵迎剿援贼并攻剿省城迭次大胜疏六年六月十二日》，载郑敦谨编《胡文忠公遗集·奏疏》（卷十），同治六年黄鹤楼刻本，第10—12页。

③ 胡林翼：《援贼大至谨陈攻剿防御情形疏六年七月十七日》，载郑敦谨编《胡文忠公遗集·奏疏》（卷十），同治六年黄鹤楼刻本，第14—16页。

与天京及其外围的太平军协同作战，准备以优势兵力击破江南大营。5月中旬，石达开亲督主力进至天京外围。6月中旬，燕王秦日纲指挥丞相陈玉成、李秀成等猛攻江南大营，石达开部及天京太平军协同作战。6月20日，太平军以绝对优势兵力总攻江南大营，踏破江南大营中军营盘等大小二十余个营寨，清军全面崩溃。钦差大臣向荣和总兵张国梁败逃丹阳。6月22日，东王杨秀清命令秦日纲督率陈玉成、李秀成等部追击向荣、张国梁及其残兵败将。此后，又命北王韦昌辉率军增援江西，命石达开率军增援武昌。正当太平军雄师分途攻战，略定东南半壁指日可期时，太平天国领导集团上演了诸王自相残杀的惨剧。

"冰冻三尺，非一日之寒"。定都天京以后，种种因素使太平天国诸王之间产生了深刻的矛盾。天王洪秀全、东王杨秀清等住进了巍峨宏丽的宫殿，随从前呼后拥，婢妾成群，一呼百诺，锦衣玉食。昔日征战沙场、气吞山河的农民领袖，现在脱离了戎马倥偬的战斗生涯，脱离了浴血奋战的广大太平军将士，他们的目光变得短浅了，心胸变得狭窄了。定都天京后，太平天国颁布了《天朝田亩制度》，但这一绝对平均主义的蓝图，不过是海市蜃楼式的虚幻空想。不久，太平天国领导人又决定"照旧完粮纳税"，这就无异于命令太平军去恢复被他们自己双手所打乱的封建生产关系。太平天国的农民领袖们不可能摒弃封建生产关系。在封建思想的侵袭下，他们的思想日益蜕化了，他们开始热衷于权力地位的竞争了。

1851年永安建制，天王洪秀全封东王杨秀清为九千岁，西王萧朝贵、南王冯云山、北王韦昌辉、翼王石达开递减一千岁。杨秀清有节制其他诸王之权，其位居一人之下，万人之上，权势显赫。随着军事形势的胜利发展，尤其是西征军拓地千里，开辟安徽、江西、湖北根据地以及太平军击溃江南大营，杨秀清被胜利冲昏了头脑，"威风张扬，不知自忌"。早在1853年12月，杨秀清借口天王洪秀全宫中琐事处理不当，诡称"天父下凡"，大发雷霆，要杖责天王，因北王韦昌辉及众官告求免杖，这场滑稽剧才收场①。杨秀清在挥舞"天父下凡"的棍棒威逼挫辱天王的同时，又滥施淫威，压制首义将领北王韦昌辉、翼王石达开、燕王秦日纲等，以便在他一旦"逼封万岁"时，使他们不敢异动。1856年太平军击破江南大营后，他派韦昌辉增援江西，而江西太平军多是石达开的部队。湖北太平军及武昌守军多是韦昌辉的部队，杨秀清却偏偏派石达开前往督师。杨秀清的用意无非是将韦昌辉、石达开调离他们各自的嫡系部队，削弱他们的军事权力。燕王秦日纲则被派往东线，追剿江南大营残部。天京完全落入了杨秀清的掌握之中。

一切部署停当，杨秀清认为时机已到，逼迫天王封他父子万岁。杨秀清"逼封万岁"，激起了天王和首义将领们的不满和愤怒，天王和韦昌辉、石达开等密谋图杨。9月2日，韦昌辉突然从江西前线潜返天京，诛杀杨秀清，进一步扩大屠杀东王部属，顿时，石头城上乌云翻滚，血雨腥风。

当时，石达开正督率太平军在武昌外围鲁家巷等地同胡林翼指挥的湘、楚军作战。天京变乱爆发后，9月4日夜，石达开在湖北前线立即撤退，经兴国、大冶遄返天京②。石达开责备韦昌辉屠杀东王部属，韦昌辉又阴谋杀害石达开。石达开连夜缒城出走，家属被韦昌辉全部杀光。石达开在安徽起兵讨韦。韦昌辉进一步威逼天王。天王号召天京军民镇压了韦昌辉，秦日纲同时罹难。接着，天王召石达开回天京总理朝政，但是，如李秀成所说，他被杨秀清、韦昌辉"弄怕"了，对石达开"信任不专"，封他的两个哥哥洪仁发、洪仁达为王，监视和"押制"石达开。石达开被逼脱离天京，此后，负气分裂出走。1857年10月，石达开率部脱离安庆，经过建德进入江西，收聚所部，并引诱其他各路太平军"远

---

① 《天父下凡诏书》，载太平天国历史博物馆编《太平天国印书》（下册），江苏人民出版社，1979年5月第1版，第469—483页。
② 胡林翼：《官军分攻合剿大破援贼疏六年八月十五日》，载郑敦谨编《胡文忠公遗集·奏疏》（卷十一），同治六年黄鹤楼刻本，第9—10页。

征"。1858年4月，石达开率领十余万精锐太平军，独树一帜，折入浙江，以后转战浙江、福建、赣南、湘南，败入广西，远征不归。

天京变乱，对太平天国的危害是极其严重的：

第一，出现了拜上帝教的信仰危机。按照洪秀全亲自制定的拜上帝教教义，天父皇上帝的长子是耶稣，次子是洪秀全，天父皇上帝派洪秀全为天王宰治人世，又派另外几个儿子杨秀清、韦昌辉、石达开等诸王下凡，"匡扶天王"。从拜上帝教教义看，天京变乱，是天父皇上帝诸子之间的残酷厮杀。当时太平军官兵中流传着调子低沉颓丧的歌谣："天父杀天兄，江山打不通，回转故乡仍旧做长工。"① 信仰的动摇，使太平军官兵士气涣散，斗志消沉。

第二，天京变乱后，天王洪秀全从反面汲取教训，兢兢于保住自己的宝座，"专信同姓之重"，以血统关系代替了任人唯贤的用人标准。李秀成说天王第一重用的是他年方才十四五岁、不懂政事的纨绔外甥萧有和，第二重用的是他的无才无德的两个哥哥洪仁发与洪仁达，第三重用的是缺乏斗争经验的族弟洪仁玕，第四重用的才是经受过长期战争考验、忠心于太平天国事业、战功卓著的陈玉成与李秀成。任人唯亲，影响了上下团结，削弱了革命力量。

第三，天京变乱中，东王杨秀清、北王韦昌辉、燕王秦日纲先后被杀，翼王石达开分裂出走，太平天国的领导力量大为削弱，以后，太平天国再也没有形成这样一个坚强有力的领导集团，相反，继之而来的是洪氏弄权，朝政紊乱。这对太平天国说来，是无法弥补的重大损失。

第四，天京变乱对太平军实力的削弱尤其严重。东王、北王、燕王被杀，株连甚众，特别是东王所部数万被杀，石达开分裂出走，又带走了精锐部队十余万人，军事力量顿时削弱。李秀成痛心地说：那时"奈无兵可用"，作战经常失利，"真苦之不尽，流凄〔涕〕不尽"

---

① 程英：《中国近代反帝反封建歌谣选》，第118页。

了①。

　　天京变乱，使清朝方面弹冠相庆，认为有机可乘。清政府谕令胡林翼，"金陵城内贼党相残"，要"乘此机会，迅拔二城"，克期攻陷武昌、汉阳②。胡林翼得知天京变乱的消息后，梦想劝降，10月下旬，将箭书射入武昌、汉阳。韦俊和守城太平军复书云："我东王被杀也，乃其有篡弑之心，故北王讨之，戮其全家。今翼王与北王已除大憨，南京已定，不日大兵将来救援，尔等妖兵，死无日矣。"③可见，天京变乱之初，武昌、汉阳守军（多为韦昌辉部属）尚未失去胜利的信心。但是，随着天京变乱的发展，北王韦昌辉被杀，首先使镇守武昌的统将、韦昌辉的弟弟韦俊惴惴不安，斗志丧失。胡林翼劝降不成，加强了对武昌的攻势。湖广总督官文也派兵沿汉水南下，逐步逼近汉阳，在汉阳外围配合胡林翼发动对武昌的攻势。

　　10月下旬，署理湖北提督杨载福率领湘军水师东下，在蕲州江面击毁自安庆、九江护粮西上接济武昌、汉阳守军的太平军水师船只二百五十余号。湘军水师一度进至田家镇，以后纵横武汉江面，来回梭巡，武昌、汉阳守军的水上联络被割断，粮路断绝。胡林翼认为湘、楚军肉薄而登城，"炮石所加，受伤实众，计惟仍筑长围，断其接济"。命湘、楚军开挖长壕，对武昌作"长围坐困"之计。这是湘、楚军首次在攻城时采用这样的战术，成为湘、楚军此后进犯九江、安庆长围坐困战术的滥觞，胡林翼是这一战术的始作俑者。胡林翼命游击张寅恭领兵九营扼守青山，配备团练四千。以参将张荣贵率兵四营扼守石嘴，亦配备团练四

---

① 李秀成：《李秀成自述》，载太平天国历史博物馆编《太平天国文书汇编》，中华书局1979年8月版，第500页。
② 胡林翼：《官军分攻合剿大破援贼疏六年八月十五日》，载郑敦谨编《胡文忠公遗集·奏疏》（卷十一），同治六年黄鹤楼刻本，第12页。
③ 方玉润：《星烈日记》，载太平天国历史博物馆编《太平天国史料丛编简辑》（第三册），中华书局1962年版，第99页。

千助战。李续宾驻军洪山，所部在武昌城外三面掘壕，护以土城，其鲁家港之壕、垒，深、高各二丈，以游击赵克彰等驻守其间。胡林翼自己则驻军于五里墩指挥。经过这番布置，武昌太平军"米粮既断，信息难通"，守将韦俊因其兄韦昌辉被杀，斗志丧失，决定放弃武昌。1856年12月19日，武昌城各门洞开，守军分路出击，夺路溃围。湘、楚军蜂拥进占武昌。同日，王国才、李孟群等会合官文部杨昌泗等军攻陷汉阳[①]。武汉失守，战略形势丕变，从此，太平军陷入了战略防御阶段，湘、楚军势将沿江东下，扑犯九江。浔阳城头，笼罩着战争的阴影。

---

① 胡林翼：《奏陈官兵克复武昌并分兵迅取武昌县兴国州大冶县等处事宜疏六年十一月二十三日》，载郑敦谨编《胡文忠公遗集·奏疏》（卷十二），同治六年黄鹤楼刻本，第12—15页。

第五章　交欢官文，兼行督抚之权

如前所说，1855年4月，胡林翼奉命署理湖北巡抚，当时，杨霈为湖广总督，官文为荆州将军。胡林翼伙同骆秉章、曾国藩接连上奏参劾湖广总督，扳倒了杨霈，胡林翼在湖北的实际地位和影响加强了。杨霈被革职后，官文移调湖广总督，驻军襄阳。11月4日，清政府又命湖广总督官文为钦差大臣督办湖北军务。

官文，字秀峰，满洲正白旗，辽阳人。历任侍卫、头等侍卫、副都统、荆州将军、湖广总督、钦差大臣督办湖北军务、大学士、直隶总督、内大臣，死于1871年，谥文恭。清政府明知官文贪鄙庸劣，因人成事，"避难就易，徒知收已成之功"①，仍以官文总督湖广十余年之久（1855—1866）。官文所因以成事的胡林翼，却始终不能担任湖广总督。其中奥秘，当事人都是清楚的。官文实际上是清政府派驻湖广的"监军"，如章炳麟所说，胡林翼、曾国藩等"必谄事官文，始得保全首领"②。这也正是胡林翼交欢官文的根本原因。

另一个重要原因是，在胡林翼等人看来，虽然官文和杨霈同样贪鄙庸劣，但不同之处在于：官文麾下的都兴阿、多隆阿等部马队尚有一定的战斗力；官文就任总督后，遣军沿汉水南下，进至汉阳外围，配合了长江南岸胡林翼对武昌的围攻。在战略观点上，官文与湘系较为接近。相对地说，官文比杨霈易于为湘系所容忍和接受。

---

① 王先谦：《东华续录》（咸丰朝卷五十三），光绪十三年刻本，第45页。
② 章炳麟：《驳康有为论革命书》，载《訄书》，古典文学出版社，1958年3月第1版，第178页。

胡林翼与官文的关系起初也是紧张的。官文担任总督后，清政府命官、胡分任长江南北岸军事。官、胡各顾辖境，往往以"征兵调饷，每有违言"①，"僚属意向，显分彼此，牴牾益甚"②。1856年12月19日，胡林翼督湘、楚军攻陷武昌，同日，官文督总兵杨昌泗、翼长巴扬阿、平海等会同副将王国才、湘军李孟群等部攻陷汉阳。不久，官文、胡林翼进驻武昌，对官文这样一个清政府的"亲信大臣"，胡林翼最终还是决计曲意交欢。

据王闿运记："既渡江，论者复为林翼陈杨霈、崇纶故事。林翼叹曰：'师克在和，此何时哉！'……下令僚属曰：'督抚相见，前事冰释，敢再言北岸将吏长短者，以造言论罪。'官文闻之大欢。林翼又以盐、厘三千金充总督公费，两人约为兄弟。"③

《庸庵文编》载："文忠素欲参劾者，文恭或荐之，得居要地。府中用财无訾省，不足则提军粮，耗费十余万金。"胡林翼"积不能平"，对阎敬铭说："方今筹粮如此艰难，而彼用如泥沙。进贤退不肖，大臣之责也，而彼动辄乖谬。今若不据实纠参，恐误封疆。"阎敬铭说："公误矣。夫本朝二百年中，不轻以汉人专司兵柄。"官文"以使相而握兵符，又隶旗籍，为朝廷所倚仗。每有大事，可借其言以得所请……诚于天下事有济，即岁捐十数万金以供给之，未为失计。至其位置一二私人，可容者容之，不可容者则以事去之。彼意气素平，必无迕也。此等共事人，正求之不可必得者，公乃欲去之何耶"，况"督抚相劾，无论未必能胜，就使获胜，能保后来者必胜前人耶"。胡林翼听了，"击案大喜""由是益与文恭交欢无间言""文恭有宠妾，拜胡太夫人为义母，两家往来益

---

① 赵尔巽：《清史稿》（卷三百八十八），中华书局1977年版，第11714页。
② 薛福成：《书益阳胡文忠公与辽阳官文恭公交欢事》，载《庸庵全集·庸庵文编》（卷四），光绪上海书局版。
③ 王闿运：《湘军志·湖北篇第三》，岳麓书社1983年11月版。

密"①。

胡林翼交欢官文，还有两件事值得注意。

其一，不为李续宾败死三河追究官文的责任。1858年秋，湘军悍将李续宾率部攻入太平天国安徽根据地，连陷太湖、潜山、桐城、舒城。兵分势单，"发书湖北请益师。时胡文忠已持丧还葬。官文公得书笑曰：李九所向无前，今军威已振，何攻之不克？岂少我哉？"②始终未发一兵一卒增援。李续宾三河败死，从清方的指挥调度说，官文是有责任的。所以都兴阿奏称：三河之覆，以官文调援迟缓。他说，"若有胡林翼督办调遣，李续宾亦不至深入失利"，请饬胡林翼回湖北指挥③。

胡林翼原拟在籍守制百日，听说李续宾败死三河，急忙赶回湖北。他非但不追究官文调援迟缓的责任，反而吹捧官文说，"秀帅心地公忠，能顾大局""秀峰宫保宽仁博大，推诚待人，实能主持东南全局"。官文坏了大局，连都兴阿都不讳言，胡林翼自然很明白。他吹捧官文，无非是交欢官文，以便利用官文。

其二，对官文唆使樊燮京控左宗棠一案不予正面反击。左宗棠（1812—1885），字季高，湖南湘阴人。左宗棠和胡林翼是密友和姻亲（陶澍女嫁胡林翼，陶澍子陶桄娶左宗棠女为妻），胡林翼尊左宗棠为姻丈。左宗棠由胡林翼推荐，1852年入湖南巡抚张亮基幕。1853年秋，张亮基由署理湖广总督改调山东巡抚，左宗棠辞归原籍。不久，又入湖南巡抚骆秉章幕为机要幕客，主奏笺、军事，骆秉章倚之"如左右手，凡察吏、治军，唯公言是听"。据说，骆秉章"每公暇，辄适幕府。左公与幕府二三人慷慨论事，证据古今，谈辩风生。骆公不置可否，静听而已。世传骆公一日闻辕门举炮，顾问何事？左右对曰：'左师爷发军报折

---

① 薛福成：《书益阳胡文忠公与辽阳官文恭公交欢事》，载《庸庵全集·庸庵文编》（卷四），光绪上海书局版。
② 朱孔彰：《中兴名臣事略》（卷二），光绪癸卯上海宏文阁藏版，第7页。
③ 王先谦：《东华续录》（咸丰朝卷八十四），光绪十三年刻本，第22页。

也.'骆公颔之,徐曰:'阍取折稿来一阅.'此虽或告者之过,然其专任可知"①。

1858年冬,官文与骆秉章矛盾激化。官文以湖广总督兼辖湖北、湖南两省军事,在用人问题上,官文"动辄乖谬",在湖北已引起胡林翼的反感,在湖南则激起湖南巡抚骆秉章的强烈不满。1858年冬,官文保举湖南永州镇总兵樊燮担任湖南提督,并咨照骆秉章"业将该员奏署湖南提督"。在骆秉章、左宗棠看来,永州地处湘、粤、桂三省冲要,是战略要地,樊燮庸鄙畏葸,不足当此重任。1859年1月,骆秉章上《参劾永州樊镇违例乘舆私役弁兵折》。奏折中说,樊燮违例乘舆,私役弁兵,侵吞饷项,"该总兵劣迹败露,均在去任之后,臣近在一省,尚始知觉,督臣远隔千数百里,匆匆接晤,自难遽悉底蕴。陈奏两歧,实非别故"②。请旨对樊燮严加惩办。一个要保荐,一个要严惩,官文和骆秉章在用人问题上的矛盾摩擦,是显而易见的。

差不多在奏荐樊燮署理湖南提督的同时,官文又奏委新授云南临元镇总兵栗襄署理永州镇总兵。骆秉章在参劾樊燮的同日,又上《参劾栗襄镇规避取巧片》。骆秉章奏称:我在咸丰三年署理湖北巡抚时,栗襄是抚标中军参将,所部营务废弛。当时,署理湖广总督张亮基饬栗襄监造鸟枪,"抽提试验",则内膛并未钻通,木壳外的铁箍均系浓墨画成,其荒唐如此。咸丰四年夏,太平军攻占武昌,湖北巡抚青麐率溃兵前来湖南,青麐亲自对我揭露栗襄"巧佞欺侮之状,谈次犹有余恨"。栗襄后"赴荆州,不知因何保举,遂擢今职"③。实际上,栗襄到荆州后,即归

---

① 薛福成:《骆文忠公遗爱》,载《庸庵笔记》(卷二),江苏人民出版社1983年版。
② 骆秉章:《参劾永州樊镇违例乘舆私役弁兵折》,载《骆文忠公奏议·湘中稿》(卷十三),光绪四年刻本。
③ 骆秉章:《参劾栗襄镇规避取巧片》,载《骆文忠公奏议·湘中稿》(卷十三),光绪四年刻本。

荆州将军官文差遣，提拔樊燮的正是官文。骆秉章的这个奏折，近于参劾官文。

官文一再受到骆秉章的顶撞，怒不可遏，遂怂恿樊燮控告骆秉章的机要幕客左宗棠，企图以杀左宗棠向骆秉章示威。

据《骆文忠公年谱》载，1859年，"有人唆怂樊燮在湖广递禀，又在都察院呈控永州府黄文琛商同侯光裕通知在院襄办军务绅士左，以图陷害"①。《湘军志》叙及此案说："永州总兵樊燮以骄倨，为巡抚所劾罢，因构于总督，指目左宗棠……总督疏闻，召宗棠对簿武昌。"②《庸庵笔记》载："樊燮控之都察院，而官文恭公督湖广，复严劾之。廷旨敕下文恭密查，如左宗棠果有不法情事，可即就地正法。"③骆秉章上疏争辩，咸丰皇帝"严加诘责，有'属员怂恿、劣幕要挟'等语"④。左宗棠很可能成为官、骆矛盾的牺牲品。

案发后，胡林翼等又惊又恼，却又敢怒而不敢言。他们既要解救左宗棠，又要考虑不至得罪官文，见疑于清政府，只得设法"密解其狱"。

其一，由当时正在北京的郭嵩焘、王闿运等运动潘祖荫、肃顺等搭救左宗棠。肃顺说："必俟内外臣工有疏保荐，余方能启齿。"郭嵩焘乃挽潘祖荫疏荐左宗棠。潘祖荫奏称："左宗棠之为人，负性刚直，疾恶如仇。该省不肖之员不遂其私，衔之次骨，谣啄沸腾，思有以中之久矣。近闻湖广总督官文惑于浮言，未免有引绳批根之处。"他历叙湖南团练在镇压太平军中的作用，甚至说，"是则国家不可一日无湖南，即湖南不可一日无左宗棠也"，仰恳饬下曾国藩、胡林翼、骆秉章"酌量任用，尽其

---

① 骆秉章：《骆公年谱》，同治六年刻本，第55页。
② 王闿运：《湘军志·湖南防守篇第一》，岳麓书社1983年11月版。
③ 薛福成：《肃顺推服楚贤》，载《庸庵全集·庸庵笔记》（卷一），江苏人民出版社1983年版。
④ 曾国藩：《致四弟》，载李瀚章编《曾文正公全集·家书》（卷六），光绪丙子传忠书局版，第52页。

所长，襄理军务"①。胡林翼、曾国藩也分别上奏，疏荐左宗棠才堪大用。并说左宗棠"名满天下，谤亦随之""筹兵筹饷，专精殚思。过或可宥，心固无他"②。对官文之参劾旁敲侧击，为左宗棠辩解。"内外臣工"既疏荐左宗棠，咸丰皇帝果问肃顺，肃顺说，左宗棠在骆秉章幕中赞画军谋，迭著成效，"人才难得，自当爱惜。请再密寄官文，录中外保荐各疏，令其察酌情形办理"③。咸丰帝接受了肃顺的建议。

其二，胡林翼利用他与官文的私人关系，直接恳求官文网开一面。胡林翼致官文的密函说："湖南左季高，性气刚烈矫强，历年与鄂省交涉之事，其失礼处，久在山海包容之中。涤帅所谓宰相肚量，亦深服中堂之德大冠绝中外百僚也。来谕言'湖南之案，并无成见，从公而断，从实而问，无甚牵连者免提，有关紧要者，亦不能不指名提取，不能令罪人幸免'一节，读之再四，心以为悲。此案樊与黄等似无好声名，正案不敢与闻。其案外之左生，实系林翼私亲，自幼相处，其近年皮［脾］气不好，林翼无如之何。且骆公与林翼不通信已二年，至去腊乃有私函相往还也。如此案有牵连左生之处，敬求中堂老兄格外垂念，免提左生之名。此系林翼一人私情，并无道理可说，惟有烧香拜佛，一意诚求，必望老兄俯允而已。"④

官文说，"不能使罪人幸免"，是不想放过左宗棠。胡林翼说左宗棠脾气不好、失礼，是他在代左宗棠向官文赔不是。诉称自己与骆秉章久无交往，是表白自己与官、骆矛盾无涉。以"老兄"相称，是故示亲密。通篇"烧香拜佛"的话，措辞的卑下，无以复加，隐忍之情，溢于

---

① 潘祖荫：《奏保举人左宗棠人材可用疏》，载《潘文勤公奏疏》，文海出版社。
② 胡林翼：《敬举贤才力求补救疏庚申五月初三日》，载郑敦谨编《胡文忠公遗集·奏疏》（卷三十七），同治六年黄鹤楼刻本，第8页。
③ 薛福成：《肃顺推服楚贤》，载《庸庵笔记》（卷一），江苏人民出版社1983年版。
④ 梅英杰：《胡文忠公年谱》（卷三），己巳三月梅氏抱冰堂刊，第27页。

字里行间。

潘祖荫当时为左宗棠声辩时，尚敢对咸丰皇帝说，官文奏劾左宗棠是"惑于浮言""引绳批根"，无异奏劾官文利用京控案，与樊燮勾结，图谋陷害左宗棠。胡林翼却不敢形诸奏牍，直言上陈，而是隐忍不发，"密解其狱"，目的仍在交欢官文。

胡林翼等人的多方活动奏效，湘系在和官文的较量中占了上风，永州总兵换上了湘军将领周宽世，左宗棠死里逃生，不久以四品京堂随同曾国藩襄办军务。

曾国藩曾经对赵烈文说："官秀峰城府甚深，当胡文忠在时，面子极推让，然有占其地步处必力争。彼此不过敷衍而已，非诚交也。"①又曾对方宗诚说："胡文忠公抚鄂，初亦与官相龃龉，后年余始渐和好……盖从里子讲求而不占人面子，久之，在人必谅其心，而在己终不沮其气。"②不管是"敷衍"，还是"和好"，事实上，除了樊燮京控案外，官文没有给胡林翼制造什么大的麻烦。官文既依赖胡林翼指挥湘、楚军作战，而坐收其功，"累晋大学士，授为钦差大臣，眷宠隆洽"，确实"心感文忠之力"。而胡林翼则"益得发舒，凡东南各省疆吏将帅之贤否进退，与大局一切布置，每有所见，必进密疏，或与文恭会衔入告……所引嫌不能言者，亦竟劝文恭独言之。吁谟所定，志行计从"③，"凡吏治、财政、军事悉听林翼主持，官文画诺而已"④。由此可见，胡林翼交

---

① 赵烈文：《能静居日记》，载江世荣编注《曾国藩未刊信稿·附录二》，中华书局1959年版，第375页。

② 方宗诚：《柏堂师友言行记》（卷三），民国十五年京华印书局铅印本，第9页。

③ 薛福成：《书益阳胡文忠公与辽阳官文恭公交欢事》，载《庸庵全集·庸庵文编》（卷四），光绪上海书局版。

④ 赵尔巽：《清史稿》（卷二百八十八），中华书局1977年版，第11714页。

欢官文，既以官文的关系取得清政府的信任，"使中朝不疑汉人"[①]，巩固了自己在战略要地湖北的地位。又得以身为巡抚而"不翅兼为总督"[②]，兼行督、抚之权，不受掣肘地放手经营湖北，使湖北成为镇压太平天国运动的重要基地。

[①] 胡林翼：《致左京卿》，载郑敦谨编《胡文忠公遗集·抚鄂书牍》（卷五），同治六年黄鹤楼刻本，第22页。

[②] 薛福成：《书益阳胡文忠公与辽阳官文恭公交欢事》，载《庸庵全集·庸庵文编》（卷四），光绪上海书局版。

第六章 经营湖北

1854年初，胡林翼奉调赴援湖北。从1855年4月到1861年9月期间，担任湖北巡抚。在湖北巡抚任上，胡林翼先是全力与太平军争夺武汉和太平军在湖北控制的其他地区，接着又派遣湘、楚军出境，进犯江西、安徽，争夺长江中游军事重镇九江、安庆。胡林翼出任湖北巡抚后，他所面临的问题多如山积：要加强湖北的军事力量，筹措巨额军饷，恢复和巩固湖北的统治，等等。胡林翼解决这些问题的过程，同时就是把湖北经营成为镇压太平天国运动的基地的过程。下面从几个相关方面考察胡林翼经营湖北的措施。

一、锐意整军和加强鄂东防御

胡林翼担任湖北巡抚的七年，是长江中游战事最为激烈的时期，对胡林翼来说，第一紧要的事情莫过于整顿军事，加强湖北的军事力量。他的主要活动一是锐意整顿军队，二是着力加强湖北的防御。

胡林翼锐意整军，采取的措施是裁汰绿营，扩编湘军，重建楚军以及整肃营伍军纪。

1. 裁汰绿营

胡林翼出任湖北巡抚前后，湖北清军主要包括八旗马队、绿营额兵以及从"川、楚、河南"三省招募的勇营。其中,"得力尤在马队"①,唯为数不多,仅有千余左右。绿营是湖北清军的主力。曾国藩说,湖北督、抚两标之兵,三年中"覆败大溃者五次,其中小溃小败不可胜数"②。根本不是太平军的对手,胡林翼也说,湖北绿营兵丁"懦怯若性""闻风先逃,恬不为怪"③。至于湖北前所招募之勇营,"皆川、楚、河南勇目之黠桀者,纠合无赖,随营投效,以十报百,以百报千,冒领口粮,交绥即溃……楚北募勇之大患,其流毒将有不可思议者"④。湖北兵、勇的腐败,使胡林翼在武汉外围作战时,屡次败北。

1855年9月夺山溃败后,胡林翼已对所部兵勇进行整顿,汰弱留强。武汉攻陷以前,湖北绿营及原募勇营主要集中在北岸战场,据胡林翼奏报,"北岸马、步兵、勇将及三万"。其中马队千余,主要是绿营和勇营。"克复武汉后,拨都兴阿马队千余,孔广顺、石清吉、方映川等部兵勇四千余直抵小池口、黄梅等处""其余兵、勇全行遣撤"⑤。也就是说,遣撤绿营及原募勇营将近二万四千余人,仅留四千余人。

2. 扩编湘军

湘军水师彭玉麟等部、湘军陆师罗泽南部先后于1855年2月和9月到达武昌外围。胡林翼一方面裁汰湖北绿营和原募勇营,另一方面以彭玉麟等部水师和罗泽南部陆师为基础,完全按照湘军章程,大力扩编湘军水陆师。

---

① 胡林翼:《敬陈湖北兵政吏治疏》,载郑敦谨编《胡文忠公遗集·奏疏》(卷十),同治六年黄鹤楼刻本,第4页。

② 曾国藩:《湖北兵勇不可复用折》,载《曾文正公全集·奏稿》(卷一),世界书局版,第137页。

③ 胡林翼:《特参提督违例需索请旨严行查究疏》,载郑敦谨编《胡文忠公遗集·奏疏》(卷二),同治六年黄鹤楼刻本,第7页。

④ 胡林翼:《敬陈湖北兵政吏治疏》,载郑敦谨编《胡文忠公遗集·奏疏》(卷十四),同治六年黄鹤楼刻本,第1页。

⑤ 胡林翼:《奏陈皖贼倾巢上窜扰及蕲水疏》,载郑敦谨编《胡文忠公遗集·奏疏》(卷十九),同治六年黄鹤楼刻本,第13页。

太平军进入长江水域后，组建了一支有船只万艘、拥众十万的强大水师，涤荡长江中游千里江面，清朝旧设水师完全被摧毁，太平军掌握了长江中游的制水权。一些具有战略眼光的湘军人士立即予以密切关注。1853年夏，太平天国的西征军围攻南昌。当时郭嵩焘跟随江忠源防守南昌章江门，他们发现，太平军水师泊船于七里街、周公亭、盐仓、司马庙各处，于德胜门外北兰寺、章江门外文孝庙立栅筑营，以为攻城据点，水陆依护，进退自如。郭嵩焘向江忠源建议：东南水乡泽国，太平军水陆联合作战，而我以陆军击之，势常有所不及。必与争长江之险，而后可以制胜。江忠源即请郭嵩焘代草疏稿，奏称，"贼得水路救护以牵制兵力……必筹肃清江面之法"，请广置战船，练水师，以靖江面[①]。1853年冬，曾国藩也奏称："该匪以舟楫为巢穴，以掳掠为生涯。千舸百艘，游奕往来，长江千里，任其横行，我兵无敢过而问者。前在江西，近在湖北，凡傍水之区域，城池莫不残毁，口岸莫不蹂躏，大小船只，莫不掳掠。皆由舟师未备，无可如何。"[②]曾国藩认为："东南形势多阻水，欲剿贼非水师不可。"[③]罗泽南也认为："长江数千里，一帆可以上下，故东南争战，必恃水陆兼济。"[④]湘军水师的创建，正是发轫于江忠源、郭嵩焘、曾国藩等人的上述战略观点。

太平天国的重要城市，如武昌、九江、安庆、天京等，遍布长江沿岸，三面临陆，一面濒江。胡林翼反复强调，"天下兵事，北以骑兵为

---

① 郭嵩焘：《请置战舰练水师疏（代）》，载《郭侍郎奏疏》（卷一），光绪壬辰本，第1页。
② 曾国藩：《暂缓赴鄂并请筹备战船折咸丰三年十月二十四日》，载《曾文正公全集·奏稿》（卷一），世界书局版，第28页。
③ 朱孔彰：《中兴名臣事略》（卷一），光绪癸卯上海宏文阁藏版，第2页。
④ 罗泽南：《与曾节帅论东南战守形势书》，载《罗忠节公遗集》（卷六），文海出版社，第36页。

要，南以舟师为要""吴楚兵政之要，必在精选水师①""今日讨贼之略，必先注意江面②""用兵以水道为纲，得江淮河汉之要，则脉络通而气势乃振③"。水师作战本来是一个战术问题，但由于东南地区水乡泽国，作战军事行动，受到江河湖泊的限制，能不能控制江河的制水权，实际上对长江中下游的战争全局具有决定性的影响，因而是否发展水师，也就成为一个战略问题。胡林翼把水师作战视为"兵政之要""讨贼之略"，提出要"以水道为纲"，显然他已经把水师作战提到战略的高度来予以重视。正因如此，湘军水师在胡林翼手上得到了极大的扩充。

1854年，湘军水师成军时，弁勇共五千人，编为十营，拥有拖罟、快蟹、长龙、舢板及辎重船只等共计四百六十余号，配带炮位五百七十余尊，其中洋炮居多。1855年1月底湖口之战，湘军水师轻快战船长龙、舢板一百二十余号、弁勇二千人突入鄱阳湖，太平军即将鄱阳湖口堵塞，湘军水师被分割为内湖水师与外江水师两部分。太平军先后在湖口、九江进攻湘军外江水师，予以重创。2月18日、20日，李孟群、彭玉麟先后率湘军外江水师分两起退回湖北，共计残破战船一百余号，其中能够作战的不过四五十号，如胡林翼所说，"战舰无多，力扼上游，岌岌不保"④。1855年3月上旬，胡林翼也从九江前线回兵武昌，移军沌口，与湘军水师相依护。四五月间，得到湖南发来新船百余号，增募水勇，合原有水勇增加到三千人⑤。6月，胡林翼奉廷旨以湖北巡抚兼统湘

---

① 胡林翼：《奏陈收复大冶兴国等州县水师迭次大胜江面肃清疏六年十二月十五日》，载郑敦谨编《胡文忠公遗集·奏疏》（卷十四），同治六年黄鹤楼刻本，第10页。
② 胡林翼：《奏陈九江小池口兵将暂难抽拨疏七年四月初五日》，载郑敦谨编《胡文忠公遗集·奏疏》（卷十六），同治六年黄鹤楼刻本，第10页。
③ 胡林翼：《复厉伯符观察庚申六月初一日》，载郑敦谨编《胡文忠公遗集·抚鄂书牍》（卷七十五），同治六年黄鹤楼刻本，第1页。
④ 胡林翼：《奏陈收复大冶兴国等州县水师迭次大胜江面肃清疏六年十二月十五日》，载郑敦谨编《胡文忠公遗集·奏疏》（卷十四），同治六年黄鹤楼刻本，第10页。
⑤ 王闿运：《湘军志·水师篇第六》，岳麓书社1983年版。

军外江水师，着手在此基础上极力扩充。1855年7月，外江水师扩充至弁勇六千五百余名，大小战船三百余号，旋经沙汰，存船二百五十余号，弁勇四千九百余名①。至此，经胡林翼扩充，仅外江水师就已接近湘军成军时水师的规模。1856年12月，胡林翼"复大治战船，增军至七千人"，战舰、辎重船八九百号，大小炮位二千尊，其中新配备洋炮九百尊②。1858年，"外江水师遂增至一十八营"③。可见，从1856年12月起，外江水师已远远超过了湘军成军时水师的规模。胡林翼曾说，"水师一军，建议于江忠源，创造于曾国藩，而整理扩充至近年而始大""江汉之师，如雷如霆，军声不为不盛"④，隐然自诩为湘军发展史上的又一个重要人物。

胡林翼对湘军陆师的重视并不亚于水师，他认为"湖南勇丁敢战……近年转斗数省，颇有骁勇之士"，极其推重"湖南勇之能战"⑤，把在鄂湘军陆师作为自己的主力，湘军陆师在胡林翼手上也大大扩充起来。

1855年9月癸山溃败后，胡林翼征得曾国藩的同意，奏调湘军罗泽南部（时在江西战场）援鄂。10月，罗泽南率所部到湖北，其时，"罗、李所统勇丁不过五千人"，至迟到1856年4月，已由胡林翼增募湘勇三千余人，罗泽南统率的湘军至八千余人。1856年4月，罗泽南被武昌太平军击毙，所部由李续宾接统。5月初，李续宾分军四千一百人，交曾国华统带回援江西，所部尚余四千五百人，胡林翼为李续宾陆续增募湘勇，补充缺额。另外，胡林翼先已于上年奏准提拔湘军水师将领鲍超（字春

---

① 胡林翼．《襄阳剿匪续获大胜疏六年十一月十八日》，载郑敦谨编《胡文忠公遗集·奏疏》（卷十二），同治六年黄鹤楼刻本，第11页。
② 胡林翼：《起复水师统将以一事权并密陈进剿机宜疏七年九月二十六日》，载郑敦谨编《胡文忠公遗集·奏疏》（卷二十一），同治六年黄鹤楼刻本，第1页。
③ 曾国藩：《湖口建昭忠祠九江建塔齐布祠折咸丰八年六月十七日》，载《曾文正公全集·奏稿》（卷二），世界书局版，第285页。
④ 胡林翼：《起复水师统将以一事权并密陈进剿机宜疏七年九月二十六日》，载郑敦谨编《胡文忠公遗集·奏稿》（卷二十一），同治六年黄鹤楼刻本，第1页。
⑤ 胡林翼：《札副训营九年三月二十九日》，载阎敬铭编《胡文忠公遗集·批牍》（卷十），同治五年重刊本，第7页。

霆）改统陆师，本年夏秋至湖南募勇三千，号称霆军，归李续宾统辖，1856年在鄂湘军陆师人数又增加至七千五百以外（援赣四千一百人除外）。1857年，李续宾部扩充至六千人。鲍超部霆军仍为三千人。此外，湘军将领唐训方前于1856年10月驰赴襄阳镇压该地农民起义，1857年9月至蕲州张家塝设防，领二千人自成一军，号训营。1857年在鄂湘军陆师达一万一千余人。1858年，李续宾、鲍超两部仍为一万余名，唐训方部增至三千人，胡林翼又让李续宾之弟李续宜另募湘军数千人，估计1858年在鄂湘军总数不下一万五千人。已经超过1854年湘军成军时陆师的二倍有余。1858年冬，李续宾败死三河，1859年，李续宜收编部分溃卒并行另募，所部至八千人。唐训方、鲍超两部仍各为三千人。又"立蒋凝学为大将"，领"四千七八百人"①。是以1859年在鄂湘军陆师共一万八九千人左右。1860年初的太湖、潜山之役后，经过一番调整，鲍超部增募至五千人改隶曾国藩，曾国藩将曾国荃一军改隶于胡林翼，并由胡林翼增募至一万五千人，曾国藩将鲍超部扩充至八千余名，李续宜部扩充至万人。旗籍将领多隆阿马步万人，其中有湘军赵克彰、朱希广、谭仁芳、黄胜日、梁洪胜等部共三四千人。1860年在鄂湘军陆师除隶属多隆阿部的以外，共约为二万名，直到1861年攻陷安庆前，作战于长江北岸的湘军兵数，基本上无大变动。

在鄂湘军水陆师合计，调赴湖北之初共为八千人左右，1855年底为一万人左右，1856年底近一万五千人，1857年底约一万八千人，1858年约二万三千人，1859年约二万六千人，1860年后三万一千人以上。在鄂湘军陆师经胡林翼扩充，兵力增加近三倍，已经大大超过湘军成军时的全军规模。详见表1和表2。

---

① 胡林翼：《致曾涤帅己未正月初四日》，载郑敦谨编《胡文忠公遗集·抚鄂书牍》（卷六十），同治六年黄鹤楼刻本，第1页。

表1 在鄂湘军水陆师历年扩充情况

时间		水师兵力	陆师兵力	合计	资料出处
咸丰五年	正月				正月,"李孟群以船五十还救武汉,戊辰大风,损船四十余只,不能军。乃令彭玉麟等泝江,名援武昌而修船新堤"(《湘军志·水师篇第六》)
	三月	三千人			李孟群等"招集水勇千余,于三月中旬陆续赶至金口"(卷一,第3页)。"湖南益发新船百余至金口,彭玉麟募军实之,合旧水军为三千人"(《湘军志·水师篇第六》)
	五月				"五月,奉兼领水师之命"(夏先范:《胡文忠公年谱》)
	六月	六千五百人			"六月,杨载福自岳洲募船军合先屯为十营"(《湘军志·水师篇第六》)。"船共计大小三百三十余只,弁勇六千五百余名"(卷十二,第11页)
	九月以后	四千九百人	五千至七千人	一万人左右	经裁汰,水师"计存船二百五十余只,弁勇四千九百余名"(卷十二,第11页)。"奏调罗泽南一军,令更增二千人(共七千)"(《湘军志·湖北篇第三》)
咸丰六年	三月		八千人		"罗李所统勇丁不过五千人,到鄂以来,与臣密商,添益三千余人"(卷七,第8页)
	四月		四千五百人		分军"共四千一百名,交曾国华统带",回援江西(卷九,第1页)

续表

时间		水师兵力	陆师兵力	合计	资料出处
咸丰六年	四月以后		七千五百人		鲍超"赴南省招募数千人，分为陆师五营"（卷十二，第12页）。"赴长沙募三千人，改统陆师"（《中兴名臣事略》卷二，第13页）。"四五六七等月在南添募水勇二千八百余名"（卷十二，第11页）
	年底	七千人		约一万五千人	"大治战船，增军至七千人"（《湘军志·水师篇第六》）
咸丰七年	三月至四月				"李续宾本管六千人"（卷十六，第10页）
	八月		约一万人	约一万八千人	唐训方"进驻张家塝……帅二千人"，自领一军（《中兴名臣事略》卷二，第25页）
咸丰八年		约八千人	约一万五千人	约二万三千人	唐训方"帅三千人"，（《中兴名臣事略》卷二，第25页）。"饬道员李续宜另募湘军数千人"（《卷二十七，第5页》）。"外江水师遂增至一十八营"（《曾文正公全集·奏稿》卷二，第285页）
咸丰九年			一万八九千人	约二万六千人	蒋凝学另"统四千七八百人"（卷六十，第1页）。"金国琛领抚湘十四营"（卷三十五，第22页）。"金国琛将八千人"（《中兴名臣事略》卷二，第25页）
咸丰十年至十一年			二万三四千人	约三万人	李续宜"统万人屯青草塝"（《中兴名臣事略》卷二，第24页）。曾国荃部"一万人围城"（卷八十二，第14页），后增至一万五千人。多隆阿部湘军三四千人（见表2）

注：所据资料凡未注明所引书者均出自郑敦谨编《胡文忠公遗集》。

表2　多隆阿部步兵组成情况（咸丰十年春以后）

番号	营官	统领或分统	备注	说明
亲兵营	余福象			1. 1860年初太湖、潜山之役后，多隆阿部马步共扩至万余人，其中步兵万人，分为二十营。此中精选四营、飞虎三营、开化营、建威营、茂字营共十营可考定非湘军。新字四营、义中营、左仁营、忠字营等共七营可考定为湘军。胜勇营、年字营、亲兵营尚难考定。据此估计，多隆阿部含湘军共约三四千人 2. 所据资料：胡林翼：《奏陈楚军围攻桐城叠胜并请优恤阵亡员介疏》《奏陈粤匪纠合捻众上犯楚军会剿大胜情形疏》《奏陈楚军剿退安庆援贼疏》；赵尔巽：《清史稿·列传二百十七》，等等
精选中营 精选左营 精选右营 精选前营	雷正绾 穆正春 王可升 杨朝林	雷正绾	湖北绿营裁撤后所保留部队	
飞虎中营 飞虎左营 飞虎右营	石清吉 刘宝国 蓝斯明	石清吉	湖北绿营裁撤后所保留部队	
开化营	姜玉顺		胡林翼从贵州带到湖北的黔勇	
建威营	李云麟		1859年后胡林翼重建之楚军部队	
茂字营	陶茂林			
新中营 新左营 新右营 新前营	谭仁芳 杨德俊 朱希广 赵克彰	谭仁芳	湘军李续宾遗部，经多隆阿收编另募，隶多隆阿	
义中营	梁洪胜		湘军李续宾遗部，经多隆阿收编另募隶多隆阿	
左仁营	黄胜日			
忠字营	曹克忠			
胜勇营	赵既发			
年字营	王万年			

3. 重建楚军

1859年五六月间，胡林翼决心着手改定《楚军章程》，"专招湖北勇丁之堪战者另成一军"①，重新组建楚军（湖北省军）。

胡林翼统下楚军如石清吉、王国才等部，是遵照原有《楚军章程》组成的②。胡林翼认为这个《楚军章程》存在着许多欠缺之处，如长夫太少，弁勇和长夫薪饷太低，等等。胡林翼说，兵勇"万事皆愚，独于切身之利则至黠至慧"③，薪饷太低，便不足以"招徕猛士"，因而"格碍难行"，不能适应战争的需要。于是他在原《楚军章程》的基础上改定新章，即所谓"新定《鄂军章程》"。《鄂军章程》的突出之处就是增加长夫名额和提高弁勇和长夫的薪饷待遇，提高薪饷待遇的目的是"招徕猛士"④。

胡林翼重建楚军，以湖北籍将领余际昌、余云龙等部弁勇为基干，又以新定《鄂军章程》"于蕲州大同乡募千人……于麻城、黄安募千人，于襄（阳）、郧（县）募千五百人"⑤，其后续有增募。重建楚军之可考者有昌字七营（余际昌营）⑥、智营（余云龙营）、礼字五营、英字、恭字各营⑦和建威营等⑧。由此估计，已不下八九千人。重建之楚军，勇丁

---

① 胡林翼：《札副训营九年三月二十九日》，载阎敬铭编《胡文忠公遗集·批牍》（卷十），同治五年重刊本，第8页。
② 胡林翼：《致多礼堂都护庚申九月十五日》，载郑敦谨编《胡文忠公遗集·抚鄂书牍》（卷七十八），同治六年黄鹤楼刻本，第1页。
③ 胡林翼：《致阎丹初农部庚申十一月二十八日》，载郑敦谨编《胡文忠公遗集·抚鄂书牍》（卷八十），同治六年黄鹤楼刻本，第19页。
④ 胡林翼：《札副训营九年三月二十九日》，载阎敬铭编《胡文忠公遗集·批牍》（卷十），同治五年重刊本，第8页。
⑤ 胡林翼：《致官揆帅己未四月初八日》，载郑敦谨编《胡文忠公遗集·抚鄂书牍》（卷六十三），同治六年黄鹤楼刻本，第25页。
⑥ 胡林翼：《与伍茨荪庚申》，载郑敦谨编《胡文忠公遗集·抚鄂书牍》（卷七十二），同治六年黄鹤楼刻本，第8页。
⑦ 汪士铎：《湖北荆门直隶州知州蒋君传》，载《汪梅村先生集》（卷十一），光绪七年刊本，第1页。
⑧ 胡林翼：《复安襄郧荆道毛骥云庚申正月初六日》，载郑敦谨编《胡文忠公遗集·抚鄂书牍》（卷六十九），同治六年黄鹤楼刻本，第18页。

专招湖北人，营、哨官仍以湖南人居多①。显然，重建的楚军，不过是湘军在湖北的翻版。

胡林翼所以大力重建楚军，原因是多方面的：

第一，虽然他口口声声说"湘南勇力战于湖北已数年……何敢于今日加以菲薄"②，实际上，他已感到"湘军起义，撑持数年，近则将有暮气相乘矣"③。胡林翼的门生和幕僚汪士铎也说，"咸丰以来，战皆楚勇（指湘军——引者注）……然亦稍稍物故矣""今言兵者动曰楚勇，毋亦徇向之虚名而未深既其实"④。由此可见，胡林翼已觉察到了湘军的"暮气"和"稍稍物故"，想曲突徙薪，另外培植一支劲旅。

第二，湘军是中国近代第一支军阀武装，实际上可以说是归曾国藩所私有。只是因为胡林翼和曾国藩之间的特殊关系，曾国藩才肯分军增援湖北，但在鄂湘军终究要归隶曾国藩。1856年春，曾国藩受困江西，就屡次催调在鄂湘军回援。曾国藩的父亲曾麟书甚至派曾国藩的弟弟曾国华到湖北，向胡林翼要求湘军回援。当时湖北战事正殷，胡林翼不得不将李续宾部湘军陆师分半回援江西。胡林翼后来写信给丁锐义，很有感触地说："南人不能久于北省，况弟去后，[湖北]又谁依乎？"湘军不可能久在湖北，湖北岂可完全依赖湘军？"为自强之计"，惟有重建楚军。胡林翼的这一计划早在1858年秋以前已经开始酝酿，他在答复丁锐义（后死于三河）时说，因饷项支绌，不准湘军将领唐训方等再行添募勇丁，但"如湖北本省另有人才，则当另添"。并打算将"召募一切，均

---

① 胡林翼：《致厉伯符观察己未四月初八日》，载郑敦谨编《胡文忠公遗集·抚鄂书牍》（卷六十三），同治六年黄鹤楼刻本，第27页。

② 胡林翼：《札副训营九年三月二十九日》，载阎敬铭编《胡文忠公遗集·批牍》（卷十），同治五年重刊本，第8页。

③ 胡林翼：《致湘乡杨若泉朱铁桥己未三月二十七日》，载郑敦谨编《胡文忠公遗集·抚鄂批牍》（卷六十三），同治六年黄鹤楼刻本，第11页。

④ 缪荃荪：《汪士铎传》，载《续碑传集·儒林传稿》（卷七十四），江楚编译书局，清宣统二年版。

交会亭（余际昌，字会亭，湖北谷城人——引者注），望为湖北一员大将也"①。1859年初，翼王石达开一路转战，攻抵湘南，湖南大震。在鄂湘军顿生"返顾之忧，心如悬旌，摇摇未定"，军心不稳。胡林翼正是在这个时候着手重建楚军的。不久，"湘营回援湖南，遂以新营番上前路"②。由此可见，胡林翼重建楚军，既是出于湖北"自强"的长远考虑，又为湘军回援湖南、湖北兵力空虚的危险形势所触发。

第三，胡林翼认为，太平军所以能多次攻克武昌，占领湖北大片地区，一个重要的原因是湖北"民情怯懦"。他企图通过"专招湖北勇丁"来重建楚军，以"力矫湖北积弱之习""将湖北士民教成敢战之风"③，以适合他顽抗和镇压太平军的需要。

如前所述，胡林翼在湖北裁汰绿营和原募勇营、扩编湘军、重建楚军，加上官文交由胡林翼指挥的都兴阿、多隆阿、舒保等部马队，胡林翼所统湘、楚军兵力不断扩充，1855年初，胡林翼率领一千八百人到湖北，不久增募二千余人，合王国才一军号称有兵六千。至同年10月，合在鄂湘军水、陆师共为一万五六千人。1856年5月以后，湘、楚军扩充至二万余人。1857年7月，增至三万余人，同年10月，达到四万余人。1858年5月以后，增至五万余人。到1860年以后，湘楚军总数共达六万余人。详见表3。

---

① 胡林翼：《致篁村任》，载陶风楼藏《咸同名贤手札·胡林翼手札》，文海出版社。
② 汪士铎：《湖北荆门直隶州知州蒋君传》，载《汪梅村先生集》（卷十一），光绪七年刊本，第1页。
③ 胡林翼：《与余会亭己未四月初十日》，载郑敦谨编《胡文忠公遗集·抚鄂书牍》（卷六十三），同治六年黄鹤楼刻本，第29页。

表3　胡林翼历年所统兵力情况

时间		兵力	所据资料
咸丰五年	正月	一千八百人	"正月，率一千八百人回鄂"（卷十二，第18页）"及寇上陷汉阳，率千八百人回援"（《湘军志·湖北篇第三》）
	三月	六千人左右	"臣与副将王国才等添募陆勇五千人"（卷一，第11页）。"增募二千六百人，合王国才一军号六千"（《湘军志·湖北篇第三》）
	五月	九千人左右	"五月，奉兼领水师之命"，时"水军为三千人"
	九月	一万余人	"水师经杨载福整理裁汰，陆师经臣与副将王国才分别裁汰，水陆尚万余人"（卷三，第8页）。又奏调罗泽南一军"五千人"（卷七，第18页）
咸丰六年	九月	一万五六千人	"添陆勇五千，添募水师六营，水师护军四营"（卷十二，第12页）。"刻下恃之水陆共二万余人"（卷五十九，第11页）
咸丰七年	三至四月	二万余人	"水陆马步约二万兵勇"（阎敬铭编《胡文忠公遗集·批牍》卷八，第22页。
	六月	三万余人	"水陆三万余兵勇"。（阎敬铭编《胡文忠公遗集·批牍》，卷八，第33页。》
	九月	四万余人	"东征水陆马步兵勇长夫四万余人"（卷二十，第25页）
咸丰八年		五万余人	"鄂省以五万三千人战于江皖之境"（卷二十，第15页）。"今则一鄂而供征兵五万人之食"（阎敬铭编《胡文忠公遗集·书牍》卷四，第12页）
咸丰九年		五万余人	"鄂省现在防剿江皖水陆马步已五万余人"（卷三十二，第15页）。"通计江皖援师、代守之师与蕲黄自守之师，水陆马步五万余人"（卷六十二，第2页）
咸丰十年以后		五六万人	"水陆马步五六万人之众"（卷八十，第16页）。"湖北征皖水陆马步六万余人"（卷三十八，第16页）

注：表中所据资料凡未注明所引书者均出自郑敦谨编《胡文忠公遗集》。

4. 整肃营伍

胡林翼认为，湖北绿营及原募勇营屡次溃散，其主要原因：一是招募不当，二是军纪废弛，以致"军政营制，荡然无存"①。为了使楚军转弱为强，胡林翼主要通过选募勇丁和强化军纪来整肃营伍。

绿营兵制，"官皆选补，兵皆土著"②。兵家有籍，兵籍掌于兵部，额兵取自有兵籍的兵家。行之既久，弊端丛生。早在贵州特别是在黎平知府任上，胡林翼就对绿营的腐败有了切肤之感，他说贵州兵营"每兵百名，侵蚀空旷殆将及半。其半在伍者，皆城中稿房队目之媪娅仆妾之党耳，否则革兵、老兵、死兵之子孙耳，否则将弁仆妾侍妇之若孙及婿及姻亲耳。胎病已深，来头已久"，如此营伍，千人为营而十贼可破，"已成废器"。这不仅是贵州兵营，也是湖北兵营的通病。湖北绿营兵伍，同样由这样的兵痞组成，"侵蚀空旷""临事则招市人而冒充之"③。至于原募勇丁，多由"黠桀者纠合无赖，随营投放"。为了避免兵痞习气，胡林翼另立募勇标准，选募勇丁。他说，"勇丁以山乡为上""农户、猎户尤妙"，次则百工技艺，近城市者难用。书办差役断不可为勇。胡林翼命鲍超去湖南募勇，还具体开示："招募以道州、宁远为上，湘乡亦可，江华、新田、东安等处次之"④。胡林翼重建楚军，又具体开示要招募"鄂之山乡如蕲州、麻城、黄安、襄阳、郧阳……精悍敢战者"⑤。

然而，湘、楚军在镇压农民起义过程中奸淫掳掠，无恶不作，又必

---

① 胡林翼：《敬陈湖北兵政吏治疏六年十二月初三日》，载郑敦谨编《胡文忠公遗集·奏疏》（卷十四），同治六年黄鹤楼刻本，第2页。
② 赵尔巽：《清史稿》（卷一百三十一），中华书局1977年版，第3903页。
③ 胡林翼：《特参提督违例需索请旨严行查究疏五年六月二十四日》，载郑敦谨编《胡文忠公遗集·奏疏》（卷二），同治六年黄鹤楼刻本，第7页。
④ 胡林翼：《致鲍春霆游戎丁巳》，载郑敦谨编《胡文忠公遗集·抚鄂书牍》（卷五十九），同治六年黄鹤楼刻本，第14页。
⑤ 胡林翼：《札副训营九年三月三十日》，载阎敬铭编《胡文忠公遗集·批牍》（卷十），同治五年重刊本，第7页。

然毒化勇丁的思想，愚昧的山农，终必变为黠桀兵痞，兵痞习气旋除旋生，不可能根除。胡林翼采取"随时体察，募立新营"，裁汰旧营①。也就是不断地选募没有沾染兵痞习气的淳朴愚昧的农民，来更换那些久经作战成为兵痞的营勇。按照胡林翼自己的统计，从1855年到1860年，"所招营约百数，所撤亦将五十"②。由此可知，胡林翼所统湘、楚军约有半数是处于撤遣与另募的变动之中。这种变动，使湘、楚军营中，与绿营相比较，兵痞习气要少得多，保持了凶悍敢战之气，这就是胡林翼所说的务使"各军锐气常新"的主要手段。

在胡林翼、曾国藩看来，湖北兵、勇军纪废弛，最严重的一点是逃兵溃将不受惩治，"奔溃之众及其将领……安然无恙"③，故"湖北兵勇既不好胜，又不畏刑，视溃散为常行之道，恬然不以为怪"④。胡林翼认为"治军以整纲纪为先务"⑤，必须严惩溃逃兵将。

当时按清朝军律，逃兵拿获者立斩，军务未竣之前，投首者发乌鲁木齐等处给种地兵丁为奴，军务告成之后，投首者议斩立决；受伤、患病和迷路落后者，在军务未竣之前投首免罪，拿获者杖一百、徒三年，军务告成之后投首者杖一百、徒三年，拿获者发乌鲁木齐给种地兵丁为奴。

胡林翼认为，上述军律有些条款"本已至严，罪名无可加重"，但有些条款还不足以使逃兵畏刑，必须修改。其一，"患病、受伤原可请假调

---

① 胡林翼：《遵旨复责征皖孤军未可深入疏九年四月十七日》，载郑敦谨编《胡文忠公遗集·奏疏》（卷三十三），同治六年黄鹤楼刻本，第4页。
② 胡林翼：《复多都护庚申十一月初三日》，载郑敦谨编《胡文忠公遗集·抚鄂书牍》（卷八十），同治六年黄鹤楼刻本，第3页。
③ 胡林翼：《致郑小珊学使论兵事丙辰》，载阎敬铭编《胡文忠公遗集·书牍》（卷四），同治五年重刊本，第1页。
④ 曾国藩：《湖北兵勇不可复用折咸丰五年四月初一日》，载《曾文正公全集·奏稿》（卷一），世界书局版，第137页。
⑤ 胡林翼：《复阎丹初农部庚申七月十四日》，载郑敦谨编《胡文忠公遗集·抚鄂书牍》（卷七十六），同治六年黄鹤楼刻本，第15页。

治,若竟擅离军营,即属咎有应得",虽在军务告竣前投首,亦应"革退除粮",不能免罪不问。其二,迷路落后,原不该逗留。既称迷路落后,即应寻路归营,"复何待于投首"。即使在军务未竣前投首,亦应"照军务告成后投首例,杖一百,徒三年",不能免罪不问;拿获者发乌鲁木齐给种地兵丁为奴,不能仅止于杖一百,徒三年。

至于将弁私逃,胡林翼说尤须重治,"即应严拿正法"①。败军偾事者,也严惩不贷。如1858年三河之役,湘军将领李续焘、彭祥瑞等溃围而出;驻守桐城、舒城的谢永祜、赵克彰不救三河,未能坚守城池。胡林翼审明后,即奏请将李续焘等发往新疆充当苦差,后奏准留营效力②。

胡林翼通过选募勇丁和强化军纪来整肃营伍,无疑可以在一定程度上减少绿营的流弊,增强湘、楚军的战斗力。

5. 加强鄂东防御

在锐意整军的同时,胡林翼苦心经营,加强了湖北对抗太平军进攻的防御能力。

胡林翼指挥湘、楚军攻陷武汉后,遣军进犯江西、安徽,把战争推到湖北省境之外。但是,太平军并没有停止对湖北的进攻,陈玉成多次率军从安徽进击湖北。活动在鄂豫、鄂皖之交的捻军,也构成对湖北的威胁。长江南岸,江西、湖南、四川等邻省不时风鹤传警。对胡林翼来说,湖北的防守确实是个棘手的问题。他说,湖北"与皖交界者五百余里,与豫交界者千二百里,与湘、与豫章交界者又千有余里。试思如此幅员,如此邻会,何处防起"③。

---

① 胡林翼:《遵旨会议惩办逃兵疏七年五月二十一日》,载郑敦谨编《胡文忠公遗集·奏疏》(卷十八),同治六年黄鹤楼刻本,第1—2页。

② 胡林翼:《请免革员发遣留营效力片十年闰三月十一日》,载郑敦谨编《胡文忠公遗集·奏疏》(卷三十六),同治六年黄鹤楼刻本,第17页。

③ 胡林翼:《复李香雪大守己未三月十五日》,载郑敦谨编《胡文忠公遗集·抚鄂书牍》(卷六十三),同治六年黄鹤楼刻本,第3页。

从实际情况看，胡林翼虚鄂西一面，在鄂北、鄂南、鄂东三面设防，重点放在鄂东与安徽交界地区。

鄂北约从光化至黄安，胡林翼称之为"北防"，主要防御捻军进攻。"北防"又分两段："樊城、老河口为一路，枣阳、随州可以兼顾"。孝感、黄陂为一路，而德安可以"兼顾"。胡林翼认为"捻势乌合无纪律"，可"据险以待之"，作"守而不战"之局①。

鄂南从兴国、大冶至恩施等处，也分为两段：东段防御太平军从江西进攻。胡林翼行札营务处说"江西逆匪未靖"，伏莽尚多，宜择要设防，以固边圉"，1857年初就开始在兴国等地筑碉建卡，驻军设访②。西段防川、湘的警变，鉴于该段形势相对说来不很吃紧，"荆、宜与鼎、澧接壤之处"虽"防不胜防"，但胡林翼认为"江防不误，即决裂也不过南岸数州县耳，而根本不摇有缓急"，湘军水师"连樯直上，必无空虚之理"。他认为"大要在严江防以自守"③，所以，鄂南也是守而不战之局。

鄂东约从麻城至广济，包括麻城、罗田、蕲州、黄梅、广济等州县。1857年初，湘、楚军进围九江，4月，陈玉成率部自安徽桐城、英山（当时属安徽）进攻湖北，先后与湘、楚军激战于蕲州、黄梅、广济、蕲水等地，9月中旬失利，退出湖北。陈玉成这次军事行动的目的是"救浔保皖"，胡林翼对此很清楚。此后，胡林翼即派湘军重要将领唐训方进驻蕲州设防。唐训方说："明太祖与陈友谅战于鄱阳湖不克，乃遣将间道由小隘岭入蕲。张献忠之由潜（安徽潜山县——引者注）经鄂以入川，必

---

① 胡林翼：《致严渭春方伯庚申八月十八日》，载郑敦谨编《胡文忠公遗集·抚鄂书牍》（卷七十七），同治六年黄鹤楼刻本，第5页。
② 胡林翼：《札营务处七年二月》，载阎敬铭编《胡文忠公遗集·批牍》（卷八），同治五年重刊本，第12—13页。
③ 胡林翼：《复荆宜施道严渭春己未四月初四日》，载郑敦谨编《胡文忠公遗集·抚鄂书牍》（卷六十三），同治六年黄鹤楼刻本，第14页。

取道于陈德园。"陈玉成要进攻湖北,"则此处为贼所必争"①。唐训方此说实际上反映了胡林翼的设防意图。胡林翼所以把鄂、皖交界地区作为设防重点,显然是针对陈玉成"攻鄂救浔保皖"的战略战术。

胡林翼以守边和守城相结合,在鄂皖交界地区构筑了纵深防御体系。

所谓守边,就是在鄂皖交界地区各处山险建碉筑卡,加强边界防御力量,从1857年秋开始,胡林翼就在蕲州、蕲水、罗田、麻城等处劝谕士民捐修碉卡工程②。胡林翼在这一带最下功夫,从蕲东的工事构筑可见一斑。据《从征图记》载,唐训方于"咸丰七年秋奉胡文忠公檄,凡界英山、太湖、宿松等邑诸险隘,亲按其地,详审形势,设卡八编……其总关则设于张家塝,以将山居其前","额曰:将军第一关"。各处关卡碉垒规模、结构不一。总卡将军第一关,垣长百一十五丈、高一丈五尺、厚三尺,炮孔五十六。碉楼高三丈,楼二层,大炮孔二。炮垒高八尺,大炮孔二。其余各卡适中者如小隘岭长和卡,垣长五十五丈、高一丈六尺、厚七尺。环围碉卡,挖掘战壕,深四至六尺,宽六尺至一丈五尺。碉楼高一丈五尺,楼一层,大炮孔三,抬枪孔六③。

1860年,湘、楚军占领了安徽西部地区,胡林翼又把防御前沿向东推移,在安徽"英山、霍山、潜山等州县因山设险,修筑碉卡,山势袤斜三百里,一律成功"④"近舒、近霍山险各卡次第完修",约计"皖楚交界袤斜五百里……修建碉卡数百处"⑤。平时由团练巡防,战时派湘、楚军据守。

---

① 唐训方:《从征图记·蕲东设险》,同治五年刊本。
② 胡林翼:《致江抚毓又坪庚申四月二十七日》,载郑敦谨编《胡文忠公遗集·抚鄂书牍》(卷七十三),同治六年黄鹤楼刻本,第4页。
③ 唐训方:《从征图记·蕲东设险》,同治五年刊本。
④ 胡林翼:《陈报江北楚军启程日期疏十年八月十九日》,载郑敦谨编《胡文忠公遗集·奏疏》(卷三十八),同治六年黄鹤楼刻本,第21页。
⑤ 胡林翼:《请缓提漕折银两暂资饥军接济疏十年十二月初四日》,载郑敦谨编《胡文忠公遗集·奏疏》(卷三十九),同治六年黄鹤楼刻本,第24页。

所谓守城，就是据守湖北境内有城池可守的重镇要隘。从理论上讲，胡林翼视守城更重于守边。他认为，"守城专一而功大""守边分歧而功小""城不失则贼固易破"[1]。胡林翼酌定《守御章程》，札饬各属"添募乡兵，讲求城守，以为庇民固圉之谋"。并且严令地方官："如贼到，限婴城固守百日，百日之外无援，督抚、统兵官执其咎；百日之内不守，或以带勇迎剿为词，致城池失守者，州县任其罪。"按照胡林翼的规划，"除广济、罗田、蕲水无城，应守边界碉卡；蕲州城临江岸，应守边地张家塝一带"，其余黄陂、孝感、黄冈（即黄州府治所在地）、黄梅、麻城、黄安、安陆等各州县均应守城[2]。另以成大吉、梁作楫、舒保等部重点驻守罗田松子关、麻城、黄州下巴河等地以备策应[3]。

经胡林翼的规划经营，鄂东边防以安徽西部霍山、英山、潜山的山险碉卡为第一层门户，以湖北麻城、罗田、蕲水、蕲州等县的山险碉卡为第二层门户。这样，这些州县与有城池可守的州县，构成一个守边与守城相结合，团练与湘、楚军相配合的纵深防御体系。胡林翼对自己的规划经营是满意的，他说，他为此筹画多年，"心力颇瘁"。鄂东防务"擘画"精详，"庶后之忧边者有所考鉴焉"[4]。

鄂东防御体系在当时的意义和影响是：

第一，使胡林翼能够依恃山险地利、碉卡工事和团练武装，相对减

---

[1] 胡林翼：《复严方伯庚申六月初四日》，载郑敦谨编《胡文忠公遗集·抚鄂书牍》（卷七十五），同治六年黄鹤楼刻本，第7页。

[2] 胡林翼：《札各府州县十年五月二十五日》，载阎敬铭编《胡文忠公遗集·批牍》（卷十），同治五年重刊本，第28页。

[3] 胡林翼：《致司道粮台诸公庚申五月》，载郑敦谨编《胡文忠公遗集·抚鄂书牍》（卷七十四），同治六年黄鹤楼刻本，第20页。

[4] 胡林翼：《谕粮道唐八年二月初一日》，载阎敬铭编《胡文忠公遗集·批牍》（卷九），同治五年重刊本，第10页。《复孙树人司马庚申九月十日》，载郑敦谨编《胡文忠公遗集·抚鄂书牍》（卷七十八），同治六年黄鹤楼刻本，第8页。

少用于防守的兵力,如他所说,是"节减兵力之一法"①,得以把湘、楚军主力投入安徽战场。

第二,给太平军进攻湖北增加了困难。从太平军于1856年底退出湖北以后,陈玉成多次反攻,除1861年曾经袭破霍山闯入湖北腹地,此外各役均受阻不能深入。

综上所述,胡林翼通过锐意整军和加强防御,使湖北在军事方面的攻守力量大为增强,这是胡林翼经营湖北的一个极其重要的方面。

二、掊克聚敛,筹措巨额军饷

太平天国起义前,清政府财政已万分支绌。据道光三十年户部密折,截至1850年10月,银库存银仅一百八十七万余两,即使把已拨未解和起解在途的白银共二百二十五万两计算在内,也不过四百一十余万两②。太平天国起义后,清政府军费浩繁,只好"以空文指拨",后来,竟至"空无所指。诸将帅亦知其无益,乃各自为计",自立章程,募兵筹饷。如江忠源募新宁练勇出省作战,所部饷银极为优厚,计每勇月饷四两八钱及五两不等。曾国藩湘军,每勇月饷约银四两五钱。胡林翼统下各部,湘军和黔勇照曾国藩湘军章程,马队每兵月饷银七两,其余各部略低于湘军薪饷标准。饷项之外,尚有添置军械及抚恤、奖赏等费用。大致湘、楚军水陆马步合计,兵勇一名,月需银在六两上下。

胡林翼逐年扩充湘、楚军,饷项支出随之不断增大。1855年5月,月需饷银四万五千两。同年年底,月需饷银十万两。1856年,月需饷银

---

① 胡林翼:《复余会亭副将庚申六月初六日》,载郑敦谨编《胡文忠公遗集·抚鄂书牍》(卷七十五),同治六年黄鹤楼刻本,第13页。

② 密汝成:《清政府筹措镇压太平天国的军费及其后果》,载北京太平天国史研究会编《太平天国学刊》,中华书局1983年第1版,第341页。

十万两左右，年需一百二十万两上下。1857年，月饷二十余万两，年需二百五十万两。1858年至1859年，月饷三十万两，年需近四百万两。1860年至1861年，每月军费至四十万两，年需约五百万两（见表4）。

表4　湖北历年饷需情况

时间		饷需（银两）	资料出处
咸丰五年	四月	四万五千两	"月需饷银两四万五千两"（卷一，第11页）
	九月	十万两	"自麦山溃后，重新整理。每月总需十万，乃可有济"（梅英杰：《胡文忠公年谱》）
咸丰六年	正月	十万两内外	"计臣营月需银二万二千余两，罗泽南营月需银二万八千余两，臣之水师十营月需银二万两，加以督臣调南岸之川、楚兵二十六百余名，月需银七千余两……共计月需银十万两内外"（卷六，第20页）
咸丰七年	三月	二十余万两	"浔阳两岸水陆马步诸军……月饷本须二十余万"（卷十五，第20页）
	七月	二十余万两	"东征水陆马步兵勇长夫四万余人，月饷二十余万"（卷二十，第25页）
咸丰八年	三月至四月	二十五六万两	"包括援赣援皖等项共二十五六万两"（卷二十六，第20页）。"湖北分战分防，月饷二十六万有余"（卷二十八，第16页）
	六月以后	三十余万两	楚军马步水师下剿……月需饷项、恤赏等银三十万两有奇"（卷二十九，第16页）
咸丰九年		三十六万两	"鄂省通计每月需银三十六万两"（卷三十二，第15页）
咸丰十年至十一年		四十余万两	"征皖马步六万余人，每月军饷……四十余万两"（卷三十九，第21页）。"湖北瘠区，养兵六万，月费至四十万之多"。（《曾文正公全集·奏稿》卷二，第427页）

注：表中所据资料凡未注明所引书者均出自郑敦谨编《胡文忠公遗集》。

饷需如此浩繁，湖北的经济负担能力又如何呢？在正常情况下，钱粮和盐课是湖北财政收入的大宗。盐课一项，"淮引正课不逾三十万"①。钱粮一项，"岁不满百万"。与其他省份比较，"江西、江苏、浙江、山西、河南等省额赋则三倍五倍于湖北"。百余年来，湖北每年"须请拨部款三十万以养荆州及各营官兵"②。可见，湖北论用兵为要地，论筹饷则为瘠区。"大约本省之力，不过养勇七八千人"③。因此，胡林翼要豢养数万湘、楚军，惟有千方百计罗掘搜刮，筹措饷糈。从他所采取的措施来看，钱粮、捐输、盐课与厘金以及他省协饷是主要来源，此外，另有层出不穷的敛财手段。

1. 钱粮

据《湖北通志》载：湖北十府一州，计六十余州县，其中有漕州县三十三"民赋……应征正耗银一百二十二万七千九百九十四两"有奇④。额征北漕正耗米（解运京仓）十五万石有奇，南米（解支本省旗、绿营饷）十三万七千石有奇，以当时部定价格计，约折银共三十七万余两。

湖北钱粮征收积弊已久，"自道光年间，岁征不及一半"⑤，计六十万两左右。钱粮既被胡林翼移充军饷，额征不足就严重妨害筹饷扩军。因此，胡林翼在攻陷武汉、黄州、蕲州等地，控制湖北全境后，"实力整顿"钱粮，重点放在清厘漕务积弊。

湖北漕务之弊，交纳本色者，每石浮收米自五六斗至三石不等。交纳折色者，每石勒收钱自五六千至八九千文不等，此外，尚有耗米、水

---

① 王闿运：《湘军志·筹饷篇第十六》，岳麓书社1983年11月版。
② 胡林翼：《致陈秋门给谏己未正月初四日》，载郑敦谨编《胡文忠公遗集·抚鄂书牍》（卷六十），同治六年黄鹤楼刻本，第5页。
③ 胡林翼：《致郑小珊少卿丙辰十一月廿五日》，载郑敦谨编《胡文忠公遗集·抚鄂书牍》（卷五十九），同治六年黄鹤楼刻本，第11页。
④ 张仲炘：《湖北通志·经政志·田赋一》，1934年商务印书馆影印本。
⑤ 胡林翼：《密陈替署司道各员附片八年六月十六日》，载郑敦谨编《胡文忠公遗集·奏疏》（卷三十），同治六年黄鹤楼刻本，第6页。

脚、由单、串票、样米、号钱、漕运兑费、需索等名目。其他冗费则有各级衙门之"漕规"、衙门书吏之"房费"，以及南米所需杂费、银两，等等。浮勒之重，冗杂费用之繁，无不由粮户负担。结果是"民力既不能堪""而国家维正之供，往往征不足数""徒填胥役、刁绅劣监之欲壑"①。

1857年秋冬，胡林翼奏准清厘漕弊，具体做法是：

其一，所有各级衙门之漕规及房费、差费等冗费概行革除。

其二，所有由单、串票、样米、号钱等浮费概行禁革。

其三，减定漕章，按向年浮勒之数减半至减过半不等，一律改征折色，减定之数，不许再行增减。

清厘漕弊的结果，钱粮一项，实得银四十余万两②，高于额征数。全省钱粮征收情况随之好转。如咸丰"八年钱粮，实力整顿合计通省额征，于奏销限内，所欠不及一分，实近三十年所未有"③。这样，湖北每年仅钱粮收入，"除本省廉俸，旗、绿营饷"支出外，可"余五六十万两"④。自1857年开始整顿钱粮后，这笔五六十万两的巨款就成为湖北兵饷的一个比较稳定的来源。

---

① 胡林翼：《革除漕务积弊并减定漕章密疏七年十月十四日》，载郑敦谨编《胡文忠公遗集·奏疏》（卷二十三），同治六年黄鹤楼刻本，第7页。湖北额征不足情况，据王庆云：《熙朝纪政》（卷四），光绪壬寅上海书局版，第24页，"直省地丁表"载：道光二十一年，实征约五十二万余两。道光二十二年，实征约六十四万余两。道光二十五年，实征约七十四万余两。道光二十九年，实征约三十三万余两。

② 胡林翼：《奏陈漕务章程办有成效疏八年六月十六日》，载郑敦谨编《胡文忠公遗集·奏疏》（卷三十），同治六年黄鹤楼刻本，第8页。

③ 胡林翼：《敬陈湖北兵饷情形并举贤自代疏九年七月初八日》，载郑敦谨编《胡文忠公遗集·奏疏》（卷三十三），同治六年黄鹤楼刻本，第16页。

④ 胡林翼：《请仍减成收捐以救饥军疏十年十二月二十五日》，载郑敦谨编《胡文忠公遗集·奏疏》（卷四十），同治六年黄鹤楼刻本，第14页。

2. 捐输

清代捐输，"创于康熙，备于雍、乾"，嘉庆、道光因袭旧章。太平军兴，清政府部库如洗，即于咸丰元年（1851年）增开"筹饷事例"，收取捐输银充饷。开捐时条款，按道光七年的"酌增常例"减一成核算。1852年，改为减二成以广招徕。1854年，再改为减四成，"捐事移归京铜局"，故称"京铜局捐"①或"京捐"②。各省捐输章程各异，减成数一般不得比"京捐"优惠，以免影响京饷收入。

从1855年6月开始，胡林翼"分遣委员绅士极力劝捐"，从这时起到1856年底前后，一直"按'筹饷事例'办事，职官酌减二成、职衔封典递减二成（即减四成）核予职官职衔"③。

1857年春，胡林翼奏请"照户部通行捐案减二成及递减四成核算"。即捐实职等照例减二成，捐升衔加级等减六成核算。与此前相比，对官员捐升衔加级更为优惠。

1860年秋和1861年初，胡林翼又两次奏请"捐实职虚衔照筹饷例统减四成核算，升衔加级各项统减四成者准再递减二成"④。即捐实职虚衔减四成，捐升衔加级减六成。户部议复："捐项减四成六成系捐铜局（即京铜局）章程，若援照办理，有妨京捐。"只同意湖北捐实职虚衔由减二成改为减三成，升衔加级各项由减四成改为减五成⑤。1861年9月，胡林翼执意再奏，不久死去。据左宗棠同治元年（1862年）奏称，"前湖北巡

---

① 许大龄：《清代捐纳制度》，燕京大学哈佛燕京学社出版，第13页，78页，61页。

② 胡林翼：《拟请减成收捐以济军食疏十年八月十九日》，载郑敦谨编《胡文忠公遗集·奏疏》（卷十二），同治六年黄鹤楼刻本，第81页。

③ 胡林翼：《设局收捐米石筹济兵食民食疏六年十一月十八日》，载郑敦谨编《胡文忠公遗集·奏疏》（卷十二），同治六年黄鹤楼刻本，第8页。

④ 胡林翼：《拟请减成收捐以济军食疏十年八月十九日》，载郑敦谨编《胡文忠公遗集·奏疏》（卷三十八），同治六年黄鹤楼刻本，第17—18页。

⑤ 胡林翼：《请仍减成收捐以救饥军疏十年八月十九日》，载郑敦谨编《胡文忠公遗集·奏疏》（卷四十），同治六年黄鹤楼刻本，第12页。

抚胡林翼当鄂支绌之时，有减成收捐之请，先经部臣奏驳，上年九月始奉旨允行"①，可知胡林翼奏请减四成六成收捐直到1861年10月才行获准。

实际上，据胡林翼奏称，1860年9月以后，他已"复行奏明试办""派员四出劝谕"，并"业已稍有成效"②。据胡林翼私函透露，早在1860年7、8月以前，湖北捐输已"照铜捐（即京铜局捐）办理"③。可见，在表面上，尽管到1861年10月才得到清政府的批准，但实际上湖北自1860年7、8月或更早一些时间，已经按照京铜局章程，减四成或六成收捐了。

除了减成收捐外，胡林翼还奏准变通户部所颁牙帖捐输则例，广收牙帖捐输。

牙帖捐输是勒索牙行的一项措施。清代定例：

（1）各埠设立牙行，均有限额（故牙行也称额牙），额牙在户部备案，按则完税。

（2）额牙所持牙帖在指定地点有效，不准移往他埠。

（3）生监人等不准承充牙行，等等。户部牙帖捐输则例规定，"各市镇原有旧帖之商一律……交纳捐输换帖"，并规定了一系列细则。

胡林翼认为，照定例及户部牙帖捐输则例，从当时湖北的情况看，不利于收捐。胡林翼奏请变通办理：

（1）取消各埠设立牙行的限额。增设牙行即可增收牙帖捐输。

（2）因战争等种种原因，额牙多迁徙他埠，如仍不准迁地，牙行减少，即不利于收取牙帖捐输，应准额牙移埠并捐输换帖。

---

① 左宗棠：《请援照湖北米捐减成章程收捐以济军食疏》，载《左文襄公全集·奏稿》（卷二），光绪十六年本，第36页。
② 胡林翼：《再陈湖北危窘情形吁恩减成收捐疏十一年八月二十二日》，载郑敦谨编《胡文忠公遗集·奏疏》（卷四十二），同治六年黄鹤楼刻本，第25页。
③ 胡林翼：《复武昌县钱颖澜庚申六月初三日》，载郑敦谨编《胡文忠公遗集·抚鄂书牍》（卷七十五），同治六年黄鹤楼刻本，第6页。

（3）生监人员等已有不少承充牙行。商业已见萧条，不宜再禁生监人员等承充牙行。

（4）部议牙行照筹饷及常例减半交纳捐输换帖，捐额太高，应减低以广招徕，分别按原帖原地、原帖移埠、原埠改业、遗失补贴等不同情况，酌定为十分之一至三分之一不等①。其目的全在于鼓励增设牙行，鼓励捐输换帖。胡林翼的这种做法，并不能说明他重商或主张发展商品经济。他一向认为，"仓廪实、户口繁，谓之富。可见富不在金玉而在菽粟②""汉高之制，重农而抑末。迨至汉武告缗、平准而利尽归于上，此诚天下之大计③"。他的经济思想根本没有脱出封建农本思想的窠臼。

胡林翼的减成收捐和变通牙帖捐输则例等措施，有利于刺激绅商捐输的积极性。据胡林翼奏疏、函牍等所提供的材料作不完全的统计，湖北收捐助饷情况是：1855年至1858年收取捐输银九十八万两。1859年收取捐输银三十一万九千四百两④。1860年收取捐输银九万六千两⑤。1861年，仅"施南一府办捐可逾八万"⑥，惟全省办捐所得总数不详。据上述

---

① 胡林翼：《密陈南岸贼情并筹议现在情形疏六年三月十七》，载郑敦谨编《胡文忠公遗集·奏疏》（卷八），同治六年黄鹤楼刻本，第14页。

② 胡林翼：《札捐米局李九年五月初七日》，载阎敬铭编《胡文忠公遗集·批牍》（卷十），同治五年重刊本，第10页。

③ 胡林翼：《札荆州道七年七月初四日》，载阎敬铭编《胡文忠公遗集·批牍》（卷八），同治五年重刊本，第34页。

④ 胡林翼：《请加广湖北乡试永远中额疏九年七月初二日》《请加广湖北各邑学额疏九年十一月初二日》，载郑敦谨编《胡文忠公遗集·奏疏》（卷三十三），同治六年黄鹤楼刻本，第15页。（卷三十四），同治六年黄鹤楼刻本，第3页。

⑤ 据胡林翼《致唐义渠廉访庚申五月二十六日》载"官捐已得八万"[郑敦谨编《胡文忠公遗集·抚鄂书牍》（卷七十四），第18页]，《请仍减成收捐以救饥军疏十年八月十九日》载，自九月初至十月中旬，"据委员报捐数目总计尚不及千金"[郑敦谨编《胡文忠公遗集·奏疏》，同治六年黄鹤楼刻本，第12页]，两项合计约九万六千两。

⑥ 胡林翼：《城守粮台辛酉三月二十七日》，载郑敦谨编《胡文忠公遗集·抚鄂书牍》（卷八十二），同治六年黄鹤楼刻本，第19页。

数字累计,从1855年至1861年,至少收取捐输银一百四十七万余两以上,平均每年二三十万两以上。

3. 盐课与厘金

据《湖北通志》载,湖北自光绪十年始于川盐加厘①。胡林翼说到的"盐厘"也是"向来盐、厘二宗"②。可知当时湖北盐课收入中不包括盐厘,厘金收入中也不包含盐厘。湖北当时并无盐厘收入。

湖北原系淮盐引地(唯施南一府及宜昌府属之鹤峰、长乐二州县例食川盐),淮盐由仪征溯江入楚,每年淮引正课,不过银三十万两。太平军占领长江下游地区后,淮盐运道梗阻,湖北盐法随之而起变化,一是借销川盐取课,二是准许川私、潞私、票私等私盐行销,设局收税。

1853年,署理湖广总督张亮基奏准借销川盐③,湖北、湖南等省改食川盐。湖北为川盐舟运东出之孔道,川盐盐课成为湖北盐课收入的主要来源。1853年6月,署理湖广总督张亮基在宜昌平善坝设局抽课,起初课额每斤十五文,因过重,不久改为每斤五文,向买户名下征收,盐课收入不丰。1854年10月,湖广总督杨霈委官驻宜昌办理,每斤课银一厘五毫,每月所得银一万数千至二万余两不等,年收入二十余万两。

1855年,胡林翼就任湖北巡抚后,创立新制,除宜昌已有课盐局外,另在沙市增设课盐局。这样,川盐入鄂,在宜昌以每斤银一厘五毫取课于盐商,在沙市以每斤钱四文五毫取课于买户。"荆、宜二局于一买

---

① 据张仲炘《湖北通志·经政志九·盐法》记载:光绪十年七月,两江总督曾国荃奏准仿咸丰年间湖北"盐斤加价成案,在川盐入楚之万户沱设局按斤抽收厘金钱三文"。

② 胡林翼:《复老河口厘局黄虚舟申八月十一日》,载郑敦谨编《胡文忠公遗集·抚鄂书牍》(卷七十七),同治六年黄鹤楼刻本,第4页。

③ 张亮基:《淮盐阻滞请借销川引片》,载《张大司马奏稿》(卷二),光绪十七年重刻本,第35页。

一卖中，其抽提盐课每斤按七文，合银三厘五毫"①，川盐每斤课七文，遂为湖北定制。

私盐向为清政府所严禁②。据官文奏称，当时湖北私盐有五种，"曰脚私，系江船夹带浸灌蕲、黄。曰粤私，由湖南郴、桂而北。曰川私，自四川夔、巫而东。曰潞私，入襄、郧、随、枣一带。曰票私，入安、麻、孝、应等处"。为了增加盐课收入，湖北改立新章，准私盐行销并设局抽课。具体情况是："川私归并宜昌抽课""潞私于襄（襄阳）、郧（郧县）、随（随州）、枣（枣阳）等处抽课。票私于安（安陆）、麻（麻城）、孝（孝感）、应（应山）等处各设局抽课"③。其中票私、潞私抽课始于1855年7月，起初越境设局于河南信阳，一年余得盐课收入钱三万九千余串。1856年始于上述湖北各州县境内设局。对水路私盐，则在樊城、老河口、汉口、武穴等地设卡抽课。私盐课额较轻，陆路私盐每斤课钱二文，水路私盐每斤课钱四文。

湖北盐课收入，私盐一项，以1856年试办时为例，五个月共得"水陆盐税正项钱十五万余串"。平均每月约三万串，每年约三十余万串。川盐一项，自1854年10月至1855年底，共得课银四十余万两④。1856年底湘、楚军攻陷武汉后，川盐东出更旺，盐课收入激增。据胡林翼与庄受祺（奉委经理川盐盐课）约定，荆、宜二局盐课济军"以月供十二万串为衡"。胡林翼并说："两局合力办此，实为处其有余。"⑤由此可知，川盐盐课收

---

① 张仲炘：《湖北通志·经政·九志·盐法》（卷五十一），1934年商务印书馆影印本，第1404页。

② 王庆云：《纪盐禁》，载《熙朝纪政》（卷七），光绪辛丑上海天章书局石印本，第4页。

③ 张仲炘：《湖北通志·经政志九·盐法》（卷五十一），1934年商务印书馆影印本，第1402页。

④ 张仲炘：《湖北通志·经政志九·盐法》（卷五十一），1934年商务印书馆影印本，第1403页。

⑤ 胡林翼：《札荆州道严七年十一月十九日》，载阎敬铭编《胡文忠公遗集·批牍》（卷九），同治五年重刊本，第6页。

入一年在八十万两以上。《湘军志》载："寇据东南，川盐方舟东下，乃设局沙市……岁益银百余万。"①以川盐和各种私盐之盐课收入合计，湖北盐课每月为银十万两上下，每年百余万两是可信的。经过胡林翼的经营，湖北盐课比以前增加了三倍左右，成为湘、楚军兵饷的又一主要来源，胡林翼也说，"本省饷项以盐课为大宗"②。

湖北饷项的另一大宗是厘金。1855年11月，胡林翼奏准仿照扬州仙女庙厘金章程，在湖北各地设局立卡，抽厘助饷。

关于湖北厘金税率，据《中国厘金史》记载，"初定章为值百抽二，以后有无增减，已不可考"③。其实不然。据胡林翼奏称，湖北厘税，1855年"试办之初……约计货物可售制钱一千者，酌定抽厘金十二文"。"零星货物又行户发卖者……就铺面之大小、销货之多寡，每月分别酌提厘金钱三四十千、一二十千文不等，通计亦以制钱一千文抽钱十二文为准"。鄂省各处"均照每千抽厘十二文，先后举行"④。到1860年6月，又于"厘金加二文"⑤。可见，湖北厘金税率，自1855年底至1860年夏为千分之十二，1860年夏以后始为千分之十四。

湖北厘局的总局设于武昌，各地设分局共数十处，各局设卡共五百余处。《中国厘金史》说湖北于1855年在省城设立总局。据《会典事例》载，湖北于咸丰七年设总局⑥。后来就任湖北巡抚的曾国荃也在奏报中说

---

① 王闿运：《湘军志·筹饷篇第十六》，岳麓书社1983年11月版。
② 胡林翼：《致年皓升丁巳》，载郑敦谨编《胡文忠公遗集·抚鄂书牍》（卷五十九），同治六年黄鹤楼刻本，第15页。
③ 罗玉东：《中国厘金史》，商务印书馆民国二十五年版，第297页。
④ 胡林翼：《遵旨查复沙市厘金情形疏七年十一月初九日》，载郑敦谨编《胡文忠公遗集·奏疏》（卷二十四），同治六年黄鹤楼刻本，第5页。
⑤ 胡林翼：《致司道粮台诸公庚申五月》，载郑敦谨编《胡文忠公遗集·抚鄂书牍》（卷七十四），同治六年黄鹤楼刻本，第23页。
⑥ 罗玉东：《中国厘金史》，商务印书馆民国二十五年版，第297页。

道:"先是省城初复,前抚臣胡林翼设立通省牙厘总局。"①胡林翼在1857年的奏折中也说得很清楚,本年"于省城设立总局"②。1855年,武昌在太平军手中,胡林翼"号令不出三十里",根本不可能在武昌设立厘金总局。1856年12月,胡林翼指挥湘、楚军攻占武昌,故1857年在武昌设立厘金总局,是可信的。

湖北厘金收入,据官文后来在同治年间据实奏称,"湖北自举办厘金以来,每年抽收实数约在一百三四十万两"③。《湖北通志》载有《鄂省厘金裁改统捐各局卡简明表》,此表虽专就光绪三十一年裁改之各局卡列表,以前裁并及添设者不录,但在很大程度上能够反映以前的一些情况。根据表中有关各局"原抽额数"统计,湖北厘金总抽额数为银二十万一千八百两、钱二百五十万五千八百串。以钱二千折银一两计,共合银一百四十五万余两(见表5)。与官文所奏称近似。由此可见,湖北厘金收入应为银一百三四十万两左右。

表5 湖北抽收厘金情况

地名	局名	设局年份	抽收额(钱串)	小计(钱串)
汉阳	鹦鹉洲竹木专局	咸丰六年	303,000	572,500
	沌口专局	咸丰六年	20,000	
	坪坊专局	咸丰六年	24,000	
	湘口专局	咸丰六年	10,000	
	蔡甸专局	咸丰五年	210,000	
	黄陵矶分局	咸丰五年	5,500	

---

① 张仲炘:《湖北通志·经政志八·榷税》(卷五十),1934年商务印书馆影印本,第1374页。

② 胡林翼:《遵旨查复沙市厘金情形疏七年十一月初九日》,载郑敦谨编《胡文忠公遗集·奏疏》(卷二十四),同治六年黄鹤楼刻本,第5页。

③ 张仲炘:《湖北通志·经政志八·榷税》,1934年商务印书馆影印本。

续表

地名	局名	设局年份	抽收额（钱串）	小计（钱串）
夏口	汉口专局	咸丰五年	384,000	454,000
	石码头分局	咸丰五年	70,000	
荆门	沙阳专局	咸丰五年	145,000	145,000
宜昌	宜昌专局	咸丰六年	153,000	153,000
武昌	樊口专局	咸丰六年	90,000	95,000
	鲇鱼套分局	咸丰六年	5,000	
江陵	沙市专局	咸丰六年	120,000	127,300
	太平口分局	咸丰六年	3,300	
	郝穴分局	咸丰六年	4,000	
汉川	汉川专局	咸丰五年	80,000	126,000
	县河口分局	咸丰五年	25,000	
	府河口分局	咸丰五年	20,000	
襄阳	襄樊专局	咸丰五年	31,000	116,000
	东津湾分局	咸丰五年	55,000	
	张家湾分局	咸丰五年	30,000	
广济	武穴专局	咸丰六年	104,000	104,000
应城	长江埠专局	咸丰六年	26,000	50,800
	应城膏税厘局	雍正初年设，后税厘并收	20,000	
	应城城关分局	咸丰六年	4,800	
钟祥	安陆船厘专局	咸丰八年	45,500	45,500
黄冈	鹅公颈专局	咸丰六年	38,000	38,000
光化	老河口专局	咸丰五年	30,000	30,000

续表

地名	局名	设局年份	抽收额（钱串）	小计（钱串）
江夏	金口专局	咸丰六年	7,400	28,200
	沙嗛水口专局	咸丰六年	11,000	
	法泗洲专局	咸丰六年	9,800	
兴国州	富池口专局	咸丰六年	27,000	27,000
郧阳	郧阳专局	咸丰五年	24,000	24,000
沔阳	新堤专局	咸丰六年	15,000	22,800
	仙镇专局	咸丰五年	7,800	
孝感	孝感专局	咸丰五年	16,000	19,000
	小河溪分局	咸丰五年	3,000	
黄陂	黄花涝总局	咸丰五年	14,000	18,000
	黄陂分局	咸丰五年	40,00	
枝江	江口分局	咸丰六年	14,000	14,000
麻城	歧亭专局	咸丰六年	12,800	12,800
天门	天门专局	咸丰六年	8,400	12,200
	岳口分局	咸丰六年	3,800	
大冶	黄石港分局	咸丰六年	5,000	11,600
	沸源口分局	咸丰六年	6,600	
蕲州	蕲州专局	咸丰六年	5,500	5,500
荆州	荆州城分局	咸丰六年	5,000	5,000
宜都	宜都分局	咸丰六年	5,000	5,000
蕲水	下巴河分局	咸丰六年	3,400	3,400
当阳	河溶专局	咸丰六年	3,000	3,000
南漳	武安堰分局	咸丰五年	3,000	3,000

续表

地名	局名	设局年份	抽收额（钱串）	小计（钱串）
嘉鱼	宝塔洲专局	咸丰六年	钱220,000串 银18,000两	钱220,000串 银18,000两
	岛口分局	咸丰五年		
蒲圻	羊楼洞专局	咸丰五年	银183,800两 钱114,900串	银183,800两 钱114,900串
崇阳	崇阳分局	咸丰五年		
咸宁	柏墩分卡	咸丰五年		
通山	通口分局	咸丰五年		
	扬芳林分卡	咸丰五年		
总计	共约五十八个专局、分局、分卡			银201,800两，钱2,505,800串，约计共合银1,454,700两

注：据张仲炘《湖北通志·经政志八·榷税》所载"鄂省厘金裁改统捐各局卡简明表"改制。

1860年9月，胡林翼曾说："向来盐、厘二宗，每月可得二十四万或二十七八万"①串，合银十二万至十四万两，一年所得不超过一百七十万两。前已述及，盐课一项，每年均得银百余万两；厘金一项，每年约为一百三四十万两。盐、厘二宗，每年应为二百四十万两左右。胡林翼所说显然是大大缩小了的数字。这是胡林翼的惯伎，他往往故意缩小财政收入数字，目的是"少言之，以期待外饷，免部诘耳"②。

---

① 胡林翼：《复老河口厘局黄虚舟庚申八月十一日》，载郑敦谨编《胡文忠公遗集·抚鄂书牍》（卷七十七），同治六年黄鹤楼刻本，第4页。
② 胡林翼：《致胡莲舫王孝凤丙辰》，载郑敦谨编《胡文忠公遗集·抚鄂书牍》（卷五十九），同治六年黄鹤楼刻本，第6页。

关于湖北的盐课与厘金，尚应作一重要补充。据汪士铎撰《蒋照传》载，"十年春，外省协饷已绝，师益饥，……[蒋]君请于盐、厘斤（疑为"均"）加二钱（制钱二文），遂不劳而获钱百余万缗"①，合银五十余万两。1860年6月，胡林翼也曾说道："厘金加二文，盐课买卖各加一文（此即蒋照所建议盐厘均加二文——引者注）……即行定计。约计亦不过一年筹得二十余日之饷。"②当时湖北月饷为四十万两上下，二十余日之饷应为三十余万两。两说相比较，出入较大。实际情况是，盐课原斤课七文，加二文则增加约百分之三十，增收三十余万两。厘金原为千取十二，加二文则增加百分之十七，增收二十余万两。盐、厘两项共增收五十余万两。汪士铎之说比较切实，胡林翼之说又是故意"少言之"，有他自己的政治目的。

4. 协饷

为了筹措巨额兵饷，胡林翼除了在本省搜刮，还向清政府和其他省伸手，并于1856年2月奏准山西、陕西、四川三省按月接济湖北军饷各五万两，以为定例。

据胡林翼奏报，湖北历年所得到的他省协饷可考者有：1855年5月，得湖南、江西、四川等省协饷共约九万两。1856年，得陕西、山西、四川三省协饷共七十五万两左右。1857年不详。1858年，得山西、陕西、四川三省协饷三十万两以上。1859年，得三省协饷近十万两。1860年，得陕西协饷二万两。详见表6。

---

① 汪士铎：《湖北荆门直隶州知州蒋君传》，载《汪梅村先生集》（卷十一），光绪七年刊本，第5页。

② 胡林翼：《致司道粮台诸公庚申五月》，载郑敦谨编《胡文忠公遗集·抚鄂书牍》（卷七十四），同治六年黄鹤楼刻本，第23页。

表6　胡林翼历年所得协饷情况

时间	数额（银两）	资料出处
咸丰五年	约九万两	"刻下湖南所解银钱，并江西之二万两、四川之二万两，合计水陆仅分敷二月之饷"（卷一，第12页）。当时"月需饷银四万五千两"（卷一，第11页）。据此估计合计约九万两
咸丰六年	约七十五万两	奏准"秦、晋，蜀三省……按月接济五万两"（卷六，第20页、卷十一，第20页）。"山、陕两省月有所解，为数仅止三万。而川省所解，核以两月三万"（卷十一，第19页）。据此，三省实际每月协济鄂饷七万五千两左右，正月至十月共协饷约七十五万两
咸丰七年	不详	
咸丰八年至九年	四十万两左右	咸丰九年八月函称："去年仅得协饷三十万两以外，本年仅得协饷十万两以内"（卷六十五，第21页）
咸丰十年	二万两	咸丰九年十二月，咸丰十年正月，"两次奏请四川、陕西、山西、江西、浙江月解鄂饷……五月之久，仅准陕西……解到饷银二万"（卷三十七，第6页）
合计	一百二十余万两	

说明：表中所据资料均出自郑敦谨编《胡文忠公遗集》。

5. 其他

除了上述各项经常性的主要饷项收入以外，胡林翼还曾采取或考虑采取其他种种手段加强罗掘搜刮，弥缝饷绌。

其一，利用银、钱比价的变化，变相压低军饷。湘、楚军兵饷例以银计，银、钱比价的不断变化，给胡林翼发放军饷以可乘之机。1857年以前，银贵钱贱，据胡林翼说，1857年12月，湖北"按照市价，每正银一两折收钱二千四百文"[①]。胡林翼发饷便搭放钱文，"时给军以钱二缗

---

① 胡林翼：《札江陵县七年十一月二十六日》，载阎敬铭编《胡文忠公遗集·批牍》（卷九），同治五年重刊本，第7页。

当银一两"①，实际上是发二千文抵二千四百文之饷。到1858年7月前后，"钱价日昂，每银一两市价仅换一千四百有零"②。这样，如仍照旧以钱二缗当银一两搭放，每两兵饷将多支六百文。胡林翼的门生及幕僚蒋照提出："今牙厘、盐局月可得钱十八万缗，倘比例市价易银，可得十二万，比较发给各营抵银九万者殊，绝岁可赢三十六万两。"他建议，"前敌各营月放制钱已久者，咸宜于拊循之中微示限制"，具体做法是："湘营月给钱二万缗，水师万五千，抚标一万，都将军及湘后三营五千，计月放钱八万缗""此外后路各营一律发银"。就是说，在当时的三十余万两月饷之中，只有四万两照八万缗钱文发放，占的比例极小，其中绝大部分又是为了照顾湘军和都兴阿部八旗马队。胡林翼采纳实行，"岁赢不啻十八九万两"③。到了1859年，胡林翼又决定湘军等前敌各营所搭放钱文（例以二千文当一两）也一律"照市价"（以一千四五百文当一两），引起了湘军将领的不满。李续宜虽抱怨，"湘军钱章全改，虽为饷艰起见，到底非厚道之举……愿鄂省不负湘军"④。但还是被胡林翼说服照他的办法发饷。

其二，铸钱。1857年，胡林翼饬布政使委员经理铸钱事宜，把以前各处存剩铜、铅以及滞用大钱等搜罗运解武昌宝武局鼓铸，自"七月开铸起至十二月止，计铸钱三十卯三万五千串文""八年二月起至六月止，又计铸钱二十六卯一万九千串文"⑤。1859年，翻出了新花样，决定由官

---

① 汪士铎：《湖北荆门直隶州知州蒋君传》，载《汪梅村先生集》（卷十一），光绪七年刊本，第1页。

② 胡林翼：《礼知营务处八年六月二十一日》，载阎敬铭编《胡文忠公遗集·批牍》（卷九），同治五年重刊本，第31页。

③ 汪士铎：《湖北荆门直隶州知州蒋君传》，载《汪梅村先生集》（卷十一），光绪七年刊本，第1页。

④ 胡林翼：《致李希庵己未八月初一日》，载郑敦谨编《胡文忠公遗集·抚鄂书牍》（卷六十五），同治六年黄鹤楼刻本，第21页。

⑤ 张仲炘：《湖北通志·经政志·钱法》（卷五十二），1934年商务印书馆影印本，第1420页。

经理收购铜器铸钱。他说，"设局于武汉之市，大约千钱可得十余斤之铜器，加白铅三成"鼓铸，铸成雍正、康熙钱式，得千数十钱为大利，得千钱为中利，得九百八九十钱亦有利可图。胡林翼"将购铜之事，委之少固；鼓铸之事，委之蒋文若（蒋照字文若）"[1]。据次年春胡林翼致盐法道顾文彬（字子山）函称："户部近二年谬处甚多，少奏、少咨为是，……如铸钱之案，尊处可详来，弟必不准咨复。异日有事，弟执其咎也。"[2]看来，购铜铸钱是背着户部的。购铜、铸钱、获利等具体数字和其他细节待考。

其三，勒罚，进行政治性的敲诈勒索。早在1854年11月，胡林翼在湖北通山"亲按通擒款贼者于军，谕纳银二百有奇、米三千石，解九江军营赎罪"[3]。1856年初，胡林翼说湖北兴国州民人曾甘心"从贼"，要对兴国州"派饷"，使"赎尔州人之罪"[4]。1859年，蔡某因"被人控为通贼，勒捐十万""夤缘再四，已缴二万串，又另缴三千串"[5]。1861年，湖北荆门州"勒罚陈姓四万两"，胡林翼下令要"押追"[6]。实际上湖北的勒罚事例当不止这些。

其四，压价动用丰备仓积谷。1857年，湖北"捐建丰备仓""劝民积

---

[1] 胡林翼：《致牙厘文案粮台诸君己未四月十四日》，载郑敦谨编《胡文忠公遗集·抚鄂书牍》（卷六十四），同治六年黄鹤楼刻本，第4页。

[2] 胡林翼：《致顾子山观察庚申二月二十一日》，载郑敦谨编《胡文忠公遗集·抚鄂书牍》（卷七十一），同治六年黄鹤楼刻本，第3页。

[3] 张仲炘：《湖北通志·武备志十二·兵事八》（卷七十四），1934年商务印书馆影印本，第1885页。

[4] 胡林翼：《札兴国州绅士六年二月》，载阎敬铭编《胡文忠公遗集·批牍》（卷八），同治五年重刊本，第3页。

[5] 胡林翼：《复伍茨荪己未三月十三日》，载郑敦谨编《胡文忠公遗集·抚鄂书牍》（卷六十二），同治六年黄鹤楼刻本，第28页。

[6] 胡林翼：《致城守粮台辛酉三月二十七日》，载郑敦谨编《胡文忠公遗集·抚鄂书牍》（卷八十二），同治六年黄鹤楼刻本，第19页。

谷十五万石有奇",原为应付年成荒歉,"使饥馑有备"①。1860年,湘、楚军饷项大绌,胡林翼动用丰备仓积谷,他借口"优养士卒",结算时既不照捐价(高于市价),又不照市价,每石比市价"再低十文、十五文"②,提谷碾米,运往安徽前敌。

其五,官运官销川盐,获利充饷。当时清政府盐法有票、引两种。"引商捆盐有定额,行盐有定地,永远承为世业"。票商制规定,无论何人,只要纳税之后,便可领票运盐。"纳一引之课,运一引之盐,额地全无一定,来去听其自便"③,虽有票、引之别,但都是商运商销。1853年上半年,署理湖广总督张亮基奏请借拨川盐引张,官为督运。胡林翼就任湖北巡抚之后,又奏请"变通其法,改为官运官销"。即按湖北每月销盐九百引计,除商运商销七百引外,官运官销二百引。或以所运之盐销售,盐利充饷;或以所运之盐易米,以充军粮④。此举是否付诸施行尚难考定。

胡林翼还曾考虑通过间架税、户捐、田捐等名目进行搜刮,因种种原因没有施行。

1853年,清政府下令通行"官票""宝钞"及"大钱",运用通货膨胀的手段,加紧搜刮。有些材料说,湖北于咸丰四年闰七月开始推行⑤。但据胡林翼称,"鄂向未用大钱、钞票、官票,自上及下,无不以实银出

---

① 郭嵩焘:《胡文忠公行状》,载郑敦谨编《胡文忠公遗集·抚鄂书牍》(卷首),同治六年黄鹤楼刻本。

② 胡林翼:《致司道及粮台米局庚申十月初十日》,载郑敦谨编《胡文忠公遗集·抚鄂书牍》(卷七十九),同治六年黄鹤楼刻本,第3页。

③ 刘锦藻:《清朝续文献通考·征榷考·盐法》(卷三十六),上海商务印书馆1955年版。

④ 胡林翼:《奏陈楚省盐法乞酌拨引张疏七年四月初五日》,载郑敦谨编《胡文忠公遗集·奏疏》(卷十六),同治六年黄鹤楼刻本,第12页。

⑤ 北京太平天国史研究会编:《太平天国学刊》(第一辑),中华书局1983年3月版,第348页。

入也"①，可知湖北并未推行大钱、钞票、官票。胡林翼曾说，"嘉庆、道光以后，度支渐绌，驯至近年，支绌更甚。其弊由于钱漕、盐课、关政不得其理""不须以大钱、钞票为事"。并说："近人日议生财之法，不知本原，愈议论而愈纷，愈更张而愈坏，锢蔽于卑琐之计。"②显然，胡林翼是反对采用通货膨胀手段的。胡林翼的上述各项筹饷措施，主要方面也正是对钱漕、盐课、厘金的整理搜刮。

总而言之，钱粮、捐输、盐课、厘金及协饷等经常性的大宗收入，加上铸钱、勒罚等其他收入，构成了湖北军饷的来源。根据上面的考察，湖北钱粮充饷每年约为银五六十万两。捐输收入历年差异极大，平均每年为银二十余万两。盐课与厘金平均每年约为银二百三四十万两，即此数项，湖北每年平均自筹已达三百二十余万两左右。胡林翼曾说："无论如何刻薄残忍，敲骨吸髓，每年不过三百万两有余。"③这是一个稍稍缩小了的数字。以上钱粮等项，加上铸钱、勒罚等其他收入，再加上每年平均二十四万两左右的外省协饷，湖北平均每年饷项收入当在银四百万两以上。薛福成说："湖北当四战之冲，为贼必争地，备多力分。公乃整榷政，通蜀盐，改漕章，每月得饷金四十万两，养兵五六万人。"④他所讲的，是言之有据的。

综观湖北历年饷项收支情况，1855年至1856年底，每年支出需一百万两左右。当时武汉等地在太平军控制下，胡林翼所筹无多，主要依赖于外省协饷。1857年太平军退出湖北，以后至1859年，每年支出约为三

---

① 胡林翼：《复梁海楼侍郎庚申十一月二十四日》，载郑敦谨编《胡文忠公遗集·抚鄂书牍》（卷八十），同治六年黄鹤楼刻本，第15页。

② 胡林翼：《札荆门州八年五月初三日》，载阎敬铭编《胡文忠公遗集·批牍》（卷九），同治五年重刊本，第20页。

③ 胡林翼：《致李希庵己未八月初一日》，载郑敦谨编《胡文忠公遗集·抚鄂书牍》（卷六十五），同治六年黄鹤楼刻本，第20页。

④ 薛福成：《叙益阳胡文忠公御将戊寅》，载《庸庵全集·庸庵文集》（卷四），光绪上海书局版。

四百万两，主要靠胡林翼在本省自筹，基本维持了浩繁的饷需。如胡林翼所说，"七、八、九年"是"饷足之时"①，1860年以后，年需约五百万两，又饷绌难支了。

三、"宽猛兼施"，恢复和稳定封建统治

地主阶级的残酷剥削和压迫，使湖北的阶级矛盾空前尖锐。如崇、通一带，1841年，崇阳爆发了钟人杰起义，"众至二万人"，攻克县城，开仓放谷②。虽旋经平定，而三县地痞常借兵灾免征名目，煽聚愚民，动思挟制官吏。咸丰元年，通城即有"抗粮滋事之案"。1853年3月，"通城西北乡上三里地方有土匪突起，纠聚多人，直入县城，焚烧县汛衙署"③。同月，崇阳刘立简"倡乱为首，诈称漕粮免征，知县私收，煽聚愚民，谋为不轨"，起义首领"封有大元帅、军师、提督等"名号。"四月一日夜，纠聚匪党数百人，焚署劫狱"，杀死崇阳县令④。又如"黄陂县属大城潭相去二十余里，有金鼓莲会匪，结党十余人，潜处金鼓山中，蓄置枪炮……当粤匪破武昌时，该匪有潜通消息，接济之事"⑤。据统计，自1853年到1856年，湖北各地人民发动了数十次起义和反抗斗争，1853年为十六起，1854年为九起，胡林翼出任巡抚的1855年为十二

---

① 胡林翼：《致严方伯庚申六月初四日》，载郑敦谨编《胡文忠公遗集·抚鄂书牍》（卷七十五），同治六年黄鹤楼刻本，第8页。

② 胡林翼：《致天柱令己酉》，载郑敦谨编《胡文忠公遗集·宦黔书牍》（卷五十三），同治六年黄鹤楼刻本，第18页。

③ 张亮基：《通城土匪滋扰见饬枭司带兵剿捕折》，载《张大司马奏稿》（卷三），光绪十七年刻本，第1页。

④ 张亮基：《通城首逆就获调兵剿办嘉鱼崇阳土匪折》，载《张大司马奏稿》（卷三），光绪十七年刻本，第10页。

⑤ 张亮基：《拿获金鼓莲会首要犯片》，载《张大司马奏稿》（卷三），光绪十七年刻本，第16页。

起，1856年为七起①。其中以1856年襄阳高二先起义规模最大。据唐训方说，"高二先初集乱民于邓桃湖"，众至万余人。襄阳知府海某"率兵勇御之，仅以身免"，义军大胜，"火遂燎原"。高二先又联络河南捻首曹达成等，袭取邓州为犄角，占据樊城，围困襄阳，号称十万众，"蹂躏及光（光化）、谷（谷城）数州县"②。湖北布政使马秀儒和襄阳道罗遵殿婴城固守，岌岌可危。胡林翼急遣舒保部马队和唐训方部湘军解襄阳围，又经大小数十战，历时数月，才将高二先起义镇压。胡林翼曾说，"湖北莠民之从贼者，以兴国、崇阳、通山、大冶、广济、黄梅为最多"③，这恰恰反映了湖北各地人民对太平天国的热烈拥护。

阶级斗争形势如此，而湖北的地方官僚机构，在胡林翼看来，或是"吏治废弛，贪纵不职"④"牧令多不得人⑤"，或经太平军扫荡，员缺虚悬，地方政府处于瘫痪和半瘫痪状态，远远不能适应他统治的需要。

为了恢复和加强湖北的统治，胡林翼的施政大纲是"穷治从乱之莠民，抚驭疮痍，整饬吏治"⑥。即残酷镇压人民的反抗斗争，同时采取措施，缓和阶级矛盾，强化封建统治机器的功能。

1. 残酷镇压人民反抗斗争

胡林翼"穷治从乱之莠民"，从下列几方面着手：

第一，制造杀人舆论，要地方守令放胆杀人。胡林翼讥笑郑祖琛（1846年至1850年任广西巡抚）"在粤西杀一盗必念佛三日"。并说"世

---

① 高维兵：《太平天国革命期间湖北农民起义活动地区年次统计表》，载《武汉师院学报》，1979年4期。
② 唐训方：《从征图记·捣巢乘雪》，同治五年刊本。
③ 胡林翼：《敬陈湖北兵政吏治疏六年十二月初三日》，载郑敦谨编《胡文忠公遗集·奏疏》（卷十四），同治六年黄鹤楼刻本，第4页。
④ 胡林翼：《乞暂留升任道员襄办军务粮台疏六年四月初八日》，载郑敦谨编《胡文忠公遗集·奏疏》（卷八），同治六年黄鹤楼刻本，第18页。
⑤ 王闿运：《湘军志·湖北篇第三》，岳麓书社1983年11月版。
⑥ 胡林翼：《奏陈收复大冶兴国等州县水师迭次大胜江面肃清疏六年十二月十五日》，载郑敦谨编《胡文忠公遗集·奏疏》（卷十四），同治六年黄鹤楼刻本，第9页。

俗不杀人，以阴骘为说……且不论人之善恶，而以为杀人则必受殃咎"。胡林翼耻笑阴骘之说，举例说梁武帝姑息养奸，至有侯景之乱，子孙又相互残杀。汉代翁孺捕盗皆纵不诛，然而到更始之际，王氏宗族无一人存活。相反，"张汤以磔鼠习狱，其子安世为汉世硕辅，至于建武之始，爵邑相畴"。"不知所谓阴骘者安在？"胡林翼鼓吹"好杀不好杀均非情理之平"，要地方官"以杀人之政，行其不嗜杀人之心①""雷厉风行，即以杀人为生人之意②"。胡林翼统治下的湖北的政治就是这样的"杀人之政"。所谓"不嗜杀人"云云，不过是"此地无银三百两"的拙劣遁词。

第二，简化杀人程序、手续，要地方守令放手杀人。1859年，荆州府"拿获巨棍梅志仁"，知府刘某循例办案，"以律案未合，未敢操切"杀人。胡林翼得禀，大骂刘某"不知所处何时，所读何律，所操何物？迂懦甚矣"。并说："昔年洪逆、韦逆何曾不到桂平县案？何曾有供？即令此时拿获，又何人作证耶？"胡林翼下令：不管是否有供词，不管是否有人证，即行将梅志仁"就地正法"③。再如1860年，大冶县"禀拿刘立有等，胡林翼立即行札指示："凡习教为匪之人，并无确切案据可讯……杀之无赦。此非俗吏簿书所能援证，在风宪大吏之自为审察而主持之"④。胡林翼还对地方官说，"招解案件"应"通融办理"。"果能提讯实供"，无须招解，可"就地正法，省却多少葛藤"。并说："有过我自任之，不必拘泥文法。"⑤

---

① 胡林翼：《札两司十年五月二十八日》，载阎敬铭编《胡文忠公遗集·批牍》（卷十），同治五年重刊本，第32页。

② 胡林翼：《复荆州唐荫云己未五月二十八日》，载郑敦谨编《胡文忠公遗集·奏疏》（卷六十五），同治六年黄鹤楼刻本，第1页。

③ 胡林翼：《札荆州道严九年三月十一日》，载阎敬铭编《胡文忠公遗集·批牍》（卷十），同治五年重刊本，第6页。

④ 胡林翼：《札两司十年五月二十八日》，载阎敬铭编《胡文忠公遗集·批牍》（卷十），同治五年重刊本，第32页。

⑤ 胡林翼：《复安襄郧荆道毛骧云庚申正月初日》，载郑敦谨编《胡文忠公遗集·抚鄂书牍》（卷六十九），同治六年黄鹤楼刻本，第14页。

第三，大办保甲、团练，进行镇压。举办保甲团练是胡林翼镇压人民的惯用伎俩。早在贵州镇远、黎平等知府任上，胡林翼就提出"兵尚可不用，而保甲团练则必不可不办"。除了招募一支由直接掌握的练勇（二三百人）之外，胡林翼在历任各府大办保团，仅黎平一府，"办团练一千五百余寨"。他以练勇"专精雕剿"与保团稽查防堵相结合，残酷镇压了贵东各处的农民反抗斗争，在湖北巡抚任上，胡林翼又大办保甲团练。胡林翼办保团，有几点值得注意。

其一，保甲长名目的改变。清乾隆年间，"更定保甲之法：十户为牌，立牌长。十牌为甲，立甲长，十甲为保，立保长"①。胡林翼在贵州办保甲，因地制宜，"大约十户即立一牌长，一寨则设团长二三人，数寨则设乡正一二人"。在湖北办保甲，"十户择一人为长，百户、千户又择一人为长，二人为之副"，并说，"不可仍设保长、甲长名目"。胡林翼所以要把保长、甲长名目改头换面，目的是掩饰保甲的官役性质，以免"官吏视若奴隶"，而"正派朴质之人不愿为官役"②。胡林翼指望由此改善保甲头目的名声及其在与官府交往中的地位，调动地方士绅出面办理保甲的积极性。

其二，加强保甲的作用。清代厉行保甲，用于控制户口迁入迁出，重在弭盗。到了胡林翼手上，"平时责令稽查"③，除了这一基本职能外，保甲还被赋予其他方面的职能。胡林翼制定的保甲条款内有门牌、有册籍。"册籍之法，应分都、分图、分里，首列地名及道里之四至八到，继列户口之详并田亩、粮饷、户柱邻佑"，如此"则钱粮、刑名词讼案件悉本于此，悉以比为准绳，不下堂而一县之事可理"。是又寓催科、

---

① 《清朝通志·食货略五·户口丁中》（卷八十五），新兴书局1965年版。
② 胡林翼：《札东湖令八年六月初三日》，载阎敬铭编《胡文忠公遗集·批牍》（卷九），同治五年重刊本，第28页。
③ 胡林翼：《复叶介唐太守孙树人司马辛酉正月二十七日》，载郑敦谨编《胡文忠公遗集·抚鄂书牍》（卷八十一），同治六年黄鹤楼刻本，第1页。

刑名词讼于保甲之中，胡林翼因此把保甲称为地方"守令第一要政，第一善政"①。

其三，团练的筹组方法有变化。胡林翼在贵州举办团练，以"乡村保寨周围二三十里作为一团"，一团之中，公举"正派"绅耆二人作为团总，公举强干晓事八人作为头人。"苗寨中苗民办［团］照此例办理"。在湖北办团练，则"遴选妥实正绅，设立正副团总，由团总结保团佐，由团佐结保什长，由什长结保团勇"②。两相比较，主要区别在于，前者团练头目是地方"公举"的；后者则是"遴选"的，并由各级头目自选属员，逐层结保。仿照湘军制度"营官由统领挑选，哨弁由营官挑选，什长由哨弁挑选，勇丁由什长挑选"③。胡林翼显然把湘军的这一套招募制度移植于湖北筹组的团练，其目的无疑是用湘军的各种封建关系来团结团练，借以加强湖北团练的战斗力。

其四，团练在战斗中发挥了重要作用。胡林翼大办团练，湖北"各州县团练或数千人、或数万人"不等，成为湘、楚军对太平军作战的重要力量。胡林翼曾专折奏陈"湖北历年团练出力"情形。例如，1855年，胡林翼主持长江南岸军事，"其时武昌府属之江夏、武昌、大冶、蒲圻、咸宁、嘉鱼、兴国等州县团练俱能固守，盘查奸细，侦探贼踪，与官军为声援"。又如，"随州团勇数万人……同官军克复随州州城，协同攻克德安郡城"。罗田地连豫皖，罗田团练甚至"越境立功"④。《随州团练始末记》载，岗头店一带为"楚、豫要隘"，随州团练在此建碉"戍

---

① 胡林翼：《札东湖令八年六月初三日》，载阎敬铭编《胡文忠公遗集·批牍》（卷九），同治五年重刊本，第28页。
② 胡林翼：《札义礼各营营务处八年二月十五日》，载阎敬铭编《胡文忠公遗集·批牍》（卷九），同治五年重刊本，第13页。
③ 曾国藩：《复议直隶练军事宜折同治八年五月二十一日》，载《曾文正公全集·奏稿》（卷四），世界书局版，第875页。
④ 胡林翼：《奏陈湖北历年团练出力拟请分别增广学额疏八年正月十五日》，载郑敦谨编《胡文忠公遗集·奏疏》（卷二十六），同治六年黄鹤楼刻本，第3页。

守","发、捻各逆屡犯其地,皆为练勇击退,下游恃以无恐。林翼手书'北门锁钥'四字匾额,悬挂碉楼之上,以奖异之"。①

胡林翼大办保甲、团练,对湖北各地的农民起义和反抗斗争进行了残酷镇压。早在湖北按察使任上,胡林翼在崇阳一月,即"以保甲之法,勒令首户捆斩"拥护太平军的群众"三千人"②。连长沙官绅都说"斩刈过当"③。就任湖北巡抚后,胡林翼把保甲团练作为地方守令的"第一要政"。诸如襄阳赵邦璧、高二先、梁和尚、杨兰子,荆州梅志仁,樊城熊二麻子,蕲州、广济的何致祥、孙兴荣,大冶刘立有等领导的五六十起规模不等的农民的反抗斗争,都先后被镇压下去了。

2. 采取措施缓和阶级矛盾

胡林翼认为,一方面,"治乱民如治乱丝,乱者必斩,不可姑息";另一方面,"治乱民如治乱绳,不可急也"④"治久乱之地宜予生路"⑤。即使从搜刮军饷看,"兵燹之余",也不可"操之过急"⑥。为了稳定湖北的统治,胡林翼在实行杀人之政、镇压人民反抗的同时,又不得不采取一些措施来相对缓和湖北的阶级矛盾,主要是清厘漕务积弊,禁止其他一些苛税杂役,以及蠲缓钱粮等。

第一,清厘漕务积弊。清厘漕弊对于筹措军饷的作用已如前述。从政治上看,这一举措又有缓和阶级矛盾的重要意义。胡林翼清醒地看

―――――――

① 张仲炘:《湖北通志·武备志十二·兵事八》(卷七十四),1934年商务印书馆影印本,第1885页。
② 胡林翼:《敬陈湖北兵政吏洽疏六年十二月初三日》,载郑敦谨编《胡文忠公遗集·奏疏》(卷十四),同治六年黄鹤楼刻本,第4页。
③ 王闿运:《湘军志·湖北篇第三》,岳麓书社1983年11月版。
④ 胡林翼:《谕襄阳司道六年十一月》,载阎敬铭编《胡文忠公遗集·批牍》(卷八),同治五年重刊本,第11页。
⑤ 胡林翼:《致曾沅圃观察庚申七月十九日》,载郑敦谨编《胡文忠公遗集·抚鄂书牍》(卷七十六),同治六年黄鹤楼刻本,第18页。
⑥ 胡林翼:《皖贼上犯官军援剿获胜疏七年五月初二日》,载郑敦谨编《胡文忠公遗集·奏疏》(卷十七),同治六年黄鹤楼刻本,第1页。

到，漕弊不除，则"维正之供，概归中饱。小民穷困，流亡逋逃，或敢于抗粮，或甘于从贼"①。政治破坏性极大。胡林翼整顿漕务，革除各级衙门漕规、房费、差费等陋规，以及由单、串票、样米、号钱等浮费，并减定漕务章程，一律改折征收。结果，漕粮一项，"计为民间减省钱一百四十余万串，为国帑实筹银四十二万余两，又节省提存银三十一万余两""惟奸胥、猾吏、包户、刁绅不利此举"②。参见表7。

表7 清理漕弊前后情况

时间	额征银两	粮户所纳	清廷所得	差胥等所得	大户负担	小户负担
清厘漕弊前	约三十七万两	约银四十万两、钱一百四十万串	征解漕额不及十之三、四	多于钱一百四十万串	转嫁小户	负担甚重
清厘漕弊后	约三十七万两	较前减半至减过半	四十二万余两	甚少	不能转嫁	负担减轻甚多

胡林翼清厘漕弊的成功之处在于：其一，名为减漕而实收增赋之效。不但改变了过去额征不足的情况，甚至超过了额征数。其二，增赋而收"裕民力"之效。按照减定章程，粮户所纳较原纳浮勒之数减半至减过半。另外，减定漕章前，大户完纳时，"书吏不敢盈取，州县费用不足，则以小户之有余暗为取偿"③。减定漕章，"明定折价"，大户与书吏

---

① 胡林翼：《奏陈鄂省尚有应办紧要事件请俟九江克复再行率师下剿疏七年十月十四日》，载郑敦谨编《胡文忠公遗集》（卷二十三），同治六年黄鹤楼刻本，第1页。
② 胡林翼：《奏陈漕务章程办有成效疏八年六月十六日》，载郑敦谨编《胡文忠公遗集·奏疏》（卷三十），同治六年黄鹤楼刻本，第8页。
③ 胡林翼：《致罗淡村方伯己未正月三十日》，载郑敦谨编《胡文忠公遗集·抚鄂书牍》（卷六十），同治六年黄鹤楼刻本，第23页。

不敢舞弊，"于小户则实惠甚多"①。因而，粮户"完纳俱形踊跃"②。显然，除了大地主外，中小地主、自耕农、半自耕农的粮赋负担也有了不同程度的减轻，阶级矛盾得到一定程度的缓和，这对胡林翼恢复和稳定湖北的封建统治起到了极为关键的作用。

清厘漕弊的结果是把原归贪官污吏中饱的巨额浮勒革除将近过半，其余部分从贪官污吏的私囊转入官府的公库，也就是禁止贪官污吏大量浮勒，而由官府适量浮勒。同时，抑制不法大户将田赋负担转嫁于小户，以使粮户"完纳俱形踊跃"。这就势必招致贪官污吏和不法大户的反对。例如，减定漕章后，荆门知州方卓然仍"违章征收""任听粮差勒收由单、串票等钱"，还"将新漕扣作陈欠""以私收之陈欠充私囊，而以托名之新欠抵批解"③。江陵知县也是"阳奉阴违""尚欲巧为尝试"④。至于差胥，"新定章程尤非所愿，或故作刁难，阻其乐输之路。或巧为欺蔽，陷以抗纳之名。种种弊端，难以悉数"⑤。甚至对新章"潜生谤议""造作谣言"⑥。对于减定漕章，"大户、刁绅则私心尚以为不愿"⑦。如蕲州"大户观望""其黠桀如梅小素者，则专意勾致劣绅，狼狈朋

---

① 胡林翼：《札蕲水令八年二月十四日》，载阎敬铭编《胡文忠公遗集·批牍》（卷九），同治五年重刊本，第12页。
② 胡林翼：《奏陈漕务章程办有成效疏八年六月十六日》，载郑敦谨编《胡文忠公遗集·奏疏》（卷三十），同治六年黄鹤楼刻本，第16页。
③ 胡林翼：《请旨革提违章征收之知州疏七年十二月初六日》，载郑敦谨编《胡文忠公遗集·奏疏》（卷二十五），同治六年黄鹤楼刻本，第1页。
④ 胡林翼：《札江陵令七年十一月二十六日》，载阎敬铭编《胡文忠公遗集·批牍》（卷九），同治五年重刊本，第7页。
⑤ 胡林翼：《札江陵令八年四月十三日》，载阎敬铭编《胡文忠公遗集·批牍》（卷九），同治五年重刊本，第19页。
⑥ 胡林翼：《奏陈漕务章程办有成效疏八年六月十六日》，载郑敦谨编《胡文忠公遗集·奏疏》（卷三十），同治六年黄鹤楼刻本，第16页。
⑦ 胡林翼：《札蕲水令八年二月十四日》，载阎敬铭编《胡文忠公遗集·抚鄂书牍》（卷六十九），同治五年重刊本，第19页。

比"①。只是因为胡林翼对贪官污吏和不法大户的种种"抗违阻挠情事""执法绳之",才迫使他们"尚能敛迹"②。从胡林翼"铁面冰心痛革弊政之苦""孰杀之歌在所不恤"之情③,足以看出他缓和阶级矛盾,以稳定湖北的封建统治、经营稳固基地的决心。

第二,禁止其他苛税杂役。胡林翼知道,湖北久经战火,民力凋残,他又已经在钱粮、捐输、盐课、厘金等方面敲骨吸髓,罗掘搜刮,因此,他注意不再增加其他苛税杂役。例如,1859年9月,胡林翼不准监利县办团练"按粮出费"④。1860年,各州县办保团碉卡,胡林翼饬令"不准按亩摊派",应察"家有余资者劝令捐输"⑤。同年,蕲水县令禀请"计田派费""修复圣庙考棚"。胡林翼即予驳回,饬令"不准于钱漕正供之外,加派分文"⑥。同年7月,邓某请兴役修饰灵泉洞寺观,胡林翼说"目前……飞鸿满野",不能"不借民而兴役以饰寺观"⑦。1861年5月,湖北饷项窘迫,有人提出开征户捐,胡林翼考虑再三,未予采纳⑧。

第三,蠲缓钱粮。每年因灾情等原因,分别情形蠲缓各属钱粮,是胡林翼为缓和阶级矛盾而采取的又一措施。据《湖北通志》载:1856年

---

① 胡林翼:《致庄惠生方伯庚申正月初十日》,载郑敦谨编《胡文忠公遗集·抚鄂书牍》(卷六十九),同治六年黄鹤楼刻本,第19页。

② 胡林翼:《奏陈漕务章程办有成效疏八年六月十六日》,载郑敦谨编《胡文忠公遗集·奏疏》(卷三十),同治六年黄鹤楼刻本,第16页。

③ 胡林翼:《复张仲远观察己未九月》,载郑敦谨编《胡文忠公遗集·抚鄂书牍》(卷六十六),同治六年黄鹤楼刻本,第13页。

④ 胡林翼:《札监利唐令九年八月二十六日》,载阎敬铭编《胡文忠公遗集·批牍》(卷十),同治五年重刊本,第12页。

⑤ 胡林翼:《札各府州县十年五月二十五日》,载阎敬铭编《胡文忠公遗集·批牍》(卷十),同治五年重刊本,第30页。

⑥ 胡林翼:《致官撵帅庚申三月初六日》,载郑敦谨编《胡文忠公遗集·抚鄂书牍》(卷七十一),同治六年黄鹤楼刻本,第11页。

⑦ 胡林翼:《复邓守之传密庚申六月十九日》,载郑敦谨编《胡文忠公遗集·抚鄂书牍》(卷七十五),同治六年黄鹤楼刻本,第22页。

⑧ 胡林翼:《致城守粮台辛酉三月二十七日》,载郑敦谨编《胡文忠公遗集·抚鄂书牍》(卷八十二),同治六年黄鹤楼刻本,第18页。

冬，蠲免通省逋赋，并蠲免孝感、黄陂、黄安等县成灾处所钱粮，其余各州县应征钱粮分别轻重蠲缓。1857年，蠲免汉阳等县积欠正银八千六百余两，蠲免汉川等五州县钱粮，缓征荆门等十九州县钱粮。1858年，蠲免汉阳等县积欠正银七千三百余两，蠲免武昌等十三州县六分钱漕。1859年，蠲免汉阳等县积欠正银七千六百余两，蠲免沔阳正银二千三百余两、米二百二十余石。1860年，蠲免公安等州县钱粮，蠲缓荆门等二十二州县新旧额赋并沔阳等十州县本年漕粮①。从历年情况看，蠲缓数量并不很大，尽管如此，这些蠲缓措施还是能减轻和缓和贫苦农民的田赋负担的。

胡林翼在湖北清理漕弊、禁止其他苛税杂役、蠲缓钱粮，使得湖北农民业已非常沉重的负担不致再有加重，无疑会收到缓和阶级矛盾进一步激化的效果。

3. 整饬吏治，加强封建统治机器的功能

胡林翼一方面大办保团镇压人民反抗，另一方面采取措施缓和阶级矛盾，来恢复和稳定湖北的封建统治，而这些又有赖于一个有效的封建统治机器。胡林翼说，"地方安危，系乎吏治"②，又说，"兵燹之后，催科抚守，非精明练达之员，难资治理"③。这就把整饬吏治置于相当重要的地位。胡林翼主要从三个方面入手整饬湖北吏治。

第一，罢斥庸劣官员，破格擢用得力官吏。胡林翼所赏识的"精明练达之员"，实际上是精于掊克聚敛筹集军饷、明于办理保甲团练以镇压人民的练达能干的官吏。对于这样的人，胡林翼"不拘文法"，破格擢

---

① 张仲炘：《湖北通志·经政志七·蠲恤》（卷四十九），1934年商务印书馆影印本。

② 胡林翼：《核实州县可用人员疏八年正月二十三日》，载郑敦谨编《胡文忠公遗集·奏疏》（卷二十六），同治六年黄鹤楼刻本，第15页。

③ 胡林翼：《拣员升补繁缺知州疏十年闰三月二十九日》，载郑敦谨编《胡文忠公遗集·奏疏》（卷三十六），同治六年黄鹤楼刻本，第23页。

用。对于庸劣官员，则参劾在所不惜。

从1855年到1859年，胡林翼对庸劣官员"迭次劾参不下数十员"①。其中，有的是因为办理厘金营私舞弊，如署汉川县张某、沙洋州同陈某等②。有的是由于破坏减定漕章的实行，如荆门知州方卓然等。有的是举办团练不得力，如代理江夏知县江世玉、咸宁知县莫若玑、嘉鱼知县李文灏等③。有的是因为其他劣迹，如试用知县李某要挟委署被参劾④。湖北州县共六十余处，四五年间，胡林翼劾去州县级官员达数十人之多，对地方官不能不产生极大的震慑作用。正如胡林翼所自诩："鄙人在楚，官吏尚不至十分贪诈。⑤"这是有助于增强封建官僚机器的效能的。

在参劾贪劣庸懦官员的同时，胡林翼又破格提拔他所赏识的得力官吏。

清朝定例，"知县以上官员题补、缺出、升调，兼行听候督、抚酌量具题。此外应行调补之缺，均令该督、抚照例于属员内对品改调""至简缺请补，例有轮班补用，又何项缺出，以何项人员拟补""立法至周，不容丝毫紊越"。但湖北当时情况，一是因为太平军冲击涤荡，"各郡州县被扰较广"，州县官员因"阵亡殉难"等，通计"悬缺至二十九员之多"，急待胡林翼大批任命。二是可以循例候补之员，"或人地未宜，或才力不逮"，胡林翼所物色的"人地相宜"者又多"格于定例"，不得补缺。胡林翼认为湖北"碍难照例"办理，并于1856年奏准"不拘文法资

---

① 胡林翼：《指员请补同知知县各缺疏九年三月十九日》，载郑敦谨编《胡文忠公遗集·奏疏》（卷三十），同治六年黄鹤楼刻本，第18页。

② 胡林翼：《遵旨查复沙市厘金情形疏七年十一月初九日》，载郑敦谨编《胡文忠公遗集·奏疏》（卷二十四），同治六年黄鹤楼刻本，第6页。

③ 胡林翼：《特参提督违例需索请旨严行查究疏五年六月二十四日》，载郑敦谨编《胡文忠公遗集·奏疏》（卷二），同治六年黄鹤楼刻本，第8页。

④ 胡林翼：《奏陈特参性情浮躁要挟委署知县疏九年七月二十二日》，载郑敦谨编《胡忠文公遗集·奏疏》（卷三十三），同治六年黄鹤楼刻本，第21页。

⑤ 胡林翼：《复伍茨苏己未三月三十日》，载郑敦谨编《胡文忠公遗集·抚鄂书牍》（卷六十二），同治六年黄鹤楼刻本，第28页。

格拣员调补"①。从1856年起，胡林翼曾多次"以不合例之员纷纷渎请"②破格委署。如邢高魁、湖南慈利县大挑二等举人，拣发知县，是胡林翼手下办理保甲团练的干将，然而"委署地方与例不符"，仍被胡林翼委任代理江夏知县，专办团练事宜③。又如牟嗣龙、江苏武进人，由捐输部选湖北东湖县南沱巡检，因"办理荆宜盐课，接济军饷出力"，以同知直隶州补用。1859年，监利县缺出，胡林翼不顾"尚有奉旨在先之员"，以牟嗣龙拟补。再如汪维城、安徽宿松大挑二等举人，因"随同剿贼"军功，"以知县留于湖北遇缺即补"。松滋县缺出，因汪维城"并非大挑人员，且出缺在前，到省在后"，补松滋县缺，"与例未符"，胡林翼仍奏请以汪维城补松滋县缺④。据胡林翼的有关奏疏作不完全统计，诸如邢高魁、牟嗣龙、汪维城等这样被胡林翼破格擢用的，1857年为二十九人，1859年为十四人，1860年为十人。胡林翼以这些得力干将分踞州县要津，无疑将加强湖北官僚机器的运行效能。

第二，"痛扫差胥积弊"。胡林翼说，湖北"官吏不理民事，一任门丁书差提掇播弄"。办钱漕则差胥浮勒中饱，办狱讼则差胥勒索敲诈，办保团则差胥需索团费，凡此种种，不一而足。胡林翼认为差胥肆毒，危害封建统治，"居今日而图治，必以痛扫书差积弊为先著⑤""求治之道，

---

① 胡林翼：《奏陈鄂省员缺虚悬请不拘文法资格拣员调补疏七年十一月初九日》，载郑敦谨编《胡文忠公遗集·奏疏》（卷二十四），同治六年黄鹤楼刻本，第9页。

② 胡林翼：《拟员请补知县各缺疏九年九月二十九日》，载郑敦谨编《胡文忠公遗集·奏疏》（卷三十四），同治六年黄鹤楼刻本，第21页。

③ 胡林翼：《特参提督违例需索请旨严行查究疏五年六月二十四日》，载郑敦谨编《胡文忠公遗集·奏疏》（卷二），同治六年黄鹤楼刻本，第8页。

④ 胡林翼：《指员请补同知知县各缺疏九年三月十九日》，载郑敦谨编《胡文忠公遗集·奏疏》（卷三十二），同治六年黄鹤楼刻本，第20页。

⑤ 胡林翼：《复枣阳县贺月樵己未正月》，载郑敦谨编《胡文忠公遗集·抚鄂书牍》（卷六十一），同治六年黄鹤楼刻本，第22页。

莫切于此①"。为此，胡林翼采取了种种措施。

其一，"设法箝制"差胥②，减少差胥舞弊的条件。办理钱漕，清丈征册不经书差之手，官有册籍可稽，书役无以挟制。粮户纳赋，自封投柜，不准差胥包征代完。田地买卖，限期"赴州县房过割投税""以严推收"。差胥庇纵者加等治罪③。办理狱讼，饬令地方官及时审案结案，"一词之呈，不准株连，一案之审，不使留狱"，以免差役上下其手，敲诈勒索④。办理保团，不准"任之书吏"，免"致劳累"⑤。这些措施的用意，全在"夺书役之权而还之官"，使差胥"无从施其伎俩"⑥。

其二，以"霹雳手段"，严惩奸胥蠹役。胡林翼说："湖北差胥疲玩，积弊已深。必取其猛如虎、狠如狼者……剥去爪牙，使无横噬，惩一儆百。"⑦襄阳"西乡蠹役张绍荣倚势吓诈，鱼肉乡里"，胡林翼饬令地方官将张绍荣"勒拿到案之日，只系审问真名，不必复讯案据"，即行"正法"⑧。胡林翼又以同样手段处置了荆州差蠹全得升等，还派遣专员

---

① 胡林翼：《复安襄郧荆道毛骐云己未》，载郑敦谨编《胡文忠公遗集·抚鄂书牍》（卷六十四），同治六年黄鹤楼刻本，第19页。
② 胡林翼：《复枣阳县贺月樵己未正月》，载郑敦谨编《胡文忠公遗集·抚鄂书牍》（卷六十一），同治六年黄鹤楼刻本，第22页。
③ 胡林翼：《札各州县八年五月十六日》，载阎敬铭编《胡文忠公遗集·批牍》（卷九），同治五年重刊本，第23页。
④ 胡林翼：《致松滋县汪省吾己未八月十九日》，载郑敦谨编《胡文忠公遗集·抚鄂书牍》（卷六十五），同治六年黄鹤楼刻本，第22页。
⑤ 胡林翼：《札襄阳道八年五月二十日》，载阎敬铭编《胡文忠公遗集·批牍》（卷九），同治五年重刊本，第27页。
⑥ 胡林翼：《札各州县八年五月十六日》，载阎敬铭编《胡文忠公遗集·批牍》（卷九），同治五年重刊本，第23页。
⑦ 胡林翼：《致松滋县汪省吾己未八月十九日》，载郑敦谨编《胡文忠公遗集·抚鄂书牍》（卷六二五），同治六年黄鹤楼刻本，第22页。
⑧ 胡林翼：《复毛骐云庚申六月初七日》，载郑敦谨编《胡文忠公遗集·抚鄂书牍》（卷七十五），同治六年黄鹤楼刻本，第13页。

密查"襄阳、安陆、德安、荆门……各属奸胥蠹役等弊"①，分别予以严惩。

应该指出，差胥毕竟是封建官僚机器必不可少的附件，胡林翼也说，"不能一旦尽废此辈"②，他认为，"官贪则吏必逞其私，官惰则吏必揽其权，非书差必不可用""书吏中亦有人才""犯法者当惩，奉法者当留"③。这又是胡林翼"先施辣手"之后"曲运婆心"之所在④。

第三，尽量引用地方士绅任事。早在贵州黎平知府任上，胡林翼就说过，当时的清朝官场，"官吏之诈伪日深，差胥之滋扰弥甚"，不如"用士用民"，引用地方士绅任事。在贵州，胡林翼已经大力引用地方士绅办理保甲团练、在湖北，胡林翼又强调说："自寇乱以来，地方公事，官不能离绅士而有为。"⑤除了任用地方士绅办理保甲团练外（前已论及，兹不赘述），在办理厘金、筹措军饷等方面，胡林翼同样应用地方士绅。

湖北征收厘金之初，官为经理，弊端百出。如署理汉川知县张某经手汉川厘金半年，报解钱三千八百串，仅占实际征收所得七分之一，张某供认私自"挪用"四千三百余串。案发后，胡林翼将张某撤职，随即委派士绅接办。此后半年，报解厘金钱七万串、银五千六百余两⑥。有鉴

---

① 胡林翼：《复方子元翊元庚申六月初九日》，载郑敦谨编《胡文忠公遗集·抚鄂书牍》（卷七十五），同治六年黄鹤楼刻本，第15页。
② 胡林翼：《监利县催利办团禀批咸丰五年十　月》，载阎敬铭编《胡文忠公遗集·批牍》（卷八），同治五年重刊本，第1页。
③ 胡林翼：《札咸丰令八年二月初十日》，载阎敬铭编《胡文忠公遗集·批牍》（卷九），同治五年重刊本，第11页。
④ 胡林翼：《复荆门州林棣园己未八月二十日》，载郑敦谨编《胡文忠公遗集·抚鄂书牍》（卷六十五），同治六年黄鹤楼刻本，第24页。
⑤ 胡林翼：《札麻城吴令十年九月初十日》，载阎敬铭编《胡文忠公遗集·批牍》（卷十），同治五年重刊本，第41页。
⑥ 胡林翼：《特参抽取汉川县厘金知县疏七年十一月初六日》，载郑敦谨编《胡文忠公遗集·奏疏》（卷二十五），同治六年黄鹤楼刻本，第8页。

于此，胡林翼当将各属抽厘事务另延"公正绅士实心承办，不许州县、丁胥经手"，仅在武昌设立厘金总局，委派道府大员严密查察①。此外，如办理州县税契，官为经理则"官得者半，而半入册书私囊"。胡林翼同样"另行委绅"办理，"夺州县之利为军用"②。他如办理钱漕，以清丈征册委诸地方士绅，"选派公正绅士，亲身督率，按亩丈量"，不经差胥之手③。

胡林翼曾说："士民中岂无欺我之人，亦岂无偾事之人。然兵将之滑者十之九，士民之朴者十之六。近年宦途颇杂，牧令既少真才，佐杂尤多庸妄，其心术见识不堪设想，不如士民之真性未漓，可激以忠义"。④在胡林翼看来，和"心术见识不堪设想"，与已经完全腐败的官僚阶层相比，地方士绅尚"真性未漓"，还未完全腐败。很清楚，胡林翼大力引用士绅，使其参与和主办官府的一些重要事务，在某种程度上加强了封建官僚机器的效能。同样重要的是，胡林翼由此而更广泛地动员了地主阶级各阶层的力量，有助于他恢复和稳定湖北的统治。

综上所述，为了恢复和稳定湖北的统治，胡林翼整饬吏治，加强了官僚机器的效能；大办保团，镇压了各地人民的反抗；又采取了另外的一些措施，缓和了阶级矛盾。这是胡林翼经营湖北的三个重要方面。

---

① 胡林翼：《遵旨查复沙市厘金情形疏七年十一月初九日》，载郑敦谨编《胡文忠公遗集·奏疏》（卷二十四），同治六年黄鹤楼刻本，第8页。

② 胡林翼：《致省中诸公庚申五月》，载郑敦谨编《胡文忠公遗集·抚鄂书牍》（卷七十三），同治六年黄鹤楼刻本，第14页。

③ 胡林翼：《札各州县八年五月十六日》，载阎敬铭编《胡文忠公遗集·批牍》（卷九），同治五年重刊本，第23页。

④ 胡林翼：《复张石卿中丞启咸丰二年》，载郑敦谨编《胡文忠公遗集·宦黔书牍》（卷五十五），同治六年黄鹤楼刻本，第3页。

第七章　胡林翼经营湖北的作用与影响

胡林翼从1855年4月到1861年9月担任湖北巡抚期间，整顿军队，加强湖北的军事力量；掊克聚敛，筹措巨额军饷；"宽猛相济"，恢复和稳定封建统治。从各方面的情况来看，胡林翼经营湖北的作用与影响是重大的。

一、由于胡林翼的锐意经营，湖北成为镇压太平天国的重要基地

如前所说，胡林翼就任湖北巡抚前后，湖北兵政腐败，财政枯竭，吏治废弛，阶级矛盾激化，用胡林翼的话说，"贫国弱国，惟楚兼之"①。经过胡林翼的整顿经营，这些情况发生了重要的变化。

就兵力而论，胡林翼豢养的湘、楚军不断扩充至六万人左右。胡林翼和曾国藩联兵作战，湘、楚军成为清军中最强悍的一支武装力量。清政府镇压太平天国，当时主要依靠三支军事力量，一是长江中游的湘、楚军，二是长江下游的江南大营，三是皖北的胜保所部及袁甲三、翁同

---

① 胡林翼：《施南厘局禀批六年正月》，载阎敬铭编《胡文忠公遗集·批牍》（卷八），同治五年重刊本，第3页。

书等部清军。按照胡林翼的评价,"论军旅,则皖中无一矢之遗"①。袁甲三手无重兵,株守临淮,"军事最苦"②。翁同书"仁而不武",以"弱兵饥卒""蛰伏"寿州③。胜保则"每战必败",应"呼此公为败保"④。胡林翼对江南大营的评价是:"将骄兵惰,终日酣嬉,不以贼匪为意。或乐桑中之喜,或恋家室之私,或群与纵酒酣歌,或日在赌场烟馆,淫心荡志,极乐忘疲,以致兵气不扬。"⑤胡林翼对皖北清军和江南大营的评价基本符合事实。至于湘、楚军,胡林翼自诩,"浔、皖、金陵,将唯我楚军是赖"⑥"天下兵将,只靠吾楚耳"⑦。当时的安徽巡抚翁同书也奏称"近来可用之兵,莫如楚师"⑧。这些都表明了湘、楚军在镇压太平天国运动中所起到的作用。

就兵饷而言,胡林翼以湖北一省之力,每月筹饷银三四十万两,每年筹饷银四百万两左右。条件与湖北相埒的湖南,每年筹饷仅约"二百万两内外"⑨,安徽则更在其次。而湖北兵饷较他省充裕。由此观之,王

---

① 胡林翼:《致周寿珊司马十年十一月三十日》,载阎敬铭编《胡文忠公遗集·书牍》(卷七),同治五年重刊本,第19页。

② 胡林翼:《致云贵总督张石卿己未正月初八日》,载郑敦谨编《胡文忠公遗集·抚鄂书牍》(第六十),同治六年黄鹤楼刻本,第9页。

③ 胡林翼:《致钱萍矼典试己未八月初一日》,载郑敦谨编《胡文忠公遗集·抚鄂书牍》(卷六十五),同治六年黄鹤楼刻本,第14页。

④ 胡林翼:《致曾涤生星使己未七月二十九日》《致钱萍矼典试己未八月初一日》,载郑敦谨编《胡文忠公遗集·抚鄂书牍》(卷六十五),同治六年黄鹤楼刻本,第12—13页。

⑤ 胡林翼:《札各营官十年六月二十六日》,载阎敬铭编《胡文忠公遗集·批牍》(卷十),同治五年重刊本,第34页。

⑥ 胡林翼:《札荆州道七年十一月十九日》,载阎敬铭编《胡文忠公遗集·批牍》(卷九),同治五年重刊本,第6页。

⑦ 胡林翼:《致李希庵方伯庚申闰三月十七日》,载胡凤丹重编《胡文忠公遗集·抚鄂书牍》(卷七十一),光绪戊子著易堂版,第9页。

⑧ 赵尔巽:《清史稿》(卷四百二十七),中华书局1977年版,第12263页。

⑨ 骆秉章:《沥陈湖南筹饷情形疏》,载《骆文忠公奏议·湘中稿》(卷十二),光绪四年刻本。

闿运说湖北"兵与饷强天下"①，应非虚语。

就吏治而言，用胡林翼那句还算中肯的话说，湖北"官吏尚不至十分贪诈"。时人对湖北吏治多所评论，郭嵩焘说胡林翼在湖北"专意吏事，惩贪恶，任廉能，吏治蒸蒸日上"②。他在咸丰皇帝召对时称湖北吏治"较优"③。曾国藩说湖北"吏治大改面目，并变风气为第一"④。陈鼐也说"游遍天下，惟鄂中吏治得六分"。胡林翼自己评价湖北吏治可得"三四分"⑤。近人伍承乔评论说："胡公开府鄂州，整饬吏治……治行为各省之冠。"⑥根据前面对胡林翼整饬吏治情况的考察，可以说，较之更加腐败黑暗的其他各省吏治，湖北吏治还算"较优"。

就统治秩序而言，由于胡林翼厉行保甲团练，采取一些措施缓和阶级矛盾，使湖北的封建统治秩序恢复并趋于稳定，农民群众的反抗斗争日益困难。据统计，胡林翼就任湖北巡抚前的1853年，湖北各地发生起义十六起，1854年为九起。胡林翼接掌抚篆后的1855年减少到十二起。1856年为七起。胡林翼攻陷武汉，控制湖北全境后的1857年为一起，1858年为二起，1859年为零起，1860年为三起，1861年为六起（这一年8月胡林翼死于武昌）⑦。很能说明问题的是，湖北南部的崇阳、通山、通城一带，地界湖南，又"系江西、湖北往来要路，向为盗贼渊薮"⑧，

---

① 王闿运：《湘军志·湖北篇第三》，岳麓书社1983年11月版。
② 郭嵩焘：《胡文忠公行状》，载郑敦谨编《胡文忠公遗集》（卷首），同治六年黄鹤楼刻本。
③ 郭嵩焘：《郭嵩焘日记》，湖南人民出版社，1981年5月第1版，第202页。
④ 曾国藩：《复胡宫保》，载李瀚章编《曾文正公全集·书札》（卷十二），光绪丙子传忠书局版，第28页。
⑤ 胡林翼：《复严渭春方伯庚申五月》，载郑敦谨编《胡文忠公遗集·抚鄂书牍》（卷七十四），同治六年黄鹤楼刻本，第23页。
⑥ 伍承乔：《清代吏治丛谈》（卷三），文海出版社，第592页。
⑦ 高维岳：《太平天国革命期间湖北农民起义活动地区、年次统计表》，载《武汉师院学报》，1979年第4期。
⑧ 王先谦：《东华录》（卷五十四），光绪二十五年石印本，第52页。

是湖北农民群众反抗斗争最激烈的地区之一。在胡林翼的统治下，崇、通一带及附近地区虽有将近数十万"义民"欲响应太平天国而难以举事，很多首领不得不"具禀差使"，请李秀成前往招收义民。直到1861年夏李秀成率军攻入鄂南时，这一带"义民"才投入李秀成麾下，离开湖北，转赴江浙。同样值得注意的是，陈玉成部太平军于1861年春攻入湖北，驰骋鄂北诸州县，所至之处并未出现风起云涌的农民起事。显然，湖北农民反抗斗争的革命形势已转入低潮，清朝在湖北的统治已经趋于稳定。

由上可见，由于胡林翼的苦心经营，湖北的军事力量大为增强，"兵与饷强天下"，吏治已较前更为适合统治的需要，封建秩序已经趋于稳定。胡林翼因此受到同僚的大肆吹捧。汪士铎说，胡林翼"经画危疆，转贫弱为富强"①。王闿运说："咏芝经营，坐致富强。"②官文说，湖北"无岁无兵事"，自胡林翼"视事后，规画措置，裕如沛如"③。曾国藩说："胡帅用一糜烂众弃之鄂，缔造支持，变为富强可宗之鄂。"④所有这些谀词，只是说明胡林翼已经把湖北经营成为适合镇压太平天国需要的基地，胡林翼也因此成为"身处一州之任，而系天下之重"⑤的关键人物。

由于湖北的"富强"和胡林翼的关键作用，湖北同时又成了清方"东南大局"的枢纽。

---

① 汪士铎：《〈胡文忠公抚鄂记〉序》，载《汪梅村先生集》（卷七），光绪七年刊本，第15页。

② 王闿运：《湘绮楼日记》，同治十年二月二日记，民国十六年铅印本。

③ 官文：《〈胡文忠公遗集〉序》，载郑敦谨编《胡文忠公遗集》，同治六年黄鹤楼刻本。

④ 曾国藩：《复毛寄云中丞》，载李瀚章编《曾文正公全集·书札》（卷十六），光绪丙子传忠书局版，第38页。

⑤ 薛福成：《中兴叙略》，载《庸庵全集·庸庵文编》（卷二），光绪上海书局版，第5页。

第七章　胡林翼经营湖北的作用与影响

　　清方镇压太平天国的军事行动，虽有清政府在北京发号施令，但前敌诸省疆吏实际上往往自顾辖境，不能通力合作。1855年，这种情况开始改变了。当时，胡林翼就任湖北巡抚，湖南巡抚为骆秉章。"骆公办事，全在左卿"①，左宗棠实际上操纵着湖南军政大计。左宗棠是胡林翼的密友和姻亲，湖南、湖北遂联络一气，加上在江西作战的曾国藩，湘、鄂、赣三省的军事行动开始协调。到1858年，如《湘军志》所说："是时，骆秉章委事左宗棠，湖南诸将伺宗棠喜怒为轻重。胡林翼治湖北，军、饷最称富强。耆龄（时任江西巡抚）尝严事国藩……视文俊、陈启迈（耆龄之前先后任江西巡抚）时礼敬有加。三省一家，号为大和"。②湘、鄂、赣三省军事行动完全协调一致。到了1861年，曾国藩已就任两江总督，但他为人"与俗不谐"③，用他自己的话说，"鄙人虽有联络之志，苦于才短性懒，书问太疏，遂不能合众志以勤王事，合群力以贯金石""江、楚、豫、皖诸将帅，惟润帅能调和一气，联合一家"④。可见，到1861年前后，清方在长江中游的前敌诸省包括湖南、湖北、江西、安徽以及河南在军事行动上也已完全协调一致，合诸省之力镇压太平天国。从以上情况可以看出，湖北的枢纽作用，具体表现在它使清方前敌各省在长江中游的军事行动中越来越协调，西线的战斗力量因此日益增强，正如《清史稿》所说，湖北"足食足兵，东南大局隐然以湖北为之枢"⑤。

---

　　① 胡林翼：《致钱萍矼枢密己未正月》，载郑敦谨编《胡文忠公遗集·抚鄂书牍》（卷六十一），同治六年黄鹤楼刻本，第10页。
　　② 王闿运：《湘军志·江西篇第四》，岳麓书社1983年11月版。
　　③ 胡林翼：《致钱萍矼枢密己未正月》，载郑敦谨编《胡文忠公遗集·抚鄂书牍》（卷六十一），同治六年黄鹤楼刻本，第10页。
　　④ 曾国藩：《复李希庵中丞》，载李瀚章编《曾文正公全集·书札》（卷十六），光绪丙子传忠书局版，第12页。
　　⑤ 赵尔巽：《清史稿》（卷三百八十八），中华书局1977年版，第11714页。

二、胡林翼经营湖北，维护和发展了曾国藩湘系集团

1854年初，胡林翼奉调从贵州赴援湖广总督吴文镕。行次金口，太平军已在黄州附近击溃堵城大营，击毙吴文镕，占领湖北大片地区。胡林翼受阻于湖北金口，被湖南巡抚骆秉章奏留湖南，又被曾国藩奏调随同湘军作战，胡林翼由此投入曾国藩湘系集团，成为湘系将领。

1855年初，太平军湖口、九江大捷后，乘胜溯江进攻武昌，这时，湖北按察使胡林翼随同湘军进攻九江、湖口等城，后来，曾国藩命胡林翼率领所部回援武昌，旋调湖北布政使。1855年4月，太平军三克武昌，胡林翼升任湖北巡抚，清政府责以长江南岸军事，规复武昌。当时，胡林翼"不特无兵无饷，亦且无官无幕"，号令不出三十里，"坐困于金口、洪山一带"①，不得不求援于曾国藩。1855年6月，清政府将湘军长江水师拨归胡林翼指挥。9月，曾国藩又派罗泽南督率所部湘军陆师增援胡军，胡林翼依靠湘军得以攻陷武汉。他感激涕零地说："林翼自问，五、六年所处之境，为军兴以来未有之奇，然自得迪庵（李续宾字迪庵）而兵乃强；得厚庵（杨岳斌字厚庵）而水道以通。"②他后来写信给曾国藩说，自己是"皮匠小店……本钱出于老板"③。正因为如此，胡林翼才"行意欲倚国藩"④，与曾国藩通力合作。

胡林翼大力经营湖北，倾湖北之力与曾国藩合作，对曾国藩湘系集

---

① 曾国藩：《历陈胡林翼忠勤勋绩折咸丰十一年十月十四日》，载《曾文正公全集·奏稿》（卷二），光绪丙子传忠书局版，第426页。
② 胡林翼：《复皖抚翁祖庚己未三月初一日》，载郑敦谨编《胡文忠公遗集·抚鄂书牍》（卷六十二），同治六年黄鹤楼刻本，第25页。
③ 胡林翼：《致曾涤帅庚申》，载郑敦谨编《胡文忠公遗集·奏疏》（卷七十二），同治六年黄鹤楼刻本，第6页。
④ 王闿运：《湘军志·江西篇第四》，岳麓书社1983年11月版。

团的发展起了极为重要的作用。

第一，曾国藩湘系集团的实力空前增强。就兵力而言，1855年以前，曾国藩集团的实力仅限湘军万七千人。1855年以后，在鄂湘军不计在内，曾国藩所辖湘军一直在一万人以上，二万人以内，如表8所示。

表8 曾国藩所辖湘军兵力（咸丰五年九月至咸丰十年五月）

时间		兵力	资料出处
咸丰五年	九月	万余人	"臣军万余人"（曾国藩：《请催浙江协饷片咸丰五年九月初五日》，《曾文正公全集·奏稿》卷一，第166页）
咸丰六年	正月	万余人	"周凤山接统塔齐布之旧部四千人""李元度等平江各勇三千人""鄱湖八营""三千人左右"（曾国藩：《叠奉谕旨缕陈各路军情折咸丰六年正月初九日》，《曾文正公全集·奏稿》卷二，第184页）
	四月以后	约一万七千	胡林翼分兵。"共四千一百名……交曾国华统带"援江西。又：曾国荃"募勇三千人援江西。"（朱孔彰：《中兴名臣事略》卷二，第9页）
咸丰七年		不详	
咸丰八年	八月	一万二千	"臣现调各军，计额勇一万二千人"（曾国藩：《请四川协饷片咸丰八年八月二十四日》，《曾文正公全集·奏稿》卷二，第293页）
咸丰九年	八月	一万七千	"此军共一万七千人"（胡林翼：《分致川督秦抚己未八月》，郑敦谨编《胡文忠公遗集·抚鄂书牍》卷六十五，第28页）
咸丰十年	五月	万余	"曾国藩仅止勇丁万余人"，（胡林翼：《奏陈江浙军务并颍亳捻匪隐忧方大疏十年五月初三日》，郑敦谨编《胡文忠公遗集·奏疏》卷三十七，第12页）

如将在鄂湘军计算在内,1855年湘军水陆师总兵力为二万余人,1856年为三万二千人左右,如果把胡林翼统下的楚军计算在内,则曾、胡所统湘、楚军总兵力,1855年为三万人左右,1856年为三万七千人左右,1857年四万七千人左右,1858年六万七千余人左右,1860年七万余人。由万七千人到七万余人,几年间曾国藩湘系集团所拥有的兵力增加了四倍,翻了两番。这支庞大的湘、楚军是曾国藩湘系集团雄厚军事实力的基础。

就兵饷而言,胡林翼经营湖北又为曾国藩集团建立了一个重要的饷源基地。曾国藩以空名将客军,饷项支绌,所至之处,"仰食于人",艰难竭蹶。如在江西作战,江西"应解营饷军火,启迈(江西巡抚陈启迈)辄与留难驳斥"。曾国藩的一些重大军事行动也常因饷绌而不能实施。如1855年初,太平军于湖口大捷后溯江直趋湖北,李续宾"知北岸官军不能敌,建议分南北二军夹江而剿,令塔公(塔齐布)益募军三千,合浔军五千专剿南岸。别选大将率浔军三千,益募勇五千直趋汉口剿北岸。南北各自为战,一图安庆,一图金陵,度大局克有济。文正韪其言,将以北岸属罗公(罗泽南),以饷绌不果"[1]。正如《湘军志》所说:"湘军兴而其饷最绌"。[2]

胡林翼经营湖北,使曾国藩湘系集团继湖南之后有了第二个重要的饷源基地。湖北除了豢养二三万在鄂湘军外,还大量拨饷接济曾国藩所辖湘军。从咸丰六年四月到咸丰七年十二月,胡林翼拨饷接济曾国华、刘腾鸿部共银九万九千两、钱五千串。咸丰七年,胡林翼拨饷接济彭玉麟部内湖水师共银四万七千余两、钱三万三千五百串。从咸丰八年九月到咸丰九年十二月,胡林翼按月拨饷接济曾国藩共银六十万两。历年总计,曾国藩所辖湘军(在鄂湘军辖于胡林翼,不计在内)共得湖北接济军饷银七十四万六千六百两、钱三万八千五百串。具体情况见表9。

---

[1] 朱孔彰:《中兴名臣事略》(卷二),光绪癸卯上海宏文阁藏版,第6页。
[2] 王闿运:《湘军志·筹饷篇第十六》,岳麓书社1983年11月版。

表9　湖北历年接济曾国藩湘军军饷概况

时间	接济对象	资料出处	累计	
咸丰六年四月至咸丰七年十月	曾国华、刘腾鸿部湘军陆师	"臣于咸丰六年四月派兵往援江西，起程之时，除清偿积欠外，并筹行粮交同知曾国华倍道驰援。迨经克复城池，进围瑞州之后，又先后解济军饷银三万七千两，钱五千串……嗣因瑞州攻剿正在吃紧，饷乏兵饥，臣又于无可筹拨之中，于六年十二月筹银一万两，七年三月筹银七千两，五月筹银五千两，均委员解交瑞州军营"（卷十八，第7页）。"上年自鄂派援江西之湘宝各营，除叠次解银八万几千两、钱五千串……该营在吉安剿贼，饷项支绌……现于武昌粮台筹给银一万两，于十二月初六日委员"解济（卷二十四，第23页）。	咸丰六年四月清偿积欠不在内，共计接济曾国华、刘腾鸿部军饷银九万九千两、钱五千串	自咸丰六年四月至咸丰九年十二月，曾国藩所辖湘军共得到胡林翼由湖北接济军饷银七十四万六千六百两，钱三万八千五白串
咸丰七年三月至十月	彭玉麟部内湖水师	"江西内湖水师饷匮，臣于七年三月筹银三千两，黄金一百两（照例抵银一千六百两）""五月筹银六千两"，解交道员彭玉麟（卷十八，第7页）。"自九月十七日起至十一月二十八日止，共解银三万七千两，解钱三万三千五百串"（卷二十四，第23页）。	接济彭玉麟部内湖水师共银四万七千六百两，钱三万三千五百串	
咸丰八年九月至咸丰九年十二月	曾国藩	"曾国藩于八年九月前赴闽浙办理军务，经臣筹奏奉谕旨，湖北省按月解济协饷二万两，并加拨一万两。截至本年十二月二十四日止，先后解拨协饷并加拨银共四十八万两……嗣因曾国藩督师皖省，秦、晋、蜀三省解饷未到，军食不支，又由楚北十月二十四日起至十二月二十四日止，计两个月原拨饷银三万两外，加拨月饷三万两共解过库平银十二万两"（卷三十五，第11页）。	共接济曾国藩军饷银六十万两	

注：表中所据资料均引自郑敦谨编《胡文忠公遗集》。

从表9可以看出，每当曾国藩湘军"饷乏兵饥"时，胡林翼便从湖北筹拨解济。湖北的接济在曾国藩军饷中占有相当大的比重。如咸丰八年九月至咸丰九年十二月，曾国藩起复视师，用兵闽、浙、皖三省，每月需饷银十二万两[①]，胡林翼平均每月接济三万七千五百两，曾国藩军饷的三分之一依赖于湖北。在陕西、山西、四川等省协饷经常缓解，"湖南每月协饷三万，因事停解"[②]的拮据情况下，湖北的大量接济尤其显得重要。正如王闿运所说，湘军（包括在鄂湘军）"军实之所由充，始于湖北"[③]。曾国藩自己也说，湘军"水陆数万人，皆仗胡公以生以成"[④]。由此可见，胡林翼经营湖北对曾国藩湘系集团的发展所起的一个极为重要的作用。

胡林翼在湖北的经营使曾国藩湘系集团牢牢控制了湖北。如前所说，1854年10月14日，曾国藩指挥湘军攻陷武汉。咸丰帝闻报大喜，10月26日谕令以曾国藩署理湖北巡抚。军机大臣祁寯藻却向咸丰皇帝泼了一盆冷水，说曾国藩匹夫居闾里，一呼蹶起，从之者万余人，恐非国家之福。咸丰帝"默然变色"，遂于11月12日收回成命，命曾国藩无庸署理湖北巡抚，赏兵部侍郎衔。另以陶恩培补授湖北巡抚。曾国藩创办和指挥湘军，最苦于无封疆之任、无筹饷之区，攻陷武汉后，湖北巡抚的宝座得而复失，反而落到一度主张"罢遣湘军"的政敌陶恩培手中，这不能不说是曾国藩湘系集团的一件恨事。直到胡林翼出任湖北巡抚，曾国藩湘系集团的势力才开始控制湖北。胡林翼伙同曾国藩、骆秉章扳倒杨霈，标志着曾国藩湘系集团在湖北乃至在长江中游地区政治影响的增

[①] 胡林翼：《楚师迎剿槎水畈援贼大胜疏九年十二月十四日》，载郑敦谨编《胡文忠公遗集·奏疏卷》（卷三十五），同治六年黄鹤楼刻本，第11页。
[②] 曾国藩：《致诸弟咸丰九年三月廿三日》，载李瀚章编《曾文正公全集·家书》（卷六），光绪丙子传忠书局版，第43页。
[③] 王闿运：《湘军志·筹饷篇第十六》，岳麓书社1983年11月版。
[④] 曾国藩：《致九弟咸丰八年七月十四日》，载李瀚章编《曾文正公全集·家书》（卷六），光绪丙子传忠书局版，第13页。

强。而胡林翼在湖北扩编湘军和交欢官文，才使得曾国藩、胡林翼湘系集团真正牢固地控制了湖北。

首先，从湘军水陆师历年扩充情况和湖北清军历年兵力总数可以看出，湘军兵力一直占湖北清军总兵力的一半左右，其战斗力又远非其他各部可比，在鄂湘军已成为湖北清军的主力。湖北的安危已经取决于湘军的去留，也就是取决于胡林翼的去留。如李续宜所说："鄂中当道（指官文等人）……无事不肯顺从，唯不愿其出楚境也"①。曾国藩说，胡林翼"羽翼既成，亦非他人所能牵制"②。很清楚，胡林翼大力扩编在鄂湘军，不仅增强了曾国藩湘系集团的军事力量，而且以在鄂湘军为武力后盾和实力基础，巩固了湘系在湖北的难以动摇的地位。

其次，胡林翼交欢官文，又为曾国藩湘系集团谋得了政治上的保证。如前所说，官文实际上是清政府派驻湖广的"监军"。如果得罪官文，曾国藩湘系集团仍将不能确保在湖北的地位，虽无前例可援，却有后事可证。如1862年1月，严树森继李续宜为湖北巡抚，与官文不协。1864年5月，"官文奏劾树森把持兵柄"，清政府斥严树森"任意妄为，降道员"③。又如1866年2月，曾国荃就任湖北巡抚，不久，"疏劾"官文"贪庸骄蹇"。清政府因正在依赖湘军、淮军进攻捻军，不得不"解官文总督任"。然而，曾国荃也不能安于其位，次年6月，清政府借口曾国荃"防剿〔捻军〕日久无功"，将曾国荃"摘顶，下部议处"。曾国荃不得不引病开缺④。

胡林翼攻陷武汉，经营湖北，有"功"于清政府，清政府对他也并

---

① 李续宜：《李续宜致曾国藩》，载陶风楼藏《咸同名贤手札》，文海出版社，第111页。
② 曾国藩：《与左季高》，载李瀚章编《曾文正公全集·书札》（卷六），光绪丙子传忠书局版，第35页。
③ 赵尔巽：《清史稿》（卷四百二十七），中华书局1977年版，第12266页。
④ 赵尔巽：《清史稿》（卷四百十三），中华书局1977年版，第12040页。

不完全信任。如1857年6月，胡林翼撇开官文单衔上疏，奏请将房县左营游击文英等开复原官。清政府命令："胡林翼虽在军营，唯伊本营将弁可由伊具奏，仍应会同总督。况官文有钦差大臣关防，军务营伍均该督专责。若委之巡抚，殊非朕倚任该督之意也。"①至于曾国藩则更为清政府所疑忌。胡林翼交欢官文，官文对胡林翼"言听计从"，除了樊燮京控案以外，官文和胡林翼、曾国藩湘系集团基本上没有发生大的磨擦。因此，胡林翼交欢官文，不仅使自己得以行督抚之权，更重要的是，官文在很大程度上不自觉地充当了胡林翼和曾国藩湘系集团的"政治保护伞"，这就缓解了曾国藩湘系集团见疑于清政府的危机和隐忧，为湘系集团的发展取得了重要的政治条件，胡林翼得以久安于湖北巡抚之位，使曾国藩湘系集团牢牢控制了湖北这块地盘。

三、胡林翼经营湖北，加速了太平天国战略形势的逆转

1853年3月，太平天国建都于金陵，对于敌我双方的战略都产生了决定性的影响。

定都天京后，天王洪秀全总结和发展了历史上农民战争的经验，形成了开辟根据地的战略思想。由洪秀全旨准颁行的《建天京于金陵论》中清楚地指出"启宇拓疆，宜定建都之地"，然后"王奋义兴师，凡身之所在，民即附焉，民之所附，地即归焉""由是天国大兴，胡虏尽灭"②。《天朝田亩制度》还具体规定了根据地建设的内容，最重要的就是实行守土乡官制，即设立省、郡、县三级地方政权，以及军、师、

---

① 胡林翼：《武当山窜贼歼除襄郧肃清疏七年五月二十一日》，载郑敦谨编《胡文公忠遗集·奏疏》（卷十七），同治六年黄鹤楼刻本，第12页。
② 《建天京于金陵论》，载中国史学会编《太平天国》（Ⅰ），神州国光社1952年7月版，第252页。

旅、卒、两、伍等各级城、乡基层政权。这就是说，建都天京是为了立不拔之基，以启宇拓疆，开辟和扩大根据地，进行根据地建设，使地归民附，最后推翻清政府的统治。

值得注意的是，《建天京于金陵论》中又明确指出了"楚尾吴头"的战略地理形势，并说"且天下粮食尽出于南方，如江西、安庆（安徽）等省，顺流而下，运粮亦甚便易""地利而万物备矣"。这就意味着，太平天国定都天京，在长江下游立足以后，无论就军事方面而言，还是就经济方面而言，争夺长江中游势在必行。开辟安徽、江西、湖北根据地成为太平天国定都天京后的战略目标，长江中游在太平军失守安庆之前一直是太平天国的主战场。

清方的战略同样基于军事、政治、经济等方面的分析，制定了与太平天国战略针锋相对的军事对策。1854年春，曾国藩致书王鑫说："荆、襄扼长江之上游，控秦、豫之要害，诚为古来必争之地。然以目前论之，则武昌更为吃紧。盖贼首既巢金陵，近穴镇、扬二城，远处所宜急争者，莫要于武昌。"太平军若占领武昌、荆州，"则大江四千里遂为此贼专而有之，北兵不能渡江而南，两湖两广三江闽浙之兵不能渡江而北，章奏不克上达，朝命不能下宣，而湖南、江西逼近强寇，尤不能一朝安居……鄂省之存亡，关系天下之全局固大"[①]。胡林翼认为："武汉形势壮阔，自古用武之地……昔周室征淮，师出江汉。晋代平吴，久谋荆襄，王浚造船循江而下。陶侃之勋，镇守武昌。宋臣岳飞、李纲之谋画岳、鄂，均以此为高屋建瓴之势。控扼长江，唯鄂为要。"[②]他还说，金陵上游"沿江险要之地，贼得之可以拒我、我得之即可以制贼"[③]。再

[①] 曾国藩：《与王璞山》，载《曾文正公全集·书牍》，世界书局版，第15页。
[②] 胡林翼：《敬陈湖北兵政吏治疏六年十二月初三日》，载郑敦谨编《胡文忠公遗集·奏疏》（卷十四），同治六年黄鹤楼刻本，第2—3页。
[③] 胡林翼：《请饬秦晋蜀三省仍遵前旨筹拨鄂饷片七年九月二十三日》，载郑敦谨编《胡文忠公遗集·奏疏》（卷二十），同治六年黄鹤楼刻本，第26页。

就经济而言，胡林翼认为，"两湖及巴蜀之米多于吴会，故谚有湖广熟、天下足之语"①"据上游则有饷"②。总之，"平贼之略，必以据上游形势、断贼粮为先"③。

由上可见，长江中游尤其是武汉重镇是双方争夺的焦点。战争实践也表明，武汉之得失、长江中游战争的胜负，是一个攸关战争全局的重大战略问题。

1855年4月，太平军三克武昌，占领了湖北省半数以上的州县。旋即由湖北南旋，席卷江西八府五十余州县。当时，太平军已开辟了安徽、江西、湖北根据地，在根据地内进行了有效的政权建设。据《贼情汇纂》记载："初，贼所破州县……未尝设官据守。自窃居江宁，分兵攻陷州县，遂即其地分军，立军帅以下伪官，而统于监军，镇以总制。监军、总制皆受命于伪朝，为守土官。自军帅至两司马为乡官……得操征调之柄，催科理刑，皆专责成。"根据地的开辟和建设有力地支撑了太平天国战争。太平军占领武汉期间，多次从湖北等地取得大量接济。《贼情汇纂》又载，水营左三军船一千三百条"赴江西南昌、湖北武昌一带收贡收粮，解归天京"。太平军将领张子朋从湖北黄陂、孝感、德安等处解回天京粮米二万三千石，等等。千里江面，"帆樯如织，无一非掳粮之船，无一非接济江宁之船"。正如张德坚在《贼情汇纂》中所说，太平军"以安徽、湖北、江西为大供给所，且一刻不能忘情于湖南，其注意上游，如婴儿之仰乳哺"④。

---

① 胡林翼：《陈报官军剿贼大胜会师蒲圻水陆并进疏五年十月二十二日》，载郑敦谨编《胡文忠公遗集·奏疏》（卷四），同治六年黄鹤楼刻本，第17页。

② 胡林翼：《致两司及粮台庚申》，载郑敦谨编《胡文忠公遗集·抚鄂书牍》（卷七十二），同治六年黄鹤楼刻本，第13页。

③ 胡林翼：《陈报官军剿贼大胜会师蒲圻水陆并进疏五年十月二十二日》，载郑敦谨编《胡文忠公遗集·奏疏》（卷四），同治六年黄鹤楼刻本，第17页。

④ 张德坚：《贼情汇纂》，载中国史学会编《太平天国》（Ⅲ），神州国光社1952年7月版，第108—109页、203页。

太平军占领武汉和湖北期间,长江中游的战略形势对太平天国极为有利,由此开创了太平天国军事全盛时期。1856年秋的天京变乱,破坏了有利的战略形势。同年年底胡林翼指挥湘、楚军攻陷武汉,以后经营湖北,又从另一方面加速了太平天国战略形势的逆转。

由于胡林翼的苦心经营,湖北成为清方"军、饷最称富强"、封建统治较为巩固的重要基地;长江中游诸省以湖北为枢纽,调和一气,联合一家;曾国藩湘系集团及其实力基础湘、楚军大大发展。这样,太平军在西线的主要对手,已经不再是一个"贫弱"的湖北,而是一个较为巩固的基地;已经不再是一个个军事行动不相协调的各省,湖北已经成为"合群力"以镇压太平天国的枢纽;已经不再是各地绿营,也不再是当初曾国藩的一万七千人的湘军,而是一支控制了长江中游制水权的七八万人的湘、楚军水陆师。太平军所面对的是比前期远为强大的敌人。太平军失去了包括武昌省城和湖北半数州县的根据地,兵源、饷源锐减,胡林翼反而得以"恃武汉为根本",师行东下。从此,太平军既未能重新夺取武昌,又于1858年5月失守九江,1861年9月失守安庆,"安庆一失,沿途至天京之城池相继陷落,不可复守"①,天京直接暴露在湘、楚军的兵锋之前。

在太平天国战争史上,武昌的争夺占有极其重要的地位。1852年底,太平军在大进军途中第一次攻克武昌,旋即弃城不守,东下金陵。定都后又溯江西征,于1854年6月再克武昌。同年10月,曾国藩湘军攻陷武昌。不久,石达开至西征战场督师,终于转败为胜,复于1855年4月三克武昌。武昌几经易手,太平军终能失而复得。自胡林翼攻陷武昌,经营湖北,太平军在西线的军事形势再也未能复兴。湖北南邻江西,小池口与九江隔江遥遥相对,屏藩九江。自胡林翼派遣湘、楚军侵

---

① 洪仁玕:《洪仁玕自述》,载太平天国历史博物馆编《太平天国文书汇编》,中华书局1979年8月版,第555页。

占武昌与湖北省的其他太平天国统治地区后，九江与小池口的联系被割断，失所屏障，九江危急。湖北东邻安徽，胡林翼陈兵皖、鄂交界地区，窥伺天堂、潜山，企图进犯安庆，安徽全面告警。从军事形势考察，自从胡林翼切实占有武昌及湖北傍江州县后，太平军形势迅速逆转，湖北变成了敌方进攻九江、安徽的前进基地，使九江、安徽太平军陷入全面防御的被动态势。当然，首当其冲的是九江，一场惊心动魄的九江保卫战，如箭在弦上。

第八章　指挥湘、楚军攻陷九江

一、湘、楚军进攻九江时的战略形势和敌对双方的战略决策

1856年12月19日，官文、胡林翼指挥湘、楚军攻陷武汉后，命令湘、楚军水陆联兵东下，以记名道安庆知府李续宾率领所部湘军陆师五千人及胡林翼抚标九营四千五百人共约一万人，当长江南岸一路；以江宁将军都兴阿率领所部马队千余及孔广顺、石清吉、方映川等部兵勇四千余共五千余人，当长江北岸一路；署理湖北提督杨载福统率湘军水师数千人浮江东下。湘、楚军水陆协同作战，12月21日，攻陷武昌县（今鄂城市）。22日攻陷黄州府城。23日续陷大冶、蕲州、蕲水。未数日，续陷兴国。12月26日，杨载福率湘军水师驶抵九江江面。1857年1月4日，李续宾指挥湘、楚军陆师攻抵九江城下。同日，都兴阿率北岸马步兵勇攻陷黄梅，进至九江对岸小池口外围。湘、楚军水陆马步共二万余人陈师长江两岸，其主力杨载福、李续宾部开始进攻九江。

太平天国于1853年9月再克九江，1854年上半年派殿右十二检点林启荣镇守该城。林启荣坚忍善守，他以九江为重心，与长江对岸的小池口和九江下游的湖口、梅家洲等重要据点互为犄角，通盘筹划了九江的防务。

林启荣在九江建筑了坚固的防御工事。九江北面濒临长江，西为龙

开河，太平军开挖深壕，护以土城，又筑炮台三处。城南为甘棠河，中隔新坝，而内外炮台与坝相接。大东门外是通向南昌、南康、临江、瑞州的要道。小东门外是白水湖，水路通梅家洲、湖口县，是太平军从下游接济九江守军的粮运要道。

湖口在鄱阳湖口东岸，距九江五六十里。太平军占领湖口后，拆毁旧城，于石钟山自麓至顶，叠石重关，筑城如带。鄱阳湖口西岸为梅家洲，太平军在此筑城掘壕，植树葱郁成林，与湖口互为屏障，援应相通。小池口在长江北岸，与九江隔江遥遥相对，为了策应九江战事，太平军在小池口以砖石构筑新城，城外筑垒浚壕，密排火炮，是援应和接济九江守军的又一重要据点。

从九江一带的防御工事来看，太平军规划经年，防御严密，凭坚固守，以逸待劳，有利于太平军而不利于湘、楚军。然而，从当时的战略形势来看，情况要复杂得多。

首先，江西的军事形势对太平军极为不利。天京变乱前，江西西部诸州县多为太平军控制。天京变乱后到九江保卫战开始时，形势发生重大变化。1857年2月，曾国藩奏称："西路各属，以次恢复。目下南昌八属、袁州四属，一律肃清。南康四属，已复其三。临江、瑞州、吉安、九江四府，亦各克复二属、四属不等。"①太平天国江西根据地日蹙百里、大片沦陷，在这种形势下，九江守军难以得到其他地方江西太平军的有力增援，能够大力支援九江保卫战的便只有以安庆为中心的太平天国安徽根据地了。

其次，安徽根据地已暴露在湘、楚军的兵锋之前。1857年1月4日，江宁将军都兴阿率部攻陷湖北黄梅。1月5日，知府李元华攻陷安徽太湖。清军楔入安徽根据地。

---

① 曾国藩：《官军克建昌武宁两湖军收复各县折咸丰七年正月十七》，载《曾文正公全集·奏稿》（卷二），世界书局版，第274页。

第八章 指挥湘、楚军攻陷九江

当时，安徽太平军的主力部队为成天豫陈玉成所部，对陈玉成来说，援救九江和保卫安徽根据地是不可分割的两大战略任务。湘、楚军要攻陷九江，势必进攻安徽，切断九江守军的接济。九江一旦失守，湘、楚军必然移军东下，进犯安庆。所以，九江的得失，关系到安庆的安危。然而太平军水师不足以抗衡湘军水师，石达开又拥兵自卫，并在策划分裂活动，1857年10月，石达开撤离安庆进入江西，陈玉成开始接收安庆防务。陈玉成兵力不足，加上江西腹地已为曾国藩部湘军占领，太平军派兵飞渡长江以救援九江已万无可能。面对这种危险复杂的形势，陈玉成断然采取"攻鄂救浔保皖"的战略，迫使九江敌军分兵援救湖北，以纾九江之围，兼保安徽。

湘、楚军方面，胡林翼极其重视九江的战略地位，他说，"九江形势，西扼武昌，东引皖口，实南昌之头目，而湖广、江南之腰膂也①。""明初陈友谅据此以扰鄂省，明臣刘基力争江州，覆其巢穴，而江西、湖北各郡之贼虽强亦败。盖九江未复，不仅南昌不安，亦湖广、江南之大患。我军即欲援剿皖、江、吴会，而其道无由。躐等而进，可偶试而不可经久，师行而米粮军火均阻，亦兵家之所忌也。"胡林翼对九江是志在必得。

为了孤立九江，1857年1月5日，北岸都兴阿督翼长多隆阿、参将鲍超、提督孔广顺等马步兵勇进犯小池口，湘军水师也沿江发炮轰击，小池口守军英勇抗击，击伤鲍超，其哨官勇目伤亡共二百五十余名。

湘、楚军攻陷武昌后，气焰嚣张，乘胜直扑九江，满拟一鼓作气攻陷九江，从1月8日开始，湘军水陆师环攻九江六昼夜，九江守军奋勇抗击，激战多日，敌军伤亡很大，锐气渐钝，胡林翼等方知浔城非指日可下，在奏报中说："查六年八月石达开败走之后，逆首林启荣［容］知武

---

① 胡林翼：《各军攻剿麻城大获胜仗疏八年四月十四日》，载郑敦谨编《胡文忠公遗集·奏疏》（卷二十八），同治六年黄鹤楼刻本，第14页。

昌贼势必败，日夜添设守具、聚集米粮，较四年臣等攻九江时为尤难。小池口新作石城，则又近二年所增设者也。反复筹思，惟有长堑围困之一策。"①遂定下了长围坐困的决策。

1857年2月，九江城下的李续宾部湘军开始开挖长壕，九江守军曾屡次出击，阻滞挖壕工程。1857年6月初，湘、楚军挖成长壕一道，壕深二丈、宽三丈五尺，计长三十余里，自官牌夹迤南而东，越山脊四重，至白水湖尾（小东门外）。尚缺东北一面未曾合围。此时，九江守军借东北一面通小池口、湖口、梅家洲等要隘守军，接济尚未完全断绝。

胡林翼、都兴阿等认定，欲取九江，必"先剿江、皖之贼以断其党援"②，以都兴阿北岸马步兵勇力攻小池口并伺机扑犯安徽根据地，以杨载福部水师梭巡江面，拦击由安庆等地上驶接济九江守军的太平军水师船只，并配合南岸李续宾陆师攻夺湖口、梅家洲，所有九江湘、楚军水陆师两万余人均以武昌为后方基地，胡林翼坐镇武昌调度兵饷。

湘、楚军部署既定，九江城下攻守相持，打得难解难分，而北岸战事随着陈玉成指挥太平军发起大规模的"攻鄂救浔保皖"的军事行动，战争规模也日益扩大，战斗也日趋激烈。

二、陈玉成用兵鄂东，胡林翼督师黄州

1856年秋的天京变乱中，东王杨秀清被杀，北王韦昌辉、燕王秦日纲伏诛，大批太平军高级将领同时死难。韦昌辉被杀，天王洪秀全召翼王石达开回朝辅政，提理政务。不久，石达开被迫离开天京，以后走上

---

① 胡林翼：《围攻九江大胜并破小池口贼垒疏七年正月二十八日》，载郑敦谨编《胡文忠公遗集·奏疏》（卷十五），同治六年黄鹤楼刻本，第9页。
② 胡林翼：《官军进剿江皖并击退小池口城贼连获胜仗疏七年三月二十七日》，载郑敦谨编《胡文忠公遗集·奏疏》（卷十六），同治六年黄鹤楼刻本，第7页。

了分裂道路。天京变乱给太平天国军事带来严重恶果，在西线，湘、楚军攻陷武汉，太平军撤出湖北。江西根据地也大片沦陷。在东线，江南大营死灰复燃，卷土重来。太平天国的军事形势如忽喇喇大厦将倾，险象环生。在此危难之际，太平天国年轻一代的英雄人物崛起了，他们如擎天柱，支撑了太平天国后期革命大业。这些青年将领中，以成天豫陈玉成（后封英王）、合天侯李秀成（后封忠王）、李世贤（后封侍王）最为杰出。

1856年10月，李秀成奉天王令进援安徽三河，旋调守桐城，长期与清军提督秦定三、总兵郑魁士相持。1856年11月，石达开自安庆取道皖南回京时，留陈玉成援宁国。12月，李秀成因兵力薄弱，请陈玉成自宁国赴援。陈玉成渡江至枞阳，李秀成也赶到枞阳，与陈玉成会商。陈、李决定先解桐城之围，以巩固安徽省根据地。1857年1月11日，陈玉成由枞阳东进，包抄桐城清军后路，至巢县后折而西进，直扑桐城清军。李秀成由城内出击，2月24日，大破桐城秦定三、郑魁士等部围军。2月27日，陈玉成乘胜攻复舒城。3月3日，李秀成攻占六安。舒、六一带群众数万人参加太平军。太平军顺势攻克霍山县城。3月中旬，陈、李联兵作战于寿州等地，结好捻军，安徽根据地逐渐巩固了，太平军有了扩充，为陈玉成用兵鄂东创造了较好的条件。此后，李秀成率部向东转战和州、全椒、浦口、江浦等地，回顾下游，护卫天京。陈玉成回兵南下，准备大举进攻湖北。1857年6月，翼王石达开屯兵安庆、彭泽之间，策划分裂。陈玉成和李秀成分别独当一面，肩负起了长江中、下游的军事重任。

1857年4月9日，清江宁将军都兴阿指挥副都统多隆阿、提督孔广顺、总兵王国才等部进犯安徽宿松，毁宿松城外太平军营垒数座，威胁安庆。5月初，陈玉成率太平军从桐城等地疾趋湖北，分道打进湖北黄梅、广济、蕲州、蕲水、罗田等五州县边界，意在绕出进犯宿松清军和围攻小池口清军之后，截断其饷道和后路。胡林翼得到探报后，随即抽调围困九江的李续宾所部三营一千五百人渡江移驻小池口，原驻小池口的鲍超部霆军五营移驻孔垄驿和黄梅。又调兴国防兵五营二千五百人渡江应援蕲州、罗田一带，并从武昌调兵六百余人前来助战。5月12日，太平军与军激战于蕲州青石岭一带，击毙营官同知衔候选知县李景湖等，清军大溃，太平军占领蕲州。5月13日至17日，陈玉成率军与都兴阿等部大战于黄梅县渡河桥一带，稍受损失，太平军移营扼险坚守。6月11日，太平军攻打黄梅县城及大河铺敌垒。王国才的幕僚方玉润曾亲临前线观战，他说："……两军相持，往复接战，胜负不分。贼见我军尚有两队列田垅间，恐截其后，先调蓝旗白边一旅，前来接应。周占标率勇抵御，亦不分胜负。贼复调其小黄旗、金黄旗、五色旗、蓝花旗更番接阵，每一队退，则一队进，毫不错乱……正酣战间，忽见鲍家白旗（霆军）与贼大战不胜而退，贼势愈众，益战益多，白旗返走，贼众遂围我营。急开大炮轰击。忽大雨如注，贼乃退，我军亦回营……迨晚雨住，贼营皆红灯环列如城，火箭四射成花，与星月交映，亦一大观也。"方玉润不禁感叹："陈逆素号能军，今观其布置营垒，调遣队伍，颇有法度，信［洵］非虚语。此贼不灭，两湖未能安枕。"①

大河铺之战后，太平军继续保持进攻势头，6月13日至19日，陈玉成部又与都兴阿等部湘、楚军大战于黄梅十里铺一带。与此同时，蕲州一带也发生激战，约在6月初前后，胡林翼鉴于鄂东吃紧，不得不再令李续宾从九江围师中"又分去四千人渡江协剿"②，应援蕲州。7月18日，陈玉成部在蕲州望天畈与李续宾部湘军交战，诱敌深入，伏军"群起围抄"，又以另股袭湘军之后，湘军溃退，"营垒全失""队伍已难收束"，

---

① 方玉润：《星烈日记》，载太平天国历史博物馆编《太平天国史料丛编简辑》（第三册），中华书局1962年10月版，第123—124页。
② 胡林翼：《奏陈九江长围困贼迭次大胜及水师深入失利旋复获胜疏七年五月三十日》，载郑敦谨编《胡文忠公遗集·奏疏》（卷十八），同治六年黄鹤楼刻本，第12页。

狼奔豕突，斗志丧失殆尽。太平军蹑踪追击，李续宾部湘军溃退蕲水，再奔巴河，又渡巴河逃抵黄州。胡林翼闻报大惊，亲自出马，急忙从省城武昌赶至黄州督战。

至此，陈玉成出师已三个月，给予湘、楚军以沉重打击。胡林翼在奏报中说，凡大小五十余战，湘、楚军"东攻西击，疐后跋前。两月以来，日日拔营，日日出队，奔驰暑雨，力倦精疲，马匹亦日日有倒毙"①。更重要的是，陈玉成的军事行动，基本上已经收到了预期的战略效果。

第一，迫使胡林翼两次抽调李续宾九江围师应援北岸之急，第一次是5月初，抽调九江围师三营一千五百人移防北岸小池口外围。第二次是6月初前后，抽调八营四千人应援蕲州。九江围师共一万人，两次抽拨共五千五百人，九江城下围兵仅剩四千五百人，太平军九江守军压力大为减轻。其间，九江守军曾几次出击，打击湘、楚军围城部队，并破坏挖壕工程。李续宾兵分势单，无力将九江合围，如胡林翼所奏称："尚缺其东北一路未能合围……必俟北岸肃清，乃可厚集兵力，专意浔阳。"②

第二，小池口太平军所承受的压力同样减轻。湘、楚军围攻小池口的部队主要是鲍超所部霆军等共约四千人。5月初，鲍超霆军五营被抽拨应援黄梅，由李续宾从九江分军三营前来填防。因此，湘军对小池口的攻势削弱，小池口守军亦能对围攻之湘、楚军实行短促逆袭。

第三，进犯安徽宿松的都兴阿所统马步兵勇被迫敛师而退，回保鄂疆，战场由安徽西部转到湖北东部，太平军从内线作战变为外线作战。湘、楚军对安庆的威胁顿时消失。

---

① 胡林翼：《奏陈皖贼倾巢上窜扰及蕲水疏七年六月初十日》，载郑敦谨编《胡文忠公遗集·奏疏》（卷十九），同治六年黄鹤楼刻本，第14—15页。

② 胡林翼：《奏陈九江长围困贼迭次大胜及水师深入失利旋复获胜疏七年五月三十日》，载郑敦谨编《胡文忠公遗集·奏疏》（卷十八），同治六年黄鹤楼刻本，第12页。

当陈玉成发起进攻湖北的军事行动之初,胡林翼就看出了陈玉成的战略意图,他说:"贼之间道内犯,实欲摇动东征之师,使我军饷道梗塞,回顾武汉,乃得逞其奸谋。"①胡林翼的"东征之师"共约两万人,陈玉成转战鄂东,已迫使湘、楚军一万令人回援。确如胡林翼所说,已"摇动东征之师"。此时,形势对太平军是有利的。据胡林翼奏称,湘、楚军"在九江、小池口围攻吃紧,今中路忽为贼阻,不能联络。省城余兵不足千名。黄州北境道路甚多,皆可抄出黄州之上而达汉阳"②。太平军如能继续保持进攻的势头,扩大战果,完全能够完成"攻鄂救浔保皖"的战略任务。然而,正是从这个时候开始,由于胡林翼厚集兵力,而陈玉成后继无援,鄂东战事朝着不利于太平军方面逆转。

1857年7月22日前后,胡林翼急忙从武昌赶至黄州。他说,"甫抵黄州,正值我军败退。即驻黄州整顿收束,补葺军资器械"③,使分驻三台河、回龙山及黄州郡城内外。又从黄梅都兴阿处分兵上援,驻防马鞍山后路。严令黄州府各属团练助守。胡林翼又令左光培率水师炮船乘伏汛驶进巴河,拒止太平军渡河攻打黄州,并飞咨杨载福派拨水师炮船节节扼守黄州上游之沿江水路要隘,防堵太平军渡江、断九江围师之后。所有九江、小池口、黄梅各军均嘱相机分拨马步水师上援,除此以外,胡林翼更分别檄调留防襄阳的唐协和、围攻江西瑞州的湘军王鑫、刘腾鸿等部(后由李续宜率部三营来援)渡江援鄂④。

胡林翼羽檄飞驰,增兵调将,黄州一带湘、楚军云集。相反,陈玉

---

① 胡林翼:《皖贼上犯官军援剿获胜疏七年五月初三日》,载郑敦谨编《胡文忠公遗集·奏疏》(卷十七),同治六年黄鹤楼刻本,第7页。

② 胡林翼:《奏陈皖贼倾巢上窜扰及蕲水疏七年六月初十日》,载郑敦谨编《胡文忠公遗集·奏疏》(卷十九),同治六年黄鹤楼刻本,第15页。

③ 胡林翼:《奏陈皖贼倾巢上窜扰及蕲水疏七年六月初十日》,载郑敦谨编《胡文忠公遗集·奏疏》(卷十九),同治六年黄鹤楼刻本,第15页。

④ 胡林翼:《官军布置已定并叠次堵剿获胜疏七年六月二十六日》,载郑敦谨编《胡文忠公遗集·奏疏》(卷十九),同治六年黄鹤楼刻本,第17—19页。

成百战之余，不得休整，悬军深入，却并无增援部队。这是由两方面的原因造成的。1856年冬，翼王石达开回朝辅政，"合朝欢悦"，天王洪秀全心存疑忌，封自己的两个哥哥洪仁发、洪仁达为安王、福王，"押制"石达开。"翼王与安王、福王三人不睦"①，遂于1857年6月初被迫离京，后来，走上了分裂的道路。变故突起，天京统帅部主持无人，不能及时组织援军。由于石达开脱离天京，在天京外围带走了数万太平军精锐部队，天京统帅部也不可能组织有效的增援，以致陈玉成作战于鄂东时孤军无援，此其一。石达开离京后进入安徽，召集旧部，曾经准备支援旧部陈玉成军。据胡林翼奏报："翼贼石达开领股匪数万人于咸丰七年五月二十五日（公历6月16日）从安庆、彭泽分道上犯，扬言分扰湖北、并援江西。"②这时，陈玉成部正在黄梅十里铺与敌军鏖战不休。又据胡林翼6月15日奏报："探闻石逆援贼知上游贼锋已挫，尚徘徊于安庆、彭泽之间。"③实际上，陈玉成用兵鄂东，敌我双方互有胜负，并未失利，不久便有7月18日的蕲州望天畈之捷，击溃湘军李续宾部，乘胜追抵巴河，"武昌大震"④。无奈石达开决计分裂出走，脱离太平军长江中游主战场，于1857年10月领兵脱离安庆，渡江而南，进入江西，招聚旧部，1858年春经江西进入浙江，分裂出走。当石达开脱离安庆进入江西时，安庆防务空虚，陈玉成不得不在湖北敛帅回皖。此其二。

陈玉成悬师深入，孤军无援，胡林翼调兵遣将，督师黄州，鄂东战事出现了一个转折点。8月中旬，李续宾又亲率湘军三营从九江渡江援广

---

① 李秀成：《李秀成自述》，载太平天国历史博物馆编《太平天国文书汇编》，中华书局1979年8月版，第489页。
② 胡林翼：《奏陈九江长围困贼迭次大胜及水师深入失利旋复获胜疏七年五月三十日》，载郑敦谨编《胡文忠公遗集·奏疏》（卷十八），同治六年黄鹤楼刻本，第19页。
③ 胡林翼：《奏陈黄蕲官军分路剿匪大胜疏七年闰五月二十四日》，载郑敦谨编《胡文忠公遗集·奏疏》（卷十九），同治六年黄鹤楼刻本，第10页。
④ 梅英杰：《胡文忠公年谱》（卷二），己巳三月梅氏抱冰堂刊，第34页。

济都兴阿部，8月18日和陈玉成军激战于童司牌，太平军失利，李续宾复回九江。8月20日，都兴阿督多隆阿、鲍超等军进攻黄蜡山等处陈玉成军营，激战两日，太平军失利。8月31日，陈玉成在黄州府黄冈县受李续宜等攻击，又失利。9月6日，太平军全部退出黄冈县。9月11日，陈玉成在蕲水月山组织反攻失利。此后，陈玉成因石达开部太平军陆续撤出安庆，只得退入安徽境内，部署安庆一带的防务。

三、陈玉成再次挺进鄂东，湘、楚军攻陷九江

1857年9月中旬，陈玉成进攻湖北失利，敛兵退入安徽。胡林翼接受教训，着手加强鄂、皖交界地区的防御，在麻城、罗田、蕲州等州县山险修筑碉卡，平时以各地团练巡防。命湘军将领唐训方领兵三千，进驻蕲州张家塝，重点设防。命舒保部马队巡防巴河一带。同时，在长江南岸集中湘、楚军主力猛扑九江。

如前所述，贞天侯林启容防守九江，北岸以小池口为犄角，下游以湖口、梅家州为屏障，协同守御，并通过这些据点，以便得到安徽太平军的接济。胡林翼认为，要攻陷九江，必先拔掉小池口、湖口、梅家洲等据点，断绝九江守军的接济，以收长围坐困之效。从9月中旬到10月底，战事重心转移到九江外围。

胡林翼认为，小池口"为江皖入楚咽喉重地"，太平军"踞此险要，以通皖贼之声援，资九江之犄角，计之狡毒，无过于此"。北岸既清，"以先拔小池口伪城，撤其犄角、固我藩篱为目前要著"①。因此，鄂东战事甫定，胡林翼即令江宁将军都兴阿、副都统多隆阿、参将鲍超、布

---

① 胡林翼：《奏陈全楚肃清现会攻浔城进剿宿太疏七年八月二十三日》，载郑敦谨编《胡文忠公遗集·奏疏》（卷二十），同治六年黄鹤楼刻本，第19—20页。

政使李续宾、提督杨载福等部水陆会攻小池口。9月21日，都兴阿指挥多隆阿、鲍超马步扑犯小池口外围太平军营垒。25日，杨载福率水师炮船由陆家嘴移营，进犯小池口，昼夜猛轰，击毁太平军坚垒数处。李续宾陆师逼城日夜炮轰城内，"城内器皿炊爨各具概被大炮击碎，炊烟不起已历数日"。守军犹从城上施放枪炮，奋勇抗击。9月30日和10月1日，李续宾督率所部"负沙囊稻草"越壕而进，分攻东、北、西三门。杨岳斌督所部水师十四营，冒死进攻濒临长江之南门。10月2日，湘军水陆师以稻草填平城壕，逼近城下。都兴阿又派马队施放火箭，城内一片火海，"敌军登城，小池口失陷。胡林翼驰至前线，与都兴阿、李续宾、杨载福等会议，确定下一步军事行动为进犯湖口、梅家洲。

小池口失守，九江太平军与安徽太平军的联系，唯有经下游湖口、梅家洲由水道以通安庆。湖口、梅家洲成为湘、楚军进攻的下一个目标，大有"黑云压城城欲摧"之势，大战一触即发。在此前后，翼王石达开率领太平军精锐数万人，由安庆渡江入江西，当湘、楚军扑犯湖口、梅家洲时，石达开却徜徉江西，收聚旧部，置九江、湖口、梅家洲之存亡于不顾。太平天国领导集团的分裂所造成的严重影响，真令人痛心叹息。

10月中旬，湖口江面太平军船只"增至数百号，图援九江"[1]。10月24日，李续宾与杨载福定计进犯湖口，并约湘军内湖水师统领彭玉麟同日发动进攻，以便内湖水师乘机冲入长江。当天，李续宾命李续宜率何绍彩等部进攻梅家洲，自己则亲率主力渡江，扬言扑犯安徽宿松。夜间，又秘密南渡，伏兵于湖口北山。25日晨，彭玉麟率内湖水师分三队进攻湖口，企图冲进长江与杨载福部外江水师会合。杨载福亦率外江水师驶近湖口接应，发炮轰击太平军，湖口守军依据山险工事发炮猛烈还

---

[1] 胡林翼：《奏陈全楚肃清现会攻浮城进剿宿太疏七年八月二十三日》，载郑敦谨编《胡文忠公遗集·奏疏》（卷二十），同治六年黄鹤楼刻本，第18—20页。

击,击毙彭玉麟部营官一人。彭玉麟凶悍督战,内湖水师"前者僵仆,后者继进,更番迭战,霎时骈尸山积"。彭玉麟冒死督阵,内湖水师冲进长江,伤亡惨重。湘军水师会合,并力进攻,又为沿江水下铁网锚链牵挂,进退不能自如,湖口守军乘机用火枪、火炮、喷筒密集射击①。正当江岸酣战不已时,湖口城北的李续宾部伏军突起,蔽山而下,城外太平军急忙撤退入城据守。湘、楚军围城攻坚,"火箭入城,适中火药库,瓦石飞空,墙垒迸裂",太平军突围而出。湖口失陷,梅家洲已无可守之势,守军随之撤走。胡林翼闻报大喜,他说:"是役也,尽二昼一夜之力,合水陆之师或夹击、或合攻,扫积年踞险负固之窟,通外江、内湖水师之路,而浔城岌岌,孤绝无援。"②

小池口、湖口和梅家洲相继失陷,九江时藩篱尽撤,接济全绝,孤悬敌后,岌岌可危。而湘、楚军都兴阿部马步兵勇在攻陷小池口后即向东进扑安徽宿松、太湖,策应南岸战事。安徽军情日益紧张,陈玉成再度采取攻势防御战术,挥师进攻湖北,"救浔保皖"。

陈玉成主力出师之前,为了扭转九江的险恶形势,太平军曾对湘、楚军发动了几次规模不等的出击。11月中旬,国宗韦俊、检点黄文金在江西浮梁、建德、都昌、鄱阳等地集合太平军二万数千人反攻湖口,"图援九江"。12月4日,在湖口附近与李续宜、杨载福、彭玉麟等部水陆师交战,失利而退。12月27日,宿松太平军三四千人"直扑蕲州边界",被早已设防于此的湘军唐训方部击退。同日,太湖太平军出击,意在攻占二郎河、阑入湖北,次日,被多隆阿、鲍超部击退。12月下旬,丞相唐某、检点周某从天京率太平军"四万余人由太平府芜湖过江至安庆"

---

① 梅英杰:《胡文忠公年谱》(卷二),己巳三月梅氏抱冰堂刊,第36页。
② 胡林翼:《奏陈水陆各军克复江西湖口县城并攻破梅家洲伪城详细情形疏七年十月初二》,载郑敦谨编《胡文忠公遗集·奏疏》(卷二十二),同治六年黄鹤楼刻本,第1—4页。

增援①，陈玉成军势一振。1858年2月16日，陈玉成与渡江入皖之韦俊率军攻占安徽的霍山，继而由霍山进攻河南的固始，意欲从鄂东北楔入湖北。第二次大规模"攻鄂救浔保皖"的军事行动开始。

太平军进攻固始，胡林翼命副都统舒保、副将赵克彰等越境进驻河南商城，防御固始一路。2月下旬又"调九江步军三千名，兼程驰赴麻、罗扼要防御，以固楚疆"②。3月6日，陈玉成攻固始不胜，迅速移军南下，再攻蕲州受挫③。3月中旬，太平军一部攻安仁河、蕲州，陈仕荣等率部攻牛头冲等地，均不得手④。4月17日，太平军分路猛攻湖北罗田和麻城，击败游击李曙堂，攻克麻城。胡林翼急忙调集李续宜、舒保、李续宾、鲍超等部援师，齐往麻城一带防堵。当麻城一带双方酣战不休时，九江城的攻防战已进入了最后阶段。

1854年，林启容奉命镇守九江，此后，长期坚守，屡次打退湘军水陆师的进攻。曾国藩、胡林翼、塔齐布、罗泽南等顿兵坚城之下，无所逞其技。1855年初，石达开在湖口、九江大败湘军水师后，曾国藩不得不先后派胡林翼、罗泽南回救湖北，自己则遁逃南昌，留塔齐布继续进犯九江。塔齐布仰攻坚城，伤亡惨重，忧愤而死。林启容守城有方，连曾国藩也不得不叹服其坚忍善守，他说："每夜明火列炬，更鼓严明，正守城之下乘。林启容之守九江、黄文金之守湖口，乃以悄寂无声为

---

① 胡林翼：《奏陈楚师分剿江皖大胜疏七年十一月二十七日》，载郑敦谨编《胡文忠公遗集·奏疏》（卷二十四），同治六年黄鹤楼刻本，第16—18页。

② 胡林翼：《遵旨筹垫安徽兵饷并调步军马队驰赴麻防罗防剿疏八年正月十五日》，载郑敦谨编《胡文忠公遗集·奏疏》（卷二十六），同治六年黄鹤楼刻本，第2页。

③ 胡林翼：《奏陈前后抽拨马步援豫并各路情形疏八年二月十三日》，载郑敦谨编《胡文忠公遗集·奏疏》（卷二十六），同治六年黄鹤楼刻本，第16页。

④ 胡林翼：《奏陈皖匪上犯官军扫平贼垒并收复英山县城疏八年二月二十五日》，载郑敦谨编《胡文忠公遗集·奏疏》（卷二十七），同治六年黄鹤楼刻本，第1—4页。

贵……已无声，而后可以听人之声，己无形，而后可以伺人之形。"①林启容捍卫九江，战功卓著。

1857年3月，曾国藩父曾麟书病死湘乡原籍。当时，曾国藩军务棘手，九江攻克无期，清政府又对他满怀疑忌，曾国藩以奔丧回籍守制为借口，对江西军务撒手不管，不待清政府批准，便擅离军营，回籍奔丧。自此，胡林翼成为指挥湘、楚军进犯九江的主角。当陈玉成第二次用兵鄂东，占领麻城的时候，胡林翼一面调兵防堵，一面令李续宾等加紧进攻九江。

从1857年夏秋以后，湘军围困九江的工事已有很大进展，11月以前，已挖成两重壕沟，围困九江②。1858年2月，陈玉成用兵固始，李续宾分军三千名渡江赴罗田、麻城助防，胡林翼即于3月增"募四千五百人派往九江，交藩司李续宾"③，所以，李续宾虽分军北援，而九江围师兵力不但没有减少，反而有所增强。因此，陈玉成第二次用兵鄂东，于救浔保皖收效甚微。胡林翼于攻克湖口后，又令李续宾增开长壕。此后，湘军陆师遂以万余人之众，依凭长壕六道，将九江三面合围，又以湘军水师十余营驻守北面江岸，控扼长江，断绝九江太平军的水上接济。从1858年3月起，湘军水陆师昼夜环攻九江，"终为炮石所阻"。

林启容身居危城，从容不迫，城内囤粮将尽，便未雨绸缪，在城中种麦，准备长期坚守待援。湘军急于破城，5月上旬和中旬，接连二次挖掘地道，用火药轰塌城墙。湘军抢攻缺口，九江太平军将"大桶火药抛掷"，湘军死伤山积，守军成功地抢堵了缺口。这两仗，打得湘军"水陆

---

① 曾国藩：《与李次青》，载李瀚章编《曾文正公全集·书札》（卷五），光绪丙子传忠书局版，第41页。

② 胡林翼：《奏陈鄂省尚有应办紧要事件请俟九江克复再行率师下剿疏七年十月十四日》，载郑敦谨编《胡文忠公遗集·奏疏》（卷二十三），同治六年黄鹤楼刻本，第1—2页。

③ 胡林翼：《奏陈皖逆窜陷麻城官军前往攻剿情形疏八年三月二十六日》，载郑敦谨编《胡文忠公遗集·奏疏》（卷二十七），同治六年黄鹤楼刻本，第17页。

将士咸痛……伤亡士卒之惨，莫不唏嘘饮泣"。5月19日，湘军挖掘地道轰城，九江东面、东南面城墙一百余丈被轰塌，守军不及抢堵，而李续宾已督率湘军冒死冲入，守军奋起巷战，自贞天侯林启容以下一万六七千名忠勇将士，全部为太平天国事业壮烈牺牲。九江城中洒遍烈士鲜血。大江东去，日夜呜咽。

《备志纪年》载，太平军攻取湖口、九江以后，"改湖口县为九江郡，以九江府为江西省（省垣）"①。林启容守九江先后五年，其间，与湘、楚军大小数百战，重创敌军，坚城巍然不动。曾国藩曾经惊叹："林启容之坚忍，实不可及也。"他曾写信给林启容，劝林启容出降，许以高官厚禄②。林启容断然拒绝。在整个九江保卫战期间，林启容及九江守军"富贵不能淫，威武不能屈"，表现出的英雄气概令人钦佩。太平天国癸开十三年（1863年），天王洪秀全以林启容守御九江战功卓著，死事壮烈，追封他为勤王。

胡林翼指挥湘、楚军攻陷九江，大小将领无不升官晋爵，湖广总督官文、湖北巡抚胡林翼均加太子少保衔，浙江布政司李续宾赏加巡抚衔，都兴阿、杨载福等均交部以优议叙。攻陷九江后，胡林翼命李续宾等移军渡江，企图进犯太平天国安徽根据地，死亡在等待着骄横不可一世的李续宾。

---

① 张宿煌：《备志纪年》，载《近代史资料》，总34号，第189页。
② 曾国藩：《谕贼目林启容丙辰十月十三日》，载《曾文正公全集·杂著》，世界书局版，第89页。

第九章　曾国藩湘系集团发生危机，胡林翼支撑危局

一、曾国藩被削除兵权，胡林翼成为湘军巨魁

1644年，满洲贵族在入关之后建立起全国性的政权，为了巩固清朝的统治，满洲贵族笼络汉族地主阶级以扩大其统治基础。清政府在中央各机构实行"满汉复职制度"，地方督、抚满汉互用，而知府以下的官吏则主要以汉族地主分子来充当。尽管如此，当权的满洲贵族始终存在着深刻的满汉畛域的成见，即使到了咸丰年间，这种成见依然存在，其矛盾斗争时隐时现。满洲贵族尤其忌讳汉大臣既执掌兵权，又握有地方大权。胡林翼曲意交欢官文，就反映了满汉之间的矛盾。满汉畛域之见，满洲贵族有之，原不足为奇，有的汉大臣如祁寯藻之流，甚至利用满汉畛域之见，攻讦政敌。曾国藩就是长期在政敌的攻讦和主子的疑忌这种夹缝中求生存的。

曾国藩自1854年春驱使湘军与太平军作战以来，艰难竭蹶，竭尽犬马之劳。1854年10月，攻陷武汉后，清政府先是谕令曾国藩署理湖北巡抚，随即收回成命。曾国藩效命沙场，攻陷武汉，欲求一巡抚而不可得，而他的政敌陶恩培升任布政使不过一年，无尺寸战功可录，却被清政府任命署理湖北巡抚，坐镇曾国藩的后方。对于主子的这种明显的疑忌，曾国藩怎么能不在心头细细地玩味？攻陷武昌后的这一次功赏问题

的处理，埋下了清政府和曾国藩之间矛盾的伏线。然而，曾国藩标榜理学，城府甚深，他想起了"尽性知命""盖行其可知者于己，性也。听其不可知者，命也"。对待咸丰皇帝给他的"不公不平"的待遇，曾国藩来一个"尺蠖之屈"，隐忍下来，但是，一股怨愤不平之气却是深深郁结于胸中。

攻陷武昌后，曾国藩经鄂东转战九江、湖口等地。以后，湘军水师在湖口、九江江面溃败，曾国藩逃奔南昌。攻陷武昌，曾国藩只是得到一个侍郎空衔。打了败仗，曾国藩局促江西，既不能像八旗、绿营兵那样从清政府得到固定的粮饷，又受到江西地方官的轻视和刁难。太平军在江西的凌厉攻势，使他心惊胆战，军务棘手，使他灰心丧气，坐困南昌，使他的处理军务的情绪一天比一天低落。

1857年1月，曾国藩之前于1855年派去回援湖北的湘军水陆师在胡林翼指挥下攻陷武汉后，沿江东下，进犯九江。杨载福、李续宾到九江后，立即函禀曾国藩。曾国藩闻旧部到九江，即于1月13日从吴城镇前往九江"劳师"。1月15日，曾国藩与杨载福、李续宾等会晤。1月18日，曾国藩上《附陈近日军情请催各省协饷片》，奏片的要点是：

第一，反复强调杨载福部湘军水师与李续宾部湘军陆师是他的旧部，由他从江西派去援剿武汉，过去曾经奏明。今重来九江，水陆师兵力有增无减。

第二，此次赴九江劳师，见到军容甚盛，惟积欠口粮近一百三十日，请饬有关省份及时解来协饷①。

从曾国藩这个奏片的第一点看，其真意无非是：在鄂湘军水陆师是他的旧部，今重来九江，理应拨还由他指挥，进攻九江时军务当然也应由他负责。从奏片的第二点看，曾国藩显然已经确信清政府理所当然地

---

① 曾国藩：《附陈近日军情请催各省协饷片咸丰六年十二月二十三日》，载《曾文正公全集·奏稿》（卷二），世界书局版，第264—265页。

会把杨、李等部拨还由他指挥，所以竟然不待旨准，越俎代庖地为杨、李等部请饷。但是，出乎曾国藩的愿望和意料之外，清政府对他的奏片竟置之不理，仍然责令远在武昌的湖广总督官文、湖北巡抚胡林翼指挥湘、楚军进犯九江。曾国藩驻节南昌，不能指挥近在九江的旧部湘军水陆师，削弱兵权的凄楚，遭受疑忌的怨愤，使他再也不能忍受了。

1857年2月27日，曾国藩的父亲曾麟书病死湖南湘乡原籍。3月6日，曾国藩正在瑞州曾国华军营，得到父死的噩耗，心绪更加颓丧，对清政府隐忍已久的怨愤也随之爆发了。3月11日，曾国藩上《报丁父忧折》，不待清政府批准，他就和胞弟曾国华打点行装，于3月16日脱离军营，奔丧回籍，对江西的军事来一个撒手不管。曾国藩的这一举动，无异向清政府示威，在官场上是少见的，连曾国藩的好友欧阳兆熊都这样记载，当时"朝议颇不为然。左恪靖（左宗棠后封恪靖伯、恪靖侯）在骆文忠（骆秉章谥文忠）幕中，肆口诋毁，一时哗然和之"①。然而，清政府这一次却不但不予追究，反而在3月22日发出谕令，给曾国藩赏假三个月回籍治丧，假满后返回江西军营。曾国藩上谢恩折说："数载从戎，过多功寡。睹烽烟之未靖，愧调度之无方，兹又遽遭大故，解职离营，方忧惧之交深，欲陈情而悚息。"②一肚子话，欲言又止，坚持要求开缺守制，甩耙子不干。清政府不予批准，仍然要他假满后返回江西军营主持军务。清政府一再催促他回江西指挥军事，曾国藩以为向咸丰要价的机会来了。1857年7月26日，曾国藩上《沥陈办事艰难仍恳终制折》，终于吐出了长期郁积胸中的怨气。这个奏折的要点是：

第一，"定例军营出缺，先尽在军人员拔补，给予札付"，我所统带的湘军，"概系募勇"，不仅参将、游击、都司以上的武官无缺可补，即如千总、把总、外委也不能提补实缺。武弁随我征战多年，有的虽已保

---

① 欧阳兆熊：《一生三变》，载《水窗春呓》，中华书局1984年3月版，第17页。
② 曾国藩：《呈请代奏谢恩折咸丰七年三月二十六日》，载《曾文正公全集·奏稿》（卷二），世界书局版，第276页。

举至二、三品职衔，而充哨长者，仍领哨长的薪饷，不能与绿营相比拟。而且我"未奉统兵之旨"，历年在外，不敢奏调满汉各营官兵。"居兵部堂官之位"，事权反不如提督、总兵。"此办事艰难之一端也"。

第二，按照国家定制，各省文武官员黜陟大权，操于总督、巡抚之手。督抚之喜怒，关系州县官的进退。我办理军务所至之处，地方文武官员、僚属，大多视我为客，视本管上司为主，宾主歧见，呼应不灵。如筹饷一事，凡地丁、漕折、捐输、厘金，无一不由州县官经理。我劝捐抽厘，地方官从中阻挠。征收漕粮，百姓以浮收为苦。漕粮大政，循例由巡抚专主其事，我身为客官，专办兵营军务，有劝捐扰民之害，而无能作加惠百姓之事。"不敢越俎代谋。纵欲出一恺恻详明之告示，以儆官邪，而慰民望""身非地方大吏，州县未必奉行，百姓亦终难见信。此办事艰难之一端也。"

第三，我从奉命办理团练开始，就用木质关防，关防上所刻文字为"钦命督办团练查匪事宜前任吏部右侍郎之关防"。1855年春，换刻"钦差兵部右侍郎之关防"。自出征以来，我收到皇上的命令，皆系"接奉廷寄，未经明降谕旨"，外界讥嘲甚多，有人说我自请出征，不应支领官饷；有人说我"不应称钦差"；有人说我曾经革职，不应专折奏事。岁月既久，关防屡换，往往被人"疑为伪造"，部将出差外省，外省地方官对盖有我关防的公文不予理会，有的甚至将我部出差官员关押侮辱。情形如此，如果我现在再往江西军营，又须改刻关防，势必愈难取信于人。升勇立功，理应即时奖赏，可是我在1856年所请"实官执照"，至今尚未领到。"此外，文员之凭，武官之札，皆由督抚转交臣营，常迟迟耽搁。军营之事，贵取信义如金石，迅疾如雷霆，令出必行，而我于功赏之事势难办到，"斯又办事艰难之一端也"。

总而言之，审时度势，"非位任巡抚，有察吏之权，决不能治军，也不能兼及筹饷"①。曾国藩已经公然伸手向清政府讨总督、巡抚的官位了，同时在为湘军争政治待遇。为个人争权力地位，为湘军争待遇，实际上二者是互为表里的。

当时，清政府镇压太平天国的军事形势正在好转，西线长江中游战场，官文、胡林翼于攻陷武昌后水陆东下，围攻九江，战事方殷。东线长江下游战场，何桂清于1857年5月出任两江总督，他竭力筹集军械、粮饷，重振江南大营。大营清军卷土再来，于6、7月间连陷溧水、句容，进犯天京。清政府把"肃清"长江中游太平军的希望寄托于官文和胡林翼；把攻陷金陵的希望寄托于两江总督何桂清和指挥江南大营清军的钦差大臣和春的身上。以为成功即在指顾之间，因而断然拒绝曾国藩的要求。8月8日，清政府明令撤除曾国藩兵部侍郎衔，批准他在籍守制。曾国藩被削除兵权，在江西的所部湘军陷入了群龙无首的状态。但是曾国藩被削除兵权，反而激起了湘军将领的同情之心，增加了他在湘军中的威望。

曾国藩失宠守制，胡林翼成为维系和调护湘军最关键的人物。一方面，胡林翼完全按照曾国藩所定营制、任用曾国藩的亲信将领来扩编在鄂湘军水陆师，使在鄂湘军水陆总兵力超过了曾国藩从衡州出师时的规模。另一方面，每当在江西的湘军水陆师"饷乏兵饥"，如前所说，胡林翼即从湖北大量拨饷接济，使之在群龙无首的情况下免于饥溃。除此以外，胡林翼又极力笼络和维系湘军将领，1857年7、8月间，李续宾指挥湘军陆师围攻九江，胡林翼又把李续宾弟李续宜从江西瑞州军营调到鄂东抵御陈玉成的进攻。据薛福成说，时李氏昆仲"父母皆笃老，方事之殷，以不能归省为憾。公为迎养其父母，晨昏定省，如事父母。日发书

---

① 曾国藩：《沥陈办事艰难仍恳终制折咸丰七年六月初六日》，载《曾文正公全集·奏稿》（卷二），世界书局版，第279—280页。

慰二李，二李皆感激，愿尽死力"①。"金国琛以贫乞返，立馈千金。鲍超母病，时致参药。"连赵烈文都叹服"胡咏芝颇得古人家数"②。与曾国藩徒有侍郎虚衔不同，胡林翼身为巡抚，握封疆大权，所奏荐的武官，皆得补实缺，如李续宾攻陷九江，由胡林翼奏荐，清廷赏加李续宾巡抚衔（原为浙江布政使），不久，命令李续宾"简带所部精兵迅速赴浙"上任③，因胡林翼奏留图皖搁置。对于湘军将领，胡林翼"具饷必丰，奖荐愈隆"，可补实缺，湘军将领自然"皆亲附公，与曾公等"④。在湘军的发展史上，胡林翼与曾国藩起到了互相补充的作用，使他成为仅次于曾国藩的第二号人物，成为湘军的又一巨魁。

二、胡林翼支持曾国藩东山再起

曾国藩被清政府解除兵权后，在湘乡原籍守制。他不但不甘心守制在籍，并且对在籍守制牢骚满腹。他写信给另一个与他以理学相标榜的好友邵懿辰说："经典中言夺情事，惟《公羊传》较详，孔子以三年之丧而从其利，微以讽戒，则固未深许也。后世夺情，大约君固留之，臣固辞之，两尽其道。未有君以为可去，臣自请夺情者也。"⑤表明他对咸丰皇帝命令他在籍守制，不准他夺情视师，既出乎意外，又愤然不平。他

---

① 薛福成：《叙益阳胡文忠公御将》，载《庸庵全集·庸庵又编》（卷四），光绪上海书局版。
② 赵烈文：《能静居日记摘抄》，载江世荣编《曾国藩未刊信稿》，中华书局1959年版。
③ 胡林翼：《各军攻剿麻城大获胜仗疏八年四月十四日》，载郑敦谨编《胡文忠公遗集·奏疏》（卷二十八），同治六年黄鹤楼刻本，第18页。
④ 薛福成：《叙益阳胡文忠公御将》，载《庸庵全集·庸庵文编》（卷四），光绪上海书局版。
⑤ 曾国藩：《与邵位西》，载李瀚章编《曾文正公全集·书札》（卷七），光绪丙于传忠书局版，第41页。

在家书中又说，"此次草草去职，致失物望，不无内疚""夜间总不能酣睡，心中纠缠，时忆往来，愧惶憧忧，不能摆脱"①。显然，曾国藩在深自后悔自己的"草草去职。"

论者每以曾国藩为争个人权力地位而上《沥陈办事艰难仍恳终制折》为不智，殊不知曾国藩所争的不仅是个人的权力地位，同时还在为湘军争地位、争政治待遇。因此，他尽管因被解除兵权，受到一些人的指责，却进一步提高了他自己在湘系集团中的威望，得到湘系将领包括胡林翼等人的普遍同情。如湘系大将李续宾致书曾国藩说，攻克九江后，或往皖省，或往南昌，"先生不出……续宾何敢独行前往？虽有厚庵、雪琴同志，而水陆途分，且不能咨商群帅，难言之情，愿先生有以教我？盖蒙先生絜我出山，仍当恳带我归里，幸甚幸甚"。水师中杨载福、彭玉麟之间的矛盾，虽经胡林翼调停，但无济于事，继续激化。湘军旧部一连串的矛盾，是胡林翼难以解决的。而且胡林翼深知曾国藩急欲出山，夺情视师，他顾不得什么"名教攸关"，1857年11月12日，上《起复水师统将以一事权并密陈进剿机宜疏》，奏请起复曾国藩。他奏称湘军"内湖、外江水师，久已分为二部，是两部水师，势又不能互为统辖"。江面千余里，"若无总统大员节制调度"，则号令不一，心力不齐，终必危殆。且杨载福、彭玉麟被曾国藩识拔于风尘之中，其"严厉刚烈，落落寡合，亦非他省将帅所能调遣"。接着说，"曾国藩读礼家居，何尝须臾忘天下"，"水师将弁皆其旧部，吴会形势扼塞之要尤所留心"，前敌无统将，应让曾国藩"移孝作忠"，出山任事，督师九江，并进捣金陵。

清政府接到胡林翼的奏折后批驳说："曾国藩丁忧后，奏派杨载福总统内湖、外江水师，彭玉麟协同办理，业经明降谕旨……杨载福等统带

---

① 曾国藩：《致沅浦弟》，载李瀚章编《曾文正公全集·家书》（卷六），光绪丙子传忠书局版，第5页。

水师既已著有成效，自应仍归该总兵等相机调度，以专责成。"尤且"曾国藩离营日久，于现在进剿机宜能否确有把握，尚未可知。若待其赴浔督办，恐有需时日，转懈军心。""克敌制胜之策，该署抚与官文尽可商办，正不必待曾国藩到楚方能定议。"又进一步申饬胡林翼说，如云前敌无统将，则"胡林翼久历戎行，于军务尚为熟悉，着将省城公事赶紧料理，即行驰赴九江"①。这一来，胡林翼才不得不说，九江军情已"实有把握"，"李续宾、杨载福调度运筹，早已预操胜算，万无疏虞"。而湖北尚有应办紧要事件，"斟酌情形，暂可不必前往"②。这就等于供认他奏请起复曾国藩的理由纯属虚构。实际上，他陈奏起复曾国藩，既是为清政府镇压太平天国着想，更重要的是为湘系集团利益着想，支持曾国藩东山再起。

1858年春，翼王石达开率部由江西进入浙江，浙江告警，清政府急谋对策，给胡林翼和湘系集团以支持曾国藩重掌兵权的良机。1858年6月2日，清政府命令胡林翼，"浙江省自江西贼匪由广丰窜入后，连陷江山、常山、开化、处州等郡邑，围攻衢州，上游各府，悉行震动"，着即饬浙江藩司李续宾率领所部"迅速赴浙"。胡林翼复奏说皖、豫边界军情正紧，湖北"二三月之内必难分兵援浙"。接着说："臣等原与湖南各军密约，以湖南之力清江西，以湖北之力清安徽。"③言外之意，湖北不会派兵应援浙江，江西、浙江兵事应由"湖南各军"办理。胡林翼在为支持曾国藩重新起复预为地步。

1858年6月21日，胡林翼再次上奏明确提出，"浙江军情紧急，藩司

---

① 胡林翼：《起复水师统将以一事权并密陈进剿机宜疏七年九月二十六日》，载郑敦谨编《胡文忠公遗集·奏疏》（卷二十一），同治六年黄鹤楼刻本，第1—5页。
② 胡林翼：《奏陈鄂省尚有应办紧要事件请俟九江克复再行率师下剿疏七年十月十四日》，载郑敦谨编《胡文忠公遗集·奏疏》（卷二十三），同治六年黄鹤楼刻本，第1—2页。
③ 胡林翼：《奏陈北路紧要情形李续宾暂难赴浙疏八年五月初二日》，载郑敦谨编《胡文忠公遗集·奏疏》（卷二十八），同治六年黄鹤楼刻本，第21—23页。

李续宾暂难起程赴援……臣等再四思维,江西抚、建既克,惟余吉安一府",有曾国荃及刘腾鸿部即"足敷剿办"。"萧启江兵力甚厚,其所带之勇多系侍郎臣曾国藩及罗泽南等旧部,久经战阵。其张运兰、王开化、刘芳贵等所部勇丁尤多精锐。"请"饬下江西、湖南抚臣迅饬萧启江、张运兰、王开化、刘芳贵等各率所部就近兼程先行赴援浙江"①。

湖南巡抚骆秉章与胡林翼桴鼓相应,奏请起复曾国藩率江西湘军援浙。骆秉章在奏折中说,目前援浙诸军,零星杂凑,"统帅无素习之将,望其指挥如意,固已为难,况石逆狡猾凶顽,十倍他贼。欲为援浙之计,似应从江西湘军中挑选精锐"。江西湘军各将领"非曾国藩之同乡,即为其旧部",应请令曾国藩统带分散于江西之湘军援浙,"则将士一心,于大局必有所济"②。

在胡林翼与骆秉章的催迫下,6月28日,清政府令江西巡抚耆龄转饬湘军将领道员萧启江、张运兰、知府王开化等各统所部从江西赴援浙江。7月1日,清政府命令曾国藩迅赴江西,督率萧启江等部星驰赴援浙江。胡林翼闻讯大喜,即与骆秉章商定"以湖南月筹二万两、湖北月筹二万两",按月委解,供曾国藩援浙军饷,使曾国藩顺利起复视师③。

7月13日,曾国藩接到清政府起复他赴浙办理军务的命令,喜出望外。7月17日,他从湘乡启程就道,22日到长沙,与湖南巡抚骆秉章、抚署机要幕客左宗棠会商援浙军务。8月3日,曾国藩行抵武昌,与湖广总督官文、湖北巡抚胡林翼会商追击石达开军的有关事宜,协调湖北与江西湘、楚军的作战部署。此后,曾国藩从武昌顺江东下,于8月10日

---

① 胡林翼:《官军连复黄安麻城越境追剿并移兵防剿太湖等处疏八年五月十一日》,载郑敦谨编《胡文忠公遗集·奏疏》(卷二十九),同治六年黄鹤楼刻本,第8—9页。

② 骆秉章:《筹议分军援浙折》,载《骆文忠公奏议·湘中稿》(卷十二),光绪四年刻本,第47—51页。

③ 胡林翼:《密陈替署司道各员附片八年六月十六日》,载郑敦谨编《胡文忠公遗集·奏疏》(卷三十),同治六年黄鹤楼刻本,第7—8页。

行至巴河，会晤李续宾等。8月19日，曾国藩行抵九江，会晤杨载福等。同日，胡林翼的母亲在武昌去逝。

自从1857年2月奔丧回籍，曾国藩被清政府冷落闲置，欲出山而势有不能。由于胡林翼等人的一再活动和支持，才重新被清政府起用。因此，曾国藩得知胡林翼丁忧离省，扶柩还葬，颇为惊慌，他说，湘、楚军"水陆数万人，皆仗胡公以生以成，一旦失所依倚，关系甚重"。事情的发展正是这样，就在胡林翼回湖南益阳守制期间，湘军主力李续宾部在安徽省庐州南面的三河镇全军覆灭。

三、三河溃败，胡林翼夺情视师

1858年5月，攻陷九江后，胡林翼立即定计进攻安徽。他在奏折中说，太平军自1853年来，长期占领安徽，老百姓拥护太平军，"民与贼久无区别""皖省兵勇怯懦冗杂、旋溃旋集，勇与贼亦无区别"。若不及时肃清安徽，"后患滋大""皖省形势紧要，目前大计，自应以九江得胜之陆师渡江剿办，先清北岸，而后再及于江南。水师则先清安庆，而以余力分讨金陵，或再以余力调入苏、杭、太湖等处。此固全局所关"[①]。清政府批准了胡林翼的决策。7月2日，胡林翼奏请清政府以安徽巡抚福济统带李孟群援师及其他兵勇"以顾东路""以胜保扼住颍、亳北路，袁甲三堵御淮、徐要道，节节南逼，毋令贼情急北窜"。以李续宾统率湘军陆师主力从湖北罗田、安徽英山出击，"由中路进攻"。南路以都兴阿统多隆阿、鲍超马步兵勇，会同杨载福湘军水师直攻安庆。另以李续宜、舒保等统马步兵勇"分驻九江、黄梅、罗田、蕲水、麻城，兼顾襄阳等

[①] 胡林翼：《驰奏官军克复九江疏八年四月十一日》，载郑敦谨编《胡文忠公遗集·奏疏》（卷二十八），同治六年黄鹤楼刻本，第8—9页。

处"，以顾后路。胡林翼自认为计出万全，太平军"首尾不能兼顾""剿办自易得手"①。梦想四路会攻，聚歼陈玉成部太平军，一举夺取太平天国安徽省根据地，剪除天京的羽翼，进而与和春所部会师金陵。部署既定，湘、楚军大举扑犯安徽，恰在此时，8月19日，胡林翼的母亲在武昌去世。清政府准胡林翼"照军营例穿孝百日"，如扶柩回籍营葬，"着再给假两月"，不许终制②。9月17日，胡林翼离开武昌，扶柩回益阳营葬，湖广总督官文暂行兼署湖北巡抚。

1856年底，湘军主力李续宾部攻陷武昌。1857年10月，攻陷湖口。1858年5月攻陷九江，屡胜而骄。攻陷九江后，李续宾以浙江布政使赏加巡抚衔，咸丰皇帝命令官文饬李续宾进援庐州，上谕中说："该藩司奋勇过人，乘此声威，谅必能所向成功。"李续宾昏昏然飘飘然起来了，长驱冒进，迅速深入太平天国安徽根据地。9月5日，李续宾会同江宁将军都兴阿扑犯安徽太湖。9月22日，太平军太湖守将叶芸来打击敌军后率军撤出太湖，回守安庆，湘、楚军死伤累累，夺得空城一座。攻陷太湖后，都兴阿、多隆阿、鲍超等再陷石牌，进扑安庆，与杨载福部水师相依护，百计环攻。李续宾则悬军深入，9月27日，攻陷潜山。10月13日，续陷桐城。10月24日，又陷舒城。月余之间，李续宾连陷四城。11月3日，军次三河镇，企图攻陷三河后进犯庐州。

太平天国方面，自天京变乱和石达开分裂出走后，天王洪秀全为挽救危局，起用陈玉成、李秀成等青年将领分任军事。1858年夏，李秀成、陈玉成等太平军高级将领齐集安徽枞阳举行军事会议，约定陈玉成夺取庐州，李秀成回全椒，俟陈玉成攻庐州得手后联兵攻打江北大营，打通天京与安徽的粮饷通道。1858年8月11日，陈玉成与李世贤合军从舒城进攻庐州，22日大败署理安徽巡抚李孟群等部，攻克庐州。9月26

---

① 胡林翼：《条陈楚军水陆东征筹度情形疏八年五月二十二日》，载郑敦谨编《胡文忠公遗集·奏疏》（卷二十九），同治六年黄鹤楼刻本，第15页。

② 梅英杰：《胡文忠公年谱》（卷二），己巳三月梅氏抱冰堂刊，第46页。

日，当李续宾等进攻潜山之际，陈玉成与李秀成协同作战，在乌衣击败德兴阿江北大营清军，27日击败江南大营派来增援的总兵冯子材部清军。接着，再破德兴阿部清军，连克江浦、浦口，打通了天京与安徽的通道。10月8日，三克扬州。陈玉成率军围攻六合。这时，李续宾部湘军已深入安徽根据地，11月3日，李续宾部进犯三河，三河守将吴定规向陈玉成飞书告急。陈玉成得讯，一面奏调李秀成赴援，一面自六合回军，经由江浦、巢县、庐江，疾如飙风，昼夜奔驰，急趋三河。

三河镇在庐州以南、舒城以东、巢湖以西，为水陆要冲。太平军守将吴定规凭河设险，筑大城一座，环以砖垒九座。11月7日，湘军猛扑九垒，九垒俱陷，湘军死伤一千余名，锐气暗销。同日夜，陈玉成援军驰抵三河南面约三十里的金牛镇一带，准备与湘军决战，同时，派兵遮断桐城湘军赵克彰等部增援三河的通路。太平军庐州守将吴如孝会同捻军楔入舒城、三河之间，阻绝舒城湘军谢永祜部东援三河的通道。李续宾部后路都被切断。11月14日深夜，李续宾派兵七营偷袭金牛镇陈玉成大营。次日黎明，双方在樊家渡、王家祠堂等处接战，一时杀声震天，炮声轰鸣，忽然，大雾弥漫，咫尺莫辨。11月14日，李秀成统带援军赶到，驻军白石山。翌日凌晨，李秀成听到金牛方向炮声隆隆，凭他半生戎马生涯，判定敌我双方仗已打开，立即率军驰援。陈玉成部见援军已到，军心大振，奋力冲杀，李续宾部抵挡不住，左路先溃，中路及右路各营又溃。李续宾率兵来援，吴定规从三河杀出，包抄敌军后路。李续宾失利，败回大营，闭垒固守。陈玉成军发动连续攻势，围攻敌营，攻破敌军七垒，李续宾部下李续焘等溃围脱逃。敌军斗志丧失，当夜，李续宾目击大势已去，败局已定，穷蹙自缢。11月15日，三河湘军自李续宾以下被歼。李秀成回叙三河大捷时太平军的声威说：李续宾见前军主将陈玉成军驻扎金牛，15日凌晨，李续宾督军进攻金牛镇陈玉成军，"天当明，蒙〔濛〕雾甚大，皆闻人声，不知向处。哪知陈玉成上〔尚〕在李续宾之后，李将追赶陈将之上前，陈将在〔李〕将之后杀去。李将那时知到［道］陈将由后杀来，复军回敌，己军自乱，死去千余清兵。查白石山隔金牛廿五里，那时陈玉成奏调我往，天王封我为后军主将，随后而来。是早在白石山十余里屯扎，我听闻金牛炮声不绝，知是开兵，我亲引本部人马向三河边近而来，斯时正逢陈、李两军迎战，离李将营前七、八里交锋。我军即至，陈玉成见我兵生力一莊［壮］，破李续宾阵门，阵脚一动，大败而逃，困李将于营中。那时清军外无来救，三河隔庐郡五、六十里，庐郡又是陈玉成派吴如孝守把庐城，舒城李军又被陈军隔断，欲救不能。后李将见救不及，营又紧困，自缢而死"①。至此，骄横不可一世的湘军主力李续宾部六千名大部被歼。李续宾自1856年4月接掌罗泽南军后两年多的时间内，驱使湘军攻陷武昌、九江等城池数十，仅在九江城内，即命令所部屠杀太平军官兵一万七千余名。血债要用血来还。当这只野牛闯进太平天国的老根据地安徽后，终于全军覆没，得到了应有的下场。

三河大捷后，陈玉成、李秀成迅速扩大战果，兵锋指向舒城。11月18日克复舒城，24日收复桐城，25日光复潜山。围攻安庆的都兴阿、多隆阿、鲍超等部湘、楚军大惊，深恐腹背受敌，11月27日，踉跄撤围，11月30日，经石牌逃窜宿松。12月1日，太平军克复太湖。12月上旬，陈玉成、李秀成引军鼓行而西，拟攻复宿松，闯入鄂东，威胁湖北，官文及湘、楚军诸将惊恐万状。

当李续宾连陷四城时，胡林翼曾从益阳原籍"四次寓书相戒"②，嘱咐李续宾切忌攻坚，避免损耗精锐，且勿孤军深入。李续宾攻陷舒城后，"发书湖北"，请官文派兵增援，官文以为李续宾"所向无敌，今军

---

① 李秀成：《李秀成自述》，载太平天国历史博物馆编《太平天国文书汇编》，中华书局1979年8月版。

② 梅英杰：《胡文忠公年谱》（卷二），己巳三月梅氏抱冰堂刊，第49页。

威已振"①，无须增援。三河溃败后，江宁将军都兴阿认为官文调援迟缓，并称如有胡林翼在武昌调度指挥，李续宾不至于深入致败，奏请迅饬胡林翼夺情视师，赶赴湖北军营，扼驻黄梅一带，居中指挥。清政府接受了都兴阿的建议，命胡林翼立即"驰赴署任"。湘系集团也极力敦请胡林翼"强起"视事。

  胡林翼卸巡抚任回籍守制之初，曾国藩就十分担心清政府可能另简新任巡抚，而使湘系失去对湖北的控制。他写信给胡林翼说："自闻尊庭家艰，寸心徬徨，如有所失。欲劝阁下权宜夺情，则非夙昔以大贤君子相期相佩之意。欲听阁下执经守礼，则侍与彭、杨、二李诸君失所依倚。"②又说，"湖北事势日以浩大，非先生强起，终恐败坏"③"润帅以不遽去位所全较大"。湖北之事，"非润公强起恐终不济。住署与否、接篆与否，均不甚关紧要，所争在简新抚否耳"④。曾国藩害怕胡林翼回籍守制后，清政府将简派新任巡抚，却不料胡林翼离任后，湘军护佑无人，以致李续宾覆灭于三河，这是湘军自出师以来所遭遇到的极大惨败，曾国藩悲鸣，"三河之挫，敝邑阵亡者将近六千人"，敝乡"处处招魂，家家怨别""士气大伤，未知此后湘勇尚能自振否"。湘系集团更加迫切地希望胡林翼"因皖北之挫而强起"⑤收拾败局。

  胡林翼守制以后，一直担忧着安徽战事，一种不祥的预感萦绕心头。他在《祭李迪庵文》中描述三河兵败前自己的心境时说："畴昔之

---

  ① 《李续宾年谱》，载《湘军人物志》（一），岳麓书社1987年1月第1版，第181页。

  ② 曾国藩：《致胡润芝宫保》，载李瀚章编《曾文正公全集·书札》（卷六），光绪丙子传忠书局版，第25页。

  ③ 曾国藩：《复胡宫保》，载李瀚章编《曾文正公全集·书札》（卷六），光绪丙子传忠书局版，第36页。

  ④ 曾国藩：《与左季高》，载李瀚章编《曾文正公全集·书札》（卷六），光绪丙子传忠书局版，第35页。

  ⑤ 曾国藩：《与张仲远》，载李瀚章编《曾文正公全集·书札》（卷六），光绪丙子传忠书局版，第40页。

夜,大风披帷。天容惨淡,沙石乱飞。我公(指李续宾——引者注)至止,冠带巍巍。笑言既治,颜色若怡。握手劳苦,欢若平生。忽忽自惊,疑公已薨。欲言未言,悲不自胜,公曰否否,我岂其死?讨贼之事,在吾与子。余音在耳,荒鸡初鸣。蹶然坐起,忧心怦怦。"

胡林翼的恶梦竟成事实,据《胡文忠公年谱》载,"一日,公居丧幄,忽急卒驰书至,公发书",知李续宾败死三河,"大恸仆地,呕血不能起,家人惶骇,良久始甦"。又据胡林翼《祭李迪庵文》:"嗟我棘人,母丧返里。负土未成,大变突起……始闻公死,将信将疑。中夜徬徨,若忘若遗。公岂死耶,吾人何依。斯入不出,吾谁与归。"① 胡林翼伤心之余,杀气腾腾,如他后来给李续宜的信中写道:"吴王夫差,庸妄失国人也。然其复父仇也,则使人呼曰:夫差,尔忘勾践之杀尔父乎。如此经年而仇竟复……拟近年以此呼三军之士"②,为李续宾复仇。

11月13日,胡林翼自益阳原籍登舟启程。他对僚属说:"林翼此出,势处万难。盖出则非礼,不出则非义。出则于事未必有济,不出则于心大有不安。与迪庵共患难,交最深,闻难不赴,非友也。且值时会艰难,叨窃官位,若借守孝以遂其推诿巧避之私,鬼神鉴其微矣。"③ 1859年1月3日,胡林翼回到武昌。翌日,接巡抚印,开始料理善后,准备全面进犯安徽。

首先,胡林翼进驻黄州,整顿溃军,"将黄州各营大加裁汰,择其精实者",调赴宿松。宿松前敌计有多隆阿马步五千余人,并鲍超、蒋凝学、唐训方等营已逾二万,均归江宁将军都兴阿指挥④。又以李续宜收集

---

① 梅英杰:《胡文忠公年谱》(卷二),己巳三月梅氏抱冰堂刊,第48、55页。
② 胡林翼:《致李希庵观察戊午》,载郑敦谨编《胡文忠公遗集·抚鄂书牍》(卷五十九),同治六年黄鹤楼刻本,第23页。
③ 梅英杰:《胡文忠公年谱》(卷二),己巳三月梅氏抱冰堂刊,第49页。
④ 胡林翼:《遵旨奏复行军进止机宜疏九年二月十一日》,载郑敦谨编《胡文忠公遗集·奏疏》(卷三十二),同治六年黄鹤楼刻本,第11页。

李续宾遗部，重新整理，其收集之营及李续宜旧管之营、新募之营，加上胡林翼新募之营，"不下万人"，均驻扎黄州，休整训练①。

其次，鉴于以前所委解饷之员极不得力，致使前敌诸军"两月不得一饷"，影响军心士气，奏调户部主事阎敬铭主持武昌粮台，加强粮饷转运，以利军行②。

再次，以攻为守，定计三路攻皖。胡林翼一贯认为，战于境外方能保于境内，谋皖所以保鄂，决定再度进攻太平天国安徽根据地。他总结教训说，"我军不进则已"，进则太平军必"以大股乘我，并力上援"③，进扰湖北。"即如七年，官军并力规宿松，贼从蕲州张家榜乘间窜入。八年，官军并力规太湖，于张家塝复设重兵，贼又从霍山、商城以陷麻城、黄安各县。备一路而虚一路，辄多顾此失彼之虞。往事已然，前车可鉴。现在太湖、石牌之贼闭匿城中，坚不出战，贼之狡计，固欲以坚城挫伤士卒，而转于空虚之处乘间抵隙，狡焉思逞也。默察情形，贼已凭城设守，必非近月所能奏功，征皖必图三路分进"。他接着说："鄂之谋皖，已历二年，总未得势，则以兵只一路也。八年秋间分兵两路（指李续宾、都兴阿两路——引者注），已见功效，然尚以贼众兵单，前功尽弃。"此次攻皖，以"皖之地势贼情，非分兵为三路进剿，必难成功"④。

经过胡林翼的一番努力，三河溃败后的军事局势逐渐稳定，军事有了眉目。胡林翼即与官文、都兴阿等商定，以都兴阿统多隆阿、鲍超、

---

① 胡林翼：《致曾涤帅己未正月初四日》，载郑敦谨编《胡文忠公遗集·抚鄂书牍》（卷六十），同治六年黄鹤楼刻本，第1页。
② 胡林翼：《致司道戊午》，载郑敦谨编《胡文忠公遗集·抚鄂书牍》（卷五十九），同治六年黄鹤楼刻本，第23页。梅英杰：《胡文忠公年谱》（卷二），己巳三月梅氏抱冰堂刊，第53页。
③ 胡林翼：《致都直夫将军戊午十一月廿四日》，载郑敦谨编《胡文忠公遗集·抚鄂书牍》（卷五十九），同治六年黄鹤楼刻本，第26页。
④ 胡林翼：《遵旨复奏行军进止机宜疏九年二月十一日》，载郑敦谨编《胡文忠公遗集·奏疏》（卷三十二），同治六年黄鹤楼刻本，第14—16页。

蒋凝学等部为一路；以李续宜同唐训方、余际昌等部为一路；请湖广总督官文、湖南巡抚骆秉章分别上疏，奏调曾国藩"移兵图皖"独当一路。胡林翼以为，如此三路攻皖，"无论贼势多寡，总可成功"①。

就在胡林翼精心打着如意算盘的时候，1859年3月初，石达开部太平军由江西转战攻入湘南，不久便占领湘南桂阳、宜章、兴宁、郴州等州县，5月初，围攻湘南重镇宝庆，湖南大震。湘系集团后院起火，在鄂湘军救乡情切，胡林翼不得不暂时停止进犯安徽的军事行动，派出湘军大举援湘，军事形势为之一变。

四、宝庆告警，胡林翼遣军援湘

1859年3月上旬，翼王石达开部太平军从赣南攻入湘南，占领桂阳、宜章、兴宁。3月15日，再占郴州，湘南告警，长沙震动。3月16日，湖南巡抚骆秉章的机要幕客左宗棠写信向胡林翼告急求援。胡林翼闻讯大惊，他说："石达开纠合福建连城、江西南安、广东连州、广西贺县群盗入郴（郴州）、桂（桂阳），号称六十万人，实数亦不下二十万，湘南之力必不能支……则鄂省腹背受敌，长江之险，恐为贼所夺而踞我上游矣。"②"恐鄂与豫章均旴食矣。"③因此，胡林翼接到左宗棠的来信后，立即复函答应先以水师两营、马队三百增援湖南④。

---

① 胡林翼：《致都直夫将军戊午十一月二十四日》，载郑敦谨编《胡文忠公遗集·抚鄂书牍》（卷五十九），同治六年黄鹤楼刻本，第27页。

② 胡林翼：《复皖抚翁祖庚己未三月初一日》，载郑敦谨编《胡文忠公遗集·抚鄂书牍》（卷六十二），同治六年黄鹤楼刻本，第24页。

③ 胡林翼：《致曾涤帅己未二月二十七》，载郑敦谨编《胡文忠公遗集·抚鄂书牍》（卷六十二），同治六年黄鹤楼刻本，第21页。

④ 胡林翼：《致左季丈己未二月二十二日》，载郑敦谨编《胡文忠公遗集·抚鄂书牍》（卷六十二），同治六年黄鹤楼刻本，第17页。

当时，湖北正积极筹划和部署进攻太平天国安徽省根据地，都兴阿统率的多隆阿、鲍超等部马步兵勇已由宿松进抵太湖，屯兵城下。胡林翼分兵赴援湖南，引起湖北军政大员的普遍不满，官文、都兴阿、多隆阿、舒保等均持异议。他们认为，陈玉成时刻不忘从安徽进攻湖北，皖省不清，湖北一日不能安枕，以湖北现有之兵力与陈玉成角逐，非但鄂东边境之防御在在可虞，三路攻皖不厚集兵力更难奏效。此时"不援皖而惟湘是图"，是置湖北之安危于不顾。他们埋怨胡林翼："湘人以空虚而致贼，鄂人奈何效尤？"①故都兴阿态度消极，而"多（多隆阿）不拨兵，舒（舒保）不愿去"②。马队迟迟不能成行。

官文对援湘态度的消极，则又别有隐情。1858年冬，官文奏荐湖南永州镇总兵樊燮担任湖南提督，又保举新授云南临元镇总兵栗襄署理永州镇总兵，遭到骆秉章的参劾，后来发生了樊燮京控案，官文与骆秉章明争暗斗未已。因此，当1859年3月湘南报警，左宗棠向胡林翼告急求援时，官文于公事而言，理应兼顾湖南，就私衷而论，则对骆秉章等怒气未消，心有不甘。再说他也顾虑湖北分兵援湘，湖北空虚，将难以抵御陈玉成的进攻。

胡林翼知道都兴阿、官文等的最大顾虑，是恐分兵援湘造成湖北空虚，招致陈玉成的进攻，湖北反成危局。但他认为，陈玉成暂时尚不致对湖北发动攻势，其原因是：第一，陈玉成于三河大捷后进攻宿松二郎河受挫，损失严重，安徽太平军非经休整蓄锐，难以对鄂发动攻势。第二，东线风云突变。1859年3月1日，太平军江浦守将薛之元献城降清，与李世忠合军攻陷浦口。3月15日，李秀成奏请陈玉成东援收复两浦。4月8日，陈玉成自合肥护城由界牌一路驰援两浦。胡林翼说："皖贼下窜，此间另有确耗。缘江浦、浦口与金陵相犄角，为彼此必争之地。顷

---

① 胡林翼：《致官揆帅己未四月初八日》，载郑敦谨编《胡文忠公遗集·抚鄂书牍》（卷六十三），同治六年黄鹤楼刻本，第26页。

② 胡林翼：《致李续宜》，载湘乡李氏藏《曾胡手札》，文海出版社，第399页。

经我军以计取之,而六合合围,城池亦指日可下,故贼之攻浦救六,势所必至。"时机可乘,胡林翼以此说服同僚,官文等才勉强同意"分步营二千一百人、马队二百、水师二营援湘"①。4月14日,湖北首批援湘军队共约三千人启行。

4月6日,石达开军北上攻永州(今零陵)。4月16日,石达开亲统大军向北进攻祁阳,进逼宝庆(今邵阳)南路。5月7日,石达开部傅忠信、余子安等部在新宁大败刘长佑部湘军后北上围攻宝庆。至此,石达开部已从湘南逐渐进迫湖南腹地,再进即可控制资水和沅江上游。顺流而下,即可直下洞庭,绕出湘、楚军主力之后,通过湘、鄂两省防守的薄弱地区,经长江闯入四川。湖南军情日紧,胡林翼如坐针毡,他深知湖北援湘军队仅三千余人,杯水车薪,无济于事,不得不商请官文大举援湘。

5月10日,胡林翼写信给官文说:"得湖南军报,大局虽无溃败情状,而备多力分,左支右绌之情形已在语言之外。细心体察,窃恐其力不能胜。"湖南不支,"祸必及于鄂省",他商请官文,乘李续宜"假归之便,即派湘军抚标精锐五千人"大举援湘,"从岳州、湘阴、益阳取道邵阳以剿宝庆一路之贼"。为了打动官文,胡林翼向官文陈说利害关系:

第一,咸丰"二、三年,贼从湖南犯鄂……其时永州、衡州、长沙并未失守。此次永州、衡州、宝庆三府即令无恙,而贼所经过不必定由郡城。若大股分窜,湖南不能追,湖北势必不能堵"。估计石达开军"拊鄂之背,必在夏秋之间,其大枝另由西路窥伺巴蜀"。鄂事将不堪设想。

第二,湖南不支,"贼必犯鄂""湖北御此大股,必须再添二万人,饷力固不能任,将才又不能多",而湖南"鉴于前此之空虚,非全境肃清

---

① 胡林翼:《复伍苡孙己未三月十三日》,载郑敦谨编《胡文忠公遗集·抚鄂书牍》(卷六十二),同治六年黄鹤楼刻本,第27页。

三五月后"必不能援鄂。为湖北计,"自守于境内不如助剿于境外,助剿则兵少而功倍,自守则备多而势分"。

第三,湖北大举援湘,兵力锐减。可"以新定湘军章程"招募湖北勇丁数千人"另成一军""且守且练",弥缝其缺。况陈玉成"已趋六合、江浦",湖北防守暂可无虞,机不可失,"或可借以援湘"。

考虑到官文正在与湖南巡抚骆秉章在樊燮、粟裏问题上的明争暗斗,胡林翼笔锋一转,曲意奉承官文说,"湖南横逞意气,不应争者必忿争,而以厚道待之,大度处之",发兵援湘,"盛德也",最后又小心谨慎地说,"且湖南人亦未曾来此乞兵",林翼"愚人过虑,故缕缕奉商,并非定见也"。一切"应候钧定"①。

官文被胡林翼说服,与胡林翼会衔上奏说,石达开"窜扰湖南,号称数十万,欲由宝庆、常德、荆(荆州)、宜(宜昌)各路掳掠入川,自立一帜,蓄谋已久",现已"聚集宝庆。该府地方为资水之上游,可以直达洞庭、常德西出。辰州为沅水之上游,亦可以入洞庭,由澧州又可达荆江。是资、沅二水为江、湖紧要关键",除已续调水陆师以重资、沅二水及澧州之防务外,再饬李续宜"拣选抚湘各军五千三百七十余员名、并余丁、长夫四千名,裹带口粮、军火,前赴湖南督率陆路各营",赴援宝庆②。由于胡林翼的努力,湖北大举援湘,"凡援军万五千人,月馈饷六万,不以烦湖南"③。对于湖南官绅来说,胡林翼此举算得上"盛德"了。

当石达开军初入湘南,骆秉章急调萧启江率所部湘军由江西吉安回援。萧启江军行迟缓,胡林翼得知后非常气愤,5月10日,他写信给左

---

① 胡林翼:《致官揆帅己未四月初八日》,载郑敦谨编《胡文忠公遗集·抚鄂书牍》(卷六十三),同治六年黄鹤楼刻本,第23—26页。
② 胡林翼:《派员统带重兵往援湖南疏九年五月二十三日》,载郑敦谨编《胡文忠公遗集·奏疏》(卷三十三),同治六年黄鹤楼刻本,第8—9页。
③ 梅英杰:《胡文忠公年谱》(卷三),己巳三月梅氏抱冰堂刊,第5页。

宗棠骂萧启江道："萧雅步从容，逢人便问魏三兄，其所谓血性者安在？彼言网开一面，是欲纵贼入蜀，师杨武陵故智也。"①6月6日，他又写信给官文说："湖南之辰、永等府，前面亦无拦阻，后路追之，是送贼入蜀也。南抚固无此意，而将帅之力不能战者，必且以入蜀为幸事，谓不欲以邻国为壑，特大言耳。"②然而，及湖北援师于6、7月间入湘，胡林翼却迭次密令李续宜，"杀尽此贼，势必不能……能遏逼使南走，尚是善策"③"贼数过多，不能尽杀，惟有虚南路以两粤为贼之去路，则天下之祸尚轻也"④。李续宜是不折不扣地执行了胡林翼的密令的。

李续宜援师入湘，奉胡林翼、骆秉章委令暂统宝庆前敌各军。7月18日，李续宜驰抵蓝田（今涟源）。7月24日，统军至水竹高家冲与刘长佑会商进兵方略。此后，刘长佑驻军高家冲一带扼住北路，李续宜亲率所部渡资水，以扼西路。经7月27、28两日鏖战，石达开军严重受挫，被迫收兵抢渡资水向东退却，自此，宝庆北路、西路皆被湘军控制，石达开军仅屯东、南两路。宝庆基本解围。8月13日，两军又在贺家坳一带大战，石达开再次失利。8月14日夜，石达开军分两路向南撤退，8月18日，前队至东安，主力向广西全州一路撤退。

援湘战役结束，李续宜果然按照胡林翼的密令，"虚南路以两粤为贼之去路"，"遏逼"石达开军退入广西。胡林翼极力诋毁萧启江以邻为壑，其实，他自己又何尝不是在"以邻为壑"？区别仅仅在于：胡林翼是要以两粤为壑，萧启江是要以四川为壑，而这将使太平军"转据长江之上游"，拊湖北之背，湖北将"腹背受敌"，犯了胡林翼的大忌。值得

---

① 胡林翼：《致左季文己未四月初八日》，载郑敦谨编《胡文忠公遗集·抚鄂书牍》（卷六十三），同治六年黄鹤楼刻本，第28页。
② 胡林翼：《致官秀峰揆帅己未五月初六日》，载郑敦谨编《胡文忠公遗集·抚鄂书牍》（卷六十四），同治六年黄鹤楼刻本，第12页。
③ 胡林翼：《致李续宜》，载湘乡李氏藏《曾胡手札》，文海出版社，第400页。
④ 胡林翼：《致李续宜》，载湘乡李氏藏《曾胡手札》，文海出版社，第402页。

注意的是，当时的广西巡抚是劳崇光（后调广东巡抚兼署两广总督）。劳崇光与胡林翼曾先后师事蔡用锡，有同学之谊，胡林翼以广西为壑，还说"为祸尚轻"。为了顾全自己的地盘，真可谓"损人利己"，不择手段了。

援湘之役迫使胡林翼推迟了进攻安徽的军事行动，如他后来所说："当湘事之告急也，舍希庵则别无他将可用，势逼处此，不能不顾上游。林翼发兵后，仅领余兵二千入黄州城守，盖兵将已全付于湘中。万一贼至，仅以婴城固守为长计矣。"①从这个意义上说，石达开军进攻宝庆，削弱了鄂皖交界地区的湘、楚军兵力，客观上有力地支援了太平军在长江中游主战场上的军事行动。石达开军自从退入广西，以后又折向滇、黔川西山区，就像断了线的风筝，失去了和太平军主战场的联系，再也不能为太平天国分忧解愁了。

可惜的是，当石达开攻入湘南之后，东线战场上，江北大营和江南大营乘薛之元叛降，江浦、浦口失陷，全力围困天京。天京粮饷缺乏，"每人日米四两，每礼拜钱八文"②，形势危急。陈玉成不得不统兵去恢复两浦和救援天京，失去了进攻湖北、配合石达开作战的良机。

胡林翼遣军援湘，造成湖北空虚；陈玉成率师东下，造成安徽兵力单薄，双方的战略优势恰恰相互抵销。这就使太湖、潜山前线呈现出一种奇特的相持局面，这种局面不是双方集结了强大兵力而又势均力敌情况下的相持，而是双方兵力空虚，都没有足够力量发动进攻情况下的相持态势。因此，战场上不是势均力敌的鏖战，而是壁垒森严的沉寂。一旦某一方调兵回援投入战场，就将立即打破这种暂时沉寂的相持局面。

自1859年7月底李续宜击破宝庆石达开围师，8月中旬石达开全军退

---

① 胡林翼：《致漕运总督袁午桥己未八月二十七日》，载郑敦谨编《胡文忠公遗集·抚鄂书牍》（卷六十六），同治六年黄鹤楼刻本，第2页。

② 胡林翼：《致牙厘文案粮台诸君己未四月十四日》，载郑敦谨编《胡文忠公遗集·抚鄂书牍》（卷六十四），同治六年黄鹤楼刻本，第4页。

入广西，湖北援湘战役结束。9月14日，胡林翼下令"陆续调回"援湘部队，"合力征皖"[①]。太湖、潜山前线风云突变，安庆保卫战的前哨战的战幕，将徐徐揭开。

[①] 胡林翼：《致各帅及司道粮台营务处己未八月十八日》，载郑敦谨编《胡文忠公遗集·抚鄂书牍》(卷六十五)，同治六年黄鹤楼刻本，第18页。

第十章 曾、胡联兵进犯安徽

一、曾、胡联兵谋皖

1858年7月，曾国藩起复援浙，从湘乡原籍启程，取道长沙、武昌、巴河、九江、南昌，9月中旬率军进至赣东。途次接奉清政府命令，"前因浙江军务紧急，谕令曾国藩赴浙剿办"，现石达开已率军离浙入闽，福建"贼势蔓延，亟应赶紧剿办"，着曾国藩"即以援浙之师""相机进剿"，赴援福建。

在石达开主力入闽的同时，曾国藩率援闽之师抵达江西铅山，拟向福建崇安一路进攻。部署未定，太平军已回兵南旋，曾国藩遂亦沿闽赣边界南下，10月15日抵建昌（今江西南城县），扎下大营，派张运兰率部由杉关入闽进攻邵武。太平军已先于9月22日弃城南进，张运兰撤兵回建昌大营。10月底，石达开主力部队赶在曾国藩军之前，由福建转进赣南，继续西进。至此，曾国藩兵不血刃，又完成了援闽军务。自起复以来，曾国藩奉命援浙、援闽，未见一仗，"大功告成"。

当石达开部盘旋于闽、赣边境之际，太平军杨辅清等部对赣东北连续发动攻势，并于1858年9月中下旬攻占了安徽婺源和江西的景德镇①。江西水师统领道员刘于浔率部自9月21日起进攻景德镇，几度交锋，12

---

① 浙江巡抚胡兴仁奏，载《曾文正公全集·年谱》，世界书局版，第63页。

月3日大败。彭玉麟、刘于浔向曾国藩飞书告急。这时石达开早已进入赣南，曾国藩斟酌情势，认为，太平军占有景德镇，"无论东犯广信，西犯湖口，皆为莫大之患"。仅就湖北而言，"自三河败溃，安庆撤围，大江北岸，业已防不胜防，若使南岸彭泽、湖口复有蹉跌，则九江亦且岌岌可危，湘、楚军又虑南岸之警。故攻取景德镇尤关大局"①。曾国藩一面札饬萧启江进军赣南，同时命令张运兰等部移军进攻景德镇，景德镇的攻防战日趋激烈。

1859年春夏，石达开军攻入湘南，进围宝庆，志在入川。胡林翼筹画派遣湘、楚军大举援湘，商请官文奏饬曾国藩赴援四川。胡林翼考虑，曾国藩奉命援浙、援闽，军务均已告竣，清政府尚未安排其出处，希望曾国藩总督四川，这样，不仅使湖北无后顾之忧，并且使曾国藩有筹饷的地方大权。

当时，清政府已调两广总督黄宗汉出任四川总督，命黄宗汉先赴北京。在广东时，民团攻杀侵华英军（时值第二次鸦片战争），"宗汉外怵强敌，内畏民嚣，不能有所措施"。中英、中法《天津条约》签订后，广东民团仍攻杀英军，侵略者对黄宗汉不敢镇压民团极为不满，"必欲去宗汉"，桂良疏闻，清政府乃调黄宗汉为四川总督②。胡林翼嗅觉灵敏，他认为："四川新督外强中干，色厉内荏，于军务尤不相宜。其调蜀而又来京者，嫌于夷之欲撤其人，而实则知其不可用耳，且圣意必不令往蜀。"胡林翼觉得有机可乘，1859年6月6日，他写信给官文强调：

第一，石达开志在入川，若其计得逞，"必于近一年内闭关不出，自谋巢穴，一年之后，乃图四逞。十年、二十年之内，鄂不得安，而关中亦必危矣"。"且蜀之盐厅、百货厘税亦军饷所关也。蜀之不利，鄂庸独利乎？是必应代蜀为谋，已无疑义矣。"

---

① 曾国藩：《移军剿景德镇股匪折咸丰八年十一月二十六日》，载《曾文正公全集·奏稿》（卷二），世界书局版，第296页。

② 赵尔巽：《清史稿》（卷三百九十四），中华书局1977年版，第11768页。

第二,"石逆颇避涤帅之兵,去年涤帅欲到浙江,而石逆入闽。涤帅欲指闽,而石逆入粤东。此亦有趋而避之之隐情矣。"曾国藩现在景德镇督战,景德镇太平军"不过万人,婴坚垒而不出",而"石逆之入蜀者至少亦必十万、廿万人"。况"西蜀之富,五倍于两淮,十倍于江西,二十倍于湖北"。江西军事可奏请以彭玉麟、饶廷选等任之,即使"江西不支,无碍于鄂,亦无碍于天下。四川不支,则楚与秦均不安矣"。两害相权取其轻,两利相权取其重,似应奏请饬曾国藩督军入川。

第三,黄宗汉"前次派往粤东,雅步从容,无心国事。此番到蜀,贻害必多",倘"以涤帅督师,则石逆必不能逞志"。曾国藩"若得蜀中,兼署总督,军务紧急必能不请外饷,军务平定,必能每岁协济京饷二百余万"。

总而言之,石达开如入蜀,"则湖北必无安枕之日,此乃异常之大变",非以曾国藩援蜀,则事不可为。"救蜀救鄂,舍此则别无良法"。胡林翼请官文传罗遵殿、庄受祺等军政要员"公同密商拟稿"上奏,切嘱"尤以必得总督为要著"①。同时致书曾国藩,不得川督,决不带兵入蜀。

官文奏上,6月下旬,清廷谕令著曾国藩统带所部"由楚江前赴四川夔州扼守,以据两湖上游之势",而并无四川总督之任命。曾国藩不悦,7月17日复奏说,景德镇军事正"可期得手",若遽行撤退,江西隐忧方大。此时"改图入蜀""是未保将危之四川,先弃甫定之江西",实觉顾此失彼,有碍大局。请准于攻克景德镇后移师驻扎湖北宜昌等处,若不能"凑齐三万人",势不能扼驻夔州。目前则"难遽拔队西行"②。胡林翼也因无总督之任命而大失所望,不久奏称:"川省已设防,曾国藩一军

---

① 胡林翼:《致官秀峰撚帅己未五月初六日》,载郑敦谨编《胡文忠公遗集·抚鄂书牍》(卷六十四),同治六年黄鹤楼刻本,第12—16页。
② 曾国藩:《复陈防蜀缓急折咸丰九年六月十八日》,载《曾文正公全集·奏稿》(卷二),世界书局版,第317—318页。

如仍赴川，是以有用之兵，置无用之地。"①6月12日，胡林翼曾致函严树森说："涤帅入蜀之议，以为是者半，以为非者半……只看圣心之独断何如耳。""前议为天下大局，欲（曾国藩）治蜀以保全秦、晋、荆襄也，非仅畏石达开而不得不藉词耳。"②胡林翼的这段话真假互掺。他一旦得知曾国藩入川并无总督之命，便奏称曾国藩无庸赴川。显然，他借口石达开窥蜀、为曾国藩谋四川总督之位才是真意。

1859年7月13日，曾国藩指挥曾国荃、张运兰等部攻陷景德镇，14日，续陷浮梁。杨辅清等部退入皖南。督办皖南团练大臣张芾奏请饬曾国藩率军入皖南会攻。曾国藩如移军进入皖南，势必受两江总督何桂清的节制，他和何桂清不睦由来已久，不愿领兵前往皖南，遂于8月5日按前奏所称，从抚州拔营，西上宜昌。经南昌、吴城镇、湖口，8月28日抵九江。29日，胡林翼致函庄受祺说："涤公无赴宜之理，理也，势也。东征须全力赴之，搏兔打狗，其用正同，即令涤公合谋，力亦稍足而不甚有余。地势贼势，非四五万精兵、三路四路统将不可。"他嘱咐庄受祺"回明中堂（官文），俟涤帅信到即可专奏"③。9月6日，曾国藩到胡林翼黄州大营，一直住到9月19日，曾、胡两人"九日夜谈不可辍"。据胡林翼透露："涤丈之意，若到蜀作客，则不如仍在鄂、在皖、豫章为妙。前此奏驻宜昌，恐近前而为主人所嗔。"④就是说，前此奏驻宜昌，仅是权宜应付。既然当不上四川总督，与其受制于人，不如与胡林翼联兵图

---

① 奕䜣等撰：《钦定剿平粤匪方略》（卷二百二十三），同治十一年铅印本，第18—20页。

② 胡林翼：《致严渭春廉访己未七月十二日》，载郑敦谨编《胡文忠公遗集·抚鄂书牍》（卷六十五），同治六年黄鹤楼刻本，第9页。按：清政府于农历五月下旬（公历六月下旬）已发出上谕，农历六月初五（阳历七月四日）到江西。湖北当不晚于此。此函中文义表明尚未接旨，疑发函日应为农历五月十二日（公历六月十二日）。

③ 胡林翼：《致庄蒽生方伯己未八月初二日》，载郑敦谨编《胡文忠公遗集·抚鄂书牍》（卷六十五），同治六年黄鹤楼刻本，第16页。

④ 胡林翼：《致李希庵己未八月十九日》，载郑敦谨编《胡文忠公遗集·抚鄂书牍》（卷六十五），同治六年黄鹤楼刻本，第20页。

皖。9月14日，胡林翼致函"各帅及司、道、粮台、营务处"，决定"四路进兵"攻皖①。同日，曾国藩辞别胡林翼，从黄州去武昌，途次，清政府批复胡林翼前托官文奏留曾国藩图皖的奏章，谕令曾国藩斟酌军情，与官文会商定议。9月19日，曾国藩抵达武昌。在武昌十日，与官文会商军务。10月25日，曾国藩上《会商大略折》说，石达开败入广西，离四川三千余里，中隔"粤、黔两省，万山丛杂"，况"贼多食少"，进兵困难重重，"难遽达蜀"。中原腹地，莫要于皖，"就大局缓急而论，臣自应回军援皖。……详考入皖形势，进兵须分四路"，方能有济②。曾国藩确定移军攻皖，行札调回萧启江一军，自己驰回湖北黄州巴河。

胡林翼、曾国藩定计联兵攻皖，驻扎皖北的袁甲三、胜保等闻讯后，大为惊慌，"深恐驱贼北窜"，奏请饬曾国藩"由光州、固始、颍州一带绕赴北路进剿"，移军淮河地区。胜保等横生波澜，势将搅乱曾、胡的战略部署，曾国藩遂于11月11日上《遵旨悉心筹酌折》，其要点是：

第一，石达开部行军作战"乱而无纪，气散不整"，已成"流寇之象"，不足深虑。惟"办窃号之贼，与办流贼不同，剿办流贼，法当预防以待其至，坚守以挫其锐。剿窃号之贼，法当剪除枝叶，并捣老巢。今之洪秀全踞金陵，陈玉成踞安庆。私立正朔，伪称王侯，窃号之贼也。"皖北捻军和石达开一样，"流贼之类也"。为今之计，"欲廓清诸路，必先攻破金陵，全局一振"，事必可为。

第二，"欲攻破金陵，必先驻兵滁、和，而后可去江宁之外屏，断芜湖之粮路。欲驻兵滁、和，必先围安庆，以破陈逆之老巢，兼捣庐州，以攻陈逆之所必救"。如此，则太平军必"不敢悉力北窜""盖窃号之贼，未有不竭死力以护其本根也"。

---

① 胡林翼：《致各帅及司道粮台营务处己未八月十八日》，载郑敦谨编《胡文忠公遗集·抚鄂书牍》（卷六十五），同治六年黄鹤楼刻本，第18页。
② 曾国藩：《会商大略折咸丰九年九月二十日》，载《曾文正公全集·奏稿》（卷二），世界书局版，第324页。

第三，要夺取太平天国安徽根据地，"现拟四路进兵"，第一路，我亲自领兵由宿松、石牌以窥安庆。第二路，多隆阿、鲍超等任之，由太湖、潜山以取桐城。第三路，胡林翼亲自指挥，由英山、霍山以取舒城。第四路，李续宜一军任之，由商城、固始以窥庐州。

曾国藩的这份奏稿基本上重申了胡林翼部署攻皖的战略构想，向清政府明确指出：虽然全国农民军风起云涌，但是镇压农民军应首先血葬太平天国，要绞杀太平天国应从攻取安徽入手，并表示"湘勇久战江滨，于淮北贼情地势，不甚熟悉"①，不宜径援淮北，应与胡林翼联兵东进。清政府最终批准了曾、胡的决策，曾国藩、胡林翼联兵攻皖定局。太湖、潜山之战打响，安庆战役的序幕揭开。

曾国藩上奏后，即于11月18日由巴河拔营，经由黄梅进驻宿松，在安徽境内扎下大营。自曾国藩丁忧守制以后，胡林翼始则千方百计奏请清政府起复他夺情视师，继则为他谋四川总督之位，最后又留他联兵图皖，其间又不断接济大量军饷。曾国藩瞻念前景，回首往事，不能不由衷感激胡林翼的支持。他后来曾感慨万端地对赵烈文说："起义之初，群疑众谤，四年以后，在江西数载，人人以为诟病……尤为众镝所射。八年起复后，倏而入川，倏而援闽，毫不能自主。到九年与鄂合军，胡咏芝事事相顾，彼此一家，始得稍自展布，以有今日，诚令人念念不忘。"②曾国藩的这一席话，充分反映出胡林翼在湘系集团发展史上的重要作用。

---

① 曾国藩：《遵旨悉心筹酌折咸丰九年十月十七日》，载《曾文正公全集·奏稿》（卷二），世界书局版，第325页。
② 赵烈文：《能静居日记摘抄》，载江世荣编《曾国藩未刊信稿·附录二》，中华书局1959年版，第382页。

二、湘、楚军侵占太湖与潜山，进窥安庆

曾、胡决定联兵进犯安徽定议后，分兵侵入安徽。第一路，于1859年12月6日，曾国藩率所部湘军进驻安徽宿松。第二路，都兴阿因病离营后，多隆阿、鲍超、唐训方、蒋凝学等先已攻占石牌，加紧围攻太湖。第三路，由胡林翼亲自率领，于12月29日进扎安徽英山县城南。第四路，因李续宜请假在籍，所部由金国琛统带，由湖南宝庆回军湖北。12月5日，奉胡林翼令，暂不循第四路出击，驻扎英山石头咀附近备援，亦由胡林翼直接指挥。

湘、楚军既大举入皖，陈玉成也连忙从下游回军。前已述及，1859年4月，陈玉成率军驰援两浦，救援天京，数月来转战两浦、六合、扬州等地。10月，攻破围攻六合的李若珠大营。11月21日，陈玉成、李秀成联兵作战，击毙提督周天培，收复浦口。就在这时，得到湘、楚军企图大举进攻安徽的探报，陈玉成随即率军回皖，救援安庆的前敌重镇太湖。太湖成为双方争夺的重要战略据点。

当陈玉成从下游回师驰援太湖时，曾国藩和胡林翼在太湖前敌总指挥人选问题上发生了意见分歧。都兴阿因病离营，所部多隆阿、鲍超、唐训方、蒋凝学等原来并不相互统辖，胡林翼欲以多隆阿总统前敌，曾国藩不以为然，他认为多隆阿既非湘系将领，而为人又"忮而盈满"，恐鲍超等部湘军受制于多隆阿，难免损兵折将。不同意让多隆阿总统前敌，他说，鲍超、唐训方"心含不平，即鄙人亦不以为然"[①]。

胡林翼对多隆阿并非不了解，他一直竭力注意抑制多隆阿。早在

---

① 曾国藩：《致李希庵》，载李瀚章编《曾文正公全集·书札》（卷九），光绪丙子传忠书局版，第42页。

1859年2、3月间，都兴阿因多隆阿骄横难制，借口足疾请假。多隆阿一直抱怨自己领兵太少，拟乘都兴阿请假的机会，接统都兴阿的全部马队。当时，胡林翼在致司道总局函中密嘱："都公若须暂假，应以马队之大半隶多公，而以五六百人隶舒公（舒保），……必乞中堂（官文）将此事决断施行，计无有妙于此者矣。若迟滞不行，则有尾大不掉之势。……得钦差（时官文已为钦差大臣督办湖北军务——引者注）之札，即骄将亦万无可以放肆之理。"①后来多隆阿一意"欲统万人"，胡林翼因他是旗籍将领，朝廷眷顾，虽然"才高意忌，然有胆有略，万不能不用"②，还是向官文建议，"某公必欲泼皮撒刁"，可拨军并令其再行自募千余人，"以成步军一万之数"③。然而胡林翼仍苦心算计，思有以控制多隆阿，便在多隆阿步队中极力安插湘军将领和自己的亲信，根据前文述及的《多隆阿部步兵组成情况表》可知，多隆阿步军万人，共分为二十营，其中约半数营官是湘军将领、黔勇将领和重建之楚军将领，这些人完全听命于胡林翼，通过这些将领，足以制约多隆阿，使他不能不俯首听命于胡林翼的指挥。这是胡林翼敢用多隆阿指挥前敌的原因。

多隆阿与鲍超是湘、楚军中齐名的两员悍将，当时，有所谓"多龙鲍虎"之称。薛福成说："多公性颇忮，而老于兵事，饶智勇。鲍公后起，以骁果克敌，功尤多。二人不相下。"④就多、鲍的官位而论，也在伯仲之间，难怪鲍、唐等不愿听命于多隆阿的指挥了。

太湖、潜山战役开仗之前，多、鲍矛盾激化。鲍超不愿受多隆阿的

---

① 胡林翼：《致司道总局己未正月二十七日》，载郑敦谨编《胡文忠公遗集·抚鄂书牍》（卷六十一），同治六年黄鹤楼刻本，第6—7页。

② 胡林翼：《复官揆帅庚申二月初八日》，载郑敦谨编《胡文忠公遗集·抚鄂书牍》（卷七十），同治六年黄鹤楼刻本，第18页。

③ 胡林翼：《致官揆帅庚申二月二十五日》，载郑敦谨编《胡文忠公遗集·抚鄂书牍》（卷七十一），同治六年黄鹤楼刻本，第6页。

④ 薛福成：《叙益阳胡文忠公御将》，载《庸庵全集·庸庵文集》（卷四），光绪上海书局版。

节制，虽然其"本生父母久故"，仍诡言要请假省亲，"临大敌而请退"，这明明是他对受多隆阿节制的抗议。多隆阿"苦调度不灵"，也声称创伤复发，不宜当前敌。"一请省亲，一言伤发，情状不和，已可想见"。为了确定前敌总指挥人选，胡林翼与曾国藩"一日一书相谋议"，最后，胡林翼致书曾国藩说："援贼大股将至……事权不一，兵家所忌……多礼堂（多隆阿字礼堂——引者注）之为人，意忮情深，忮心尤胜，然临阵机智过人。且是天子之使，以副都统奉旨总统前敌，再四以势均权分为言，不可不专胲委任，将鲍、唐总归其节制调遣，否则太湖今年之兵事，必有决裂不可收拾之状。""今日之事，以申多抑鲍，唐为上策"①。胡林翼违背曾国藩的意旨，不顾鲍超、唐训方的不满，断然委派多隆阿为前敌总指挥，对于湘、楚军赢得太湖、潜山之战实际上是起了作用的。与多隆阿相比，鲍超更不是帅才，用多隆阿任前敌总指挥差强于用鲍超，此其一。鲍超原为水师哨官，由胡林翼一手提拔为大将，对胡林翼有知遇之感。所以，用多隆阿任前敌总指挥，鲍超虽然不满，胡林翼尚可运用自己的影响使鲍超等服从。若用鲍超任总指挥，多隆阿不服，胡林翼将无如之何。一旦多隆阿负气消极，"马队不救步兵，毕竟是步兵苦耳"，吃亏的还是鲍超、唐训方部湘军。反之，多隆阿任总指挥，则顾全局、"救步兵"责无旁贷。故胡林翼说，"事权之意虚，且暂局也，专责成之意实""中有苦心也"②。此其二。胡林翼"克己以待人，屈己以伸人"③，不失为顾全大局之举措，在陈玉成重兵来援前，及时清除了可能导致湘、楚军失败的一大隐患。

---

① 胡林翼：《致曾涤帅三首己未十一月十五日》，载郑敦谨编《胡文忠公遗集·抚鄂书牍》（卷六十七），同治六年黄鹤楼刻本，第3页。

② 胡林翼：《致曾涤帅己未十一月十九日》，载郑敦谨编《胡文忠公遗集·抚鄂书牍》（卷六十七），同治六年黄鹤楼刻本，第12页。

③ 胡林翼：《致曾涤帅三首己未十一月十五日》，载郑敦谨编《胡文忠公遗集·抚鄂书牍》（卷六十七），同治六年黄鹤楼刻本，第3页。

1860年初，陈玉成会同捻军龚得树等部由庐州、青草塥一路直奔潜山、太湖，铁流滚滚，军威雄壮。显然，太湖、潜山一带将成为战局重心。胡林翼先已派余际昌等统军九营进踞潜山山内之天堂，控扼天险，后又增派金国琛率抚湘十四营与余际昌军会集天堂，预伏重兵万余人以备急援太湖，出奇制胜。胡林翼又坚请曾国藩由宿松分军援太湖。1月12日，曾国藩派朱品隆、李榕率六千人赴太湖助攻。这样一来，宿松、英山、霍山三路湘、楚军已削弱，无力进兵，实际上四路进兵的计划，变成了一路对敌，以实现其击破陈玉成部，夺取太湖、潜山的战略企图。

　　胡林翼"原议以多、蒋备剿援贼，以唐、鲍专制城贼而固楚疆"。多隆阿临阵变计，1月8日，令鲍超一军移扎潜山附近的小池驿以当前敌。以蒋凝学军之半数二千余人扎龙家凉亭。多隆阿则驻军新仓。以唐训方一军及蒋凝学军之半数围攻太湖。胡林翼闻禀，"深以太湖调拨为骇异"。他认为："如此举动，贼必变计，不折而北趋，必不久觅太湖各军索战，第二路战事稍松矣"①。就是说，多隆阿以弱兵围城，以强兵当前敌，"驰围迎剿"②，陈玉成将批亢捣虚，与太湖守军合击包围太湖城的湘军，这样，胡林翼劳师糜饷，非但不能达到击破陈玉成主力的目的，反而使太湖围军有被歼灭的可能。另外，胡林翼还担心他的嫡系部队鲍超部霆军兵力单薄（时三千六百人），据孔道，当前敌，有全军覆没的危险。

　　陈玉成急于救援太湖，1月14日，于潜山地灵港首战告捷，击败多隆阿。多隆阿出师不利，竟萌"息肩之意"。胡林翼诫其"不可因一眚而

---

① 胡林翼：《复曾涤帅己未十二月十七日》，载郑敦谨编《胡文忠公遗集·抚鄂书牍》（卷六十八），同治六年黄鹤楼刻本，第4页。

② 胡林翼：《复多都护己未十二月十八日》，载郑敦谨编《胡文忠公遗集·抚鄂书牍》（卷六十八），同治六年黄鹤楼刻本，第6页。

挠其心"①。陈玉成于地灵港战斗后即循潜山城西、太湖城东，迤斜三十里，作垒百余座，径逼小池驿鲍超营垒，从1月16日起，更番猛攻，鲍超部伤亡日重，岌岌难保。曾国藩急忙增调三千人至太湖，替出唐训方一军进援小池驿，被陈玉成击败。陈玉成攻势凌厉，鲍超三面被围，后路几乎断绝。"唐、多、蒋各军皆气沮志怯，形隔势阻不能救。"②胡林翼五内如焚，飞函密嘱鲍超，"如力实不能支，……到紧急无可如何之时"，即退新仓、荆桥，"有过，兄一人任之"③。陈玉成猛烈围攻小池驿二十余日，霆军被歼在望。

当小池驿吃紧的时候，1860年1月22日（是日除夕），胡林翼即令集结天堂的余际昌、金国琛等军共万余人拔营，间道向南疾趋。2月1日，行抵潜山之高横岭、仰天庵，居高临下，俯瞰小池驿战场。陈玉成见敌军奇兵突出，即于2月2日拂晓乘雾仰攻，失利。金、余两军乘势下攻，夹击陈玉成军。陈玉成军受挫，退据罗山冲、白沙畈一带。2月17日，多隆阿、鲍超等率湘、楚军两万余人发动反攻，陈玉成战败撤退。当时，因天京对岸九洑洲被江南大营悍将攻破，天京又被围困，天京统帅部亟谋解围，飞调陈玉成军回援天京。陈玉成命令所部骁将叶芸来等放弃潜山、太湖，坚守安庆。他自己立即掉转马头，驰援天京。湘、楚军侵占太湖、潜山，进窥安庆。

---

① 胡林翼：《致多都护己未十二月二十六日》，载郑敦谨编《胡文忠公遗集·抚鄂书牍》（卷六十八），同治六年黄鹤楼刻本，第18—19页。
② 胡林翼：《复浙抚罗谈村中丞庚申正月十五日》，载郑敦谨编《胡文忠公遗集·抚鄂书牍》（卷六十九），同治六年黄鹤楼刻本，第24页。
③ 胡林翼：《致鲍总戎庚申正月初十日》，载郑敦谨编《胡文忠公遗集·抚鄂书牍》（卷六十九），同治六年黄鹤楼刻本，第18页。

第十一章　曾、胡湘系党同伐异，争权夺利

曾、胡湘系集团、何桂清集团、胜保势力是当时地方上的三大派系。这些派系在镇压太平天国的总目标上虽然完全一致，但各自的派系私利又达到了水火不相容的地步，往往互相倾轧、阴谋陷害。从曾国藩湘系集团与何桂清集团的争斗看，曾国藩是主角。与胜保倾轧，胡林翼是主角。曾、胡联合起来，党同伐异，终于击败了胜保和何桂清集团，使曾国藩湘系集团得以独步东南，进而称雄于晚清政界。

一、曾、胡湘系与何桂清集团的矛盾斗争

何桂清（1816—1862），云南昆明人，字丛山，号根云。进士出身，历任编修、内阁学士、兵部侍郎、江苏学政、礼部侍郎、吏部侍郎等职，长期供职京师、攀龙附凤，引军机大臣祁寯藻、彭蕴章为奥援，深得咸丰皇帝的赏识。1854年秋，出任浙江巡抚。何桂清野心勃勃，一上任就亟谋经营扩大自己的地盘。1855年，何桂清奏称皖南、浙江互为唇齿，"宜主客一心，事乃济。疏入，谕戒地方官吏不分畛域"。何桂清派知府石景芬等攻陷徽州、休宁。清政府以"安徽巡抚时移驻庐州，徽、

宁二郡悬绝江南，不能遥制，命桂清兼辖之"①。同年，曾国藩于湖口、九江溃败后困守南昌，局促江西。江西与皖南、浙江毗连，曾国藩湘系与何桂清集团的矛盾斗争开始产生了。据长期在浙江当知县、知府，深悉浙江政治内情的许瑶光说，1855年，"曾节相事机不顺，坐窘豫章，遣太史郭筠仙（郭嵩焘字筠仙——引者注）商饷于何桂清。时王壮愍（王有龄谥壮愍——引者注）为杭守，以全善之区而丝毫未允，阳借金陵为推辞，实因来函有'平昔挥金如土'一语芥蒂其间"②。曾国藩素来专横跋扈，向浙江乞饷，先责备浙省挥金如土，何桂清、王有龄气恼之余，分文未给。这是曾国藩湘系与何桂清集团发生矛盾的开端。

1855年和1856年，曾国藩部湘军在江西屡屡挫败，何桂清对江西情况了如指掌，他不断写信给大学士、军机大臣彭蕴章等密报军情说"浙江为邻封所害"，曾国藩困守南昌，"南昌城外一、二十里即有贼"。太平军攻占抚州后，"大股即围省城。周凤山一军十八日（1856年5月24日）自樟树镇败回省，此时文报不通，不知是何光景"。总之，"江右误于涤生之胆小，竟是坐观，一筹莫展"③。大学士、军机大臣彭蕴章和祁寯藻一样，对曾国藩执掌兵权一直满腹疑忌。何桂清向彭蕴章等密报曾国藩作战无能，毫无疑义，将增加清政府对曾国藩的不信任因素。

1856年10月中旬，抚州太平军大败湘系大将李元度于抚州城郊，败兵溃窜南昌，南昌风鹤警传，一夕数惊。曾国藩拖宕一个月，才上《抚州老营被贼扑陷折》，何桂清却早已抢先将湘军溃败情形密报清政府，清政府即于11月17日发出"上谕"，申饬曾国藩说，廉兆纶、何桂清均已奏报，探闻抚州湘军失利，何以"未见曾国藩等入奏"。金陵内乱，"贼

---

① 赵尔巽：《清史稿》（卷三百九十七），中华书局1977年版，第11801页。
② 许瑶光：《谈浙》，载中国史学会主编《太平天国》丛刊（Ⅵ），神州国光社1952年7月版，第590页。
③ 何桂清：《致自娱山房主人》，载苏州博物馆、江苏师院历史系、南京大学历史系编《何桂清等书札》，江苏人民出版社，1981年4月版，第36—39页。

匪多回至金陵"，而江西失守郡县，并无一处收复。"着曾国藩等乘此贼心涣散之时，赶紧克复数城，使该逆退无所归，自不难穷蹙就擒。若徒事迁延，劳师糜饷，日久无功，朕即不遽加该侍郎等以贻误之罪，该侍郎等何颜对江西士民耶。①"清政府厉声呵斥"走狗不走"，显然对曾国藩产生了厌恶情绪。因此，当1857年3月曾国藩得知父亲的死讯，不候清政府批示，径自奔丧回籍后，清政府并不坚持要他夺情视师。恰恰在这个时候，两江总督怡良告病乞休，彭蕴章趁机力荐何桂清总督两江②。5月5日，清政府任命何桂清为两江总督。很明显，清政府已指望官文、胡林翼肃清长江中游，而把攻陷金陵的希望寄托到了何桂清与和春的身上。曾国藩东山再起，先后奉命援浙、援闽、援川，同年初冬，因官文、胡林翼奏留，与胡林翼联兵攻皖。以情势论，曾、胡湘系与何桂清集团不会发生冲突了，然而，形势的变化，使这两个派系为了争夺浙江地盘，重又明争暗斗起来。

何桂清就任两江总督后，极力扶植江南大营，每月接济江南大营军饷银四十余万两，大米一万余石。由于军饷充裕，大营弁目勇头都配带洋枪。他又拉拢帮办江南大营军务湖南提督张国梁，使张言听计从，"如小学生之于严师"③。何桂清上任不到两月，江南大营清军连陷溧水、句容，年底攻陷镇江，移军进围天京。何桂清趾高气扬，以为攻陷天京指日可待。

浙西与江苏毗连，为财富之区，是江南大营的重要饷源基地。浙江兼辖之皖南，东与江苏接壤，控制皖南，可从西面威胁天京。早在浙江

---

① 曾国藩：《江西近日军情据实复奏折咸丰六年十一月十七日》，载《曾文正公全集·奏稿》（卷二），世界书局版，第249—250页。

② 薛福成：《书宰相有学无识》，载《庸庵全集·庸庵文续编》（卷下），光绪上海书局版，第6页。

③ 何桂清：《致自娱山房主人》，载苏州博物馆、江苏师院历史系、南京大学历史系编《何桂清等书札》，江苏人民出版社1981年4月版，第54页。

巡抚任上，何桂清曾夸下海口，"东南半壁，似非鄙人不能支持""若将江、浙兵勇归弟一人调度，两省大吏能筹饷接济，定能迅奏肤功"①。他想控制江浙，不是没有道理的。浙江属闽浙总督管辖，但在军事上，与江苏唇齿相依。浙西屏蔽苏州，皖南是江南大营的侧翼，从敌方战略形势考察，浙江暂时划归两江总督管辖较为有利。再一方面，两江总督辖有江西、安徽、江苏三省，因浙江，皖南横梗其间，何桂清对江西鞭长莫及，江西反而为湘系所控制。何桂清为了直接统驭江西，也想控制浙江，所以他当上两江总督后，便急欲在浙江安插亲信，以便控制浙江政局。

何桂清在浙江、江苏一直重用其死党王有龄。王有龄，福建侯官人，字雪轩。捐官浙江，1855年始任杭州知府。"巡抚何桂清器其干略，迭署盐运使、按察使，擢云南粮储道，仍留浙治防"。何桂清担任两江总督后，奏调王有龄到江苏。1857年，王有龄"擢江苏按察使，迁布政使"。何桂清"素信之深，一切倚畀，益得发舒，事皆专断，巡抚受成而已"②。1858年，何桂清挤走了江苏巡抚赵德辙，原想以王有龄继任巡抚，不料清政府于1859年春简派徐有壬为江苏巡抚。何桂清失望之余，把目光转向浙江。

1858年8月，清政府任命胡兴仁为浙江巡抚。胡兴仁，湖南保靖人，早年为曾国藩办过粮台，是准湘系人物。胡兴仁出任浙江巡抚，何桂清大为不满，痛骂胡兴仁"昏天黑地""居心之鄙险，尤为仅见"。并说，"浙江公事大变""俾弟大受其累，雪轩亦怒不可言，小浦（张芾字小浦，何桂清荐其督办皖南团练——引者注）则将与拼命，不知将来如

---

① 何桂清：《致自娱山房主人》，载苏州博物馆、江苏师院历史系、南京大学历史系编《何桂清等书札》，江苏人民出版社1981年4月版，第44页。
② 赵尔巽：《清史稿》（卷三百五十九），中华书局1977年版，第11784页。

何是好"①。胡兴仁受排挤，在位一年便下台了，然而浙江巡抚的继任人却又出何桂清意料之外。1859年冬，清政府任命罗遵殿继任浙江巡抚。

罗遵殿，字淡村，安徽宿松人。进士出身，历官知县、知府。调湖北后，由安襄郧荆道擢升湖北按察使、布政使。近十年之中，举办团练、镇守襄樊、综理粮台，"均极得力"②，深为胡林翼所倚重。1859年8月，胡林翼曾奏请以罗遵殿为湖北巡抚，自己开巡抚缺专任兵事。罗遵殿实际上已经成为曾、胡湘系集团中的重要人物。罗遵殿就任浙江巡抚后，"深知鄂力艰难"，拟解浙饷按月接济湖北③。曾、胡湘系集团通过罗遵殿分润江南大营的饷源，无异于挖何桂清集团的墙脚；湘系集团控制江南大营的侧翼和后路，对何桂清集团来说，又不啻芒刺在背。因此，以罗遵殿抚浙为契机，曾、胡湘系势力向何桂清集团久欲插足的浙江地盘伸展，使两个派系的矛盾趋于激化，何桂清集团必欲去罗遵殿而后快。胡林翼深知罗遵殿用兵非其所长，为了使他能够在浙江站稳脚跟，拟派湘军将领"梁湘帆（梁作楫字湘帆——引者注）回湘募宝勇二千人以为浙之防兵"④，因罗遵殿未即答复搁置。1860年3月28日，胡林翼不知罗遵殿已死，还曾考虑派鲍超部霆军入浙，以"独当一路"⑤。

1860年春，为了击破江南大营、解天京之围，忠王李秀成用"围魏救赵"之计，出敌意表，进攻杭州。2月24日，李秀成攻占广德，留兵镇守，然后亲率精锐七千，疾进浙西，29日攻占浙江安吉，3月7日直趋

---

① 何桂清：《致自娱山房主人》，载苏州博物馆、江苏师院历史系、南京大学历史系编《何桂清等书札》，江苏人民出版社1981年4月版，第79页。
② 胡林翼：《致官揆帅己未十一月十五日》，载郑敦谨编《胡文忠公遗集·抚鄂书牍》（卷六十七），同治六年黄鹤楼刻本，第6页。
③ 胡林翼：《致庄蕙生方伯己未十一月二十九日》，载郑敦谨编《胡文忠公遗集·抚鄂书牍》（卷六十七），同治六年黄鹤楼刻本，第21页。
④ 胡林翼：《复浙抚罗淡村庚申三月二十五日》，载郑敦谨编《胡文忠公遗集·抚鄂书牍》（卷七十一），同治六年黄鹤楼刻本，第8页。
⑤ 胡林翼：《致李希庵方伯庚申三月初七日》，载郑敦谨编《胡文忠公遗集·抚鄂书牍》（卷七十一），同治六年黄鹤楼刻本，第12页。

武康，披星戴月，直奔杭州。3月11日，太平军开始进攻杭州。3月5日，罗遵殿飞函向胡林翼、曾国藩求援，同时向江南大营统帅和春告急。和春发现李秀成进攻其饷源要地杭州后，命令张玉良率军万余驰援。张玉良经过常州，两江总督何桂清嘱其到苏州后，听候江苏藩司王有龄的指示。3月15日，张军至苏州，王有龄请张玉良视察苏州城垣，留二日，然后请张玉良赴援湖州后再上杭州。3月19日，李秀成部骁将谭绍光等率先锋部队一千二百五十余人攻破杭州，罗遵殿兵败自杀。张玉良率军至杭州，已在杭州破城后三日。李秀成探知江南大营已分兵来援，随即自杭州撤军，回兵皖南，然后与各路太平军分攻天京外围州县，迫使和春再次分兵救援。江南大营的兵力一分再分，力量大为削弱。在局部战役上，太平军李秀成、陈玉成等部以绝对优势兵力分进合击，一举踏破江南大营。论理，张玉良于3月15日到达苏州，从苏州到杭州最多不过三日路程，如果不是何桂清、王有龄蓄意阻滞张军的行动，张军完全可以赶在3月18日即李秀成攻破杭州前一日抵达杭州。李秀成轻兵奔袭杭州，意在攻敌必救，迫使江南大营分兵往援，对杭州并非志在必得。如果张玉良在3月18日到达杭州，李秀成既已达到攻杭目的，势将弃杭州于不顾，及时回师皖南，力破江南大营。这样，罗遵殿将不致毙命，湘系对浙江的控制也不会易手。

当胡林翼、曾国藩接到罗遵殿告急文书时，曾立即飞饬萧翰庆率师"星驰赴援"[①]，并安排"另拨劲军（霆军）随后再进"[②]。但千里阻隔，为时已迟。李秀成发现江南大营援兵到杭，随即主动弃城，按原计划回师进击江南大营。张玉良坐得空城，何桂清"推功于有龄，遂擢浙江巡

---

① 胡林翼：《复浙抚罗澹村庚申二月二十五日》，载郑敦谨编《胡文忠公遗集·抚鄂书牍》（卷七十一），同治六年黄鹤楼刻本，第7页。

② 胡林翼：《致鲍镇军庚申三月初六日》，载郑敦谨编《胡文忠公遗集·抚鄂书牍》（卷七十一），同治六年黄鹤楼刻本，第11页。

抚"①，从曾、胡湘系集团手中夺回了浙江地盘。

罗遵殿死后，清政府循例给予恤典。何桂清、王有龄送了罗遵殿的命，又继续在罗的恤典上做文章，唆使浙籍御史高延祜奏劾罗遵殿在太平军进攻杭州时"一筹莫展，贻误生民"。清政府撤销了罗的恤典。在曾国藩、胡林翼的资助下，罗遵殿的儿子罗少村在杭州觅得其父遗骸，运回安徽宿松原籍。曾国藩致书罗少村说："得来书，知已抵丧次，应少停住，候料理就绪，择日由舟次扶榇至宿城一宿，次日至乡，仆出城八里郊迎，设席路祭，府县迎毕，至城设祭。次日，均送出城外，到乡后一切布置，仆再至乡恭吊。"②曾国藩耳目众多，如周腾虎、赵烈文等均在苏、常一带，对何、王阻滞张玉良救援杭州的行动，了然于心。他送给罗家的挽联说："孤军失外援，差同许远城中死；万马迎忠骨，新自岳王坟上来。"③分明是在骂何、王阻滞张玉良救杭，致使罗遵殿孤军失外援。丧事办完，忽然传来罗遵殿被撤销恤典的消息，湘系更加不平。胡林翼写信给罗少村说，令尊"明德正人，愠于群小。屈于人者，将申于天也"④。又致函曾国藩说："近因淡公撤恤，颇致悲愤。录原奏及旨，求指示如何争正之义、及措词进奏缓急之宜。如可挈衔会奏，庶几此心乃安。"⑤曾国藩复信给胡林翼说："罗淡翁事，鄙人亦甚悲悯不平，以效死弗去慷慨赴义者为罪为非，则必以弃城逃避者为功为是矣。待皖南时势稍有起色，当从阁下及官、骆之后，四衔会奏，为淡翁申理，兼表其

---

① 赵尔巽：《清史稿》（卷三百九十五），中华书局1977年版，第11784页。
② 曾国藩：《致罗少村》，载李瀚章编《曾文正公全集·书札》（卷十一），光绪丙子传忠书局版，第5页。
③ 许瑶光：《谈浙》，载中国史学会主编《太平天国》丛刊（Ⅵ），神州国光社1952年7月版，第574页。
④ 胡林翼：《致罗少村》载李瀚章编《曾文正公全集·书札》（卷十一），光绪丙子传忠书局版，第5页。
⑤ 胡林翼：《致曾制军庚申六月二十四日》，载郑敦谨编《胡文忠公遗集·抚鄂书牍》（卷七十六），同治六年黄鹤楼刻本，第4页。

生平廉洁之操，敬求大笔主稿为之。"①湘系集团对何桂清集团的一箭之仇，刻骨铭心，伺机报复。

何桂清集团争夺浙江地盘得手，又以高官厚禄拉拢湘系将领李元度、金国琛，企图不断削弱曾、胡湘系集团的力量，破坏湘系的团结。

李元度，字次青，湖南平江人，举人出身。长期追随曾国藩顽抗太平军，与曾国藩交谊甚深，是湘系的骨干人物。1857年曾国藩在籍守制，曾写信给李元度说，经常念及足下，"有三不忘焉"。"足下当靖港败后，宛转护持，入则欢愉相对，出则雪涕鸣忿，一不忘也。九江败后，特立一军，初志专在护卫水师，保全根本，二不忘也。樟树败后，鄙人部下别无陆军，赖台端支持东路，隐然巨镇，力撑绝续之交，以待楚援之至，三不忘也。生也有涯，知也无涯"，此三不忘者，"鄙人盖有无涯之感，不随有生以俱尽"②。但曾国藩对李元度始终功赏过薄，李元度心怀怨望。

1858年，胡林翼奏保李元度为道员。1860年2月，李元度欲谋实缺，又写信给胡林翼"来商出处"。胡林翼致函罗遵殿（时任浙江巡抚）说，已请李元度"奉攀舆入三江"③。同年5月，王有龄继罗遵殿之后就任浙江巡抚，其时，太平军于攻破江南大营后席卷苏南，威震苏、浙。王有龄专靠张玉良收拾江南大营残兵败将保护省城杭州，缺乏骁将健卒以供驱使，因此，急欲拉拢李元度。1860年夏，清政府从王有龄之请，命李元度赴浙由王有龄差遣委用。王奏保实授李为浙江温处道道员，借以笼络李元度，使他脱离湘系。胡林翼闻讯大怒，罗遵殿之死已使他认

---

① 曾国藩：《复胡宫保》，载李瀚章编《曾文正公全集·书札》（卷六），光绪丙子传忠书局版，第34页。

② 曾国藩：《与李次青》，载李瀚章编《曾文正公全集·书札》（卷六），光绪丙子传忠书局版，第15页。

③ 胡林翼：《复浙抚罗淡村中丞庚申正月十五日》，载郑敦谨编《胡文忠公遗集·抚鄂书牍》（卷六十九），同治六年黄鹤楼刻本，第25页。

定王有龄为人"权诈",他写信给郭昆焘说,"次青须改道位置,若送入浙中,必不能保全善类"①,抑且有损湘系的团结。这时,太平军攻取苏南,两江总督何桂清被革职,曾国藩继任两江总督,1860年7月,曾国藩进驻皖南祁门,8月27日,"疏调元度会剿,改皖南道"②。王有龄这次分裂湘系的阴谋未能得逞。

李元度改皖南道后,曾国藩明知李优于文学,军事非其所长,偏派李元度率平江勇三千,进驻兵家必争的皖南重镇徽州。李元度到徽州不久,侍王李世贤率太平军来攻,10月9日占领徽州。李元度逃窜浙江开化,有意投奔王有龄,后来才回转祁门大营。曾国藩怒不可遏,奏请将李元度"褫职逮治"。李元度"愤激有深"③,在祁门"禀督帅乞假一归",不待曾国藩许可,"留启辄行"④。王有龄乘隙而进,请李元度"募勇赴援"浙江⑤,并"遣人由祁门而江西,如苏秦以舍人随侍张仪故事",拉拢李元度。李元度回籍募八千人,打出"安越军"的旗号,公开表明为援浙之师,投奔王有龄,与湘系决裂。

曾国藩气愤之极,再次参劾李元度。胡林翼以为"未免参之过激",不利于湘系内部团结,起先"走书再四申救",想让曾国藩将李元度调到湖北。等到王有龄请李元度募军赴浙,他又急忙写信委婉劝诫李元度,近来知你"愤激有深焉者矣""兄以仓促召募之师,跋焉而疾入徽城,谓锐千行义则可,谓精于治军则不可",涤生参劾似为过分,然而你也有过错。"林翼之敬兄,谓其爱才如命,疾恶如仇,其诚心可以共谅,而知人

---

① 胡林翼:《致郭昆焘意诚》,载郭庆蕃辑《咸同名贤书札》。
② 曾国藩:《李元度调补皖南道折咸丰十年七月十二日》,载《曾文正公全集·奏稿》(卷二),世界书局版,第351页。
③ 胡林翼:《致李次青庚申十一月二十八日》,载郑敦谨编《胡文忠公遗集·抚鄂书牍》(卷八十),同治六年黄鹤楼刻本,第20页。
④ 赵烈文:《能静居士日记》,载太平天国历史博物馆编《太平天国史料丛编简辑》(第三册),中华书局1962年版,第183页。
⑤ 缪荃孙:《续碑传集》(卷三十九),江楚编译书局清宣统二年版。

之明，则尚未敢以相许。然要不至于随人指嗾，而因失所亲。乃近闻右军（王羲之，官右军将军，浙江会稽人。这里暗指浙江巡抚王有龄——引者注）欲勾致阁下，如苏秦以舍人随侍张仪故事，其用计亦巧，而兄不之却，何耶？岂未免动心耶？……右军之权诈，不可与同事，兄岂不知？而欲依附以自见，则吾为阁下不取也。兄之吏才与文思过人，弟与希庵兄均扫榻以俟高轩之至。如可相助，为理当亦涤帅所心许，何尝不欲酬复前劳？"①不料李元度执意募"安越军"而出，及至通城，胡林翼不等和曾国藩相商"开复奏案"，急忙拉官文等会衔奏保李元度"先开复按察使衔"②。

曾国藩对李元度有"三不忘"，是因为李元度在湘系的危难时期，支持了湘系。他把"三不忘"抛到九霄云外，参劾李元度，是因为李元度有投靠湘系政敌何桂清集团的"离心离德"的举动，所以，借失守徽州大做文章，意在置李元度于死地。胡林翼奏保李元度，不过是玩弄笼络手段，不使李元度倒向王有龄，如他对曾国荃所说，是为了"设法曲全之"③。曾国藩唱黑脸，胡林翼唱红脸，异曲同工，都是为了固结湘系，挫败何桂清集团分裂湘系的活动。

王有龄在拉拢李元度时，又在金国琛的身上打主意。金国琛，字逸亭，江苏江阴人。早年从李续宾转战武昌、九江，三河溃败时死战脱围，李续宜用其综理营务处。援湘之役后，李续宜请假在籍，金国琛统李续宜部十四营参加太湖、潜山之战，以军功擢至道员加布政使衔，深受胡林翼器重。胡林翼说："逸亭为营务之才，晓畅军务，辑和士卒，实

---

① 胡林翼：《致李次青庚申十一月二十八日》，载郑敦谨编《胡文忠公遗集·抚鄂书牍》（卷八十），同治六年黄鹤楼刻本，第20—21页。
② 赵烈文：《能静居士日记》，载太平天国历史博物馆编《太平天国史料丛编简辑》（第三册），中华书局1962年版，第183页。
③ 胡林翼：《致曾沅圃观察庚申十月十二日》，载郑敦谨编《胡文忠公遗集·抚鄂书牍》（卷七十九），同治六年黄鹤楼刻本，第6页。

是确评。"①又说:"金逸亭十年于外,从事湘军又六年,是为湘军中最久之人,得兵心,明地势……衡量再四,若有紧要军谋,亦无以易此老也。"胡林翼打算"万一希庵有事",以金国琛"备将选"②。金国琛已成为湘系重要将领。

1860年夏,太平军击破江南大营,进军苏、常,张玉良率一部分溃兵逃奔浙江。浙江巡抚王有龄于此时写信给金国琛说:"江南大营旧部习气太深,无可复用,敢战之士甚少,将才又鲜其人。军务起色为难,莫名焦灼。素仰英猷伟略,轶伦超群,用兴借材异地之思。现已具奏,恳恩请调台旌来浙,藉挽危局而资臂助,尚祈不我避弃,惠然肯来。能于楚北熟用得力劲军酌带赴浙,尤为感佩。"③王有龄毫不掩饰地要拆曾胡湘系的台脚。

早在1860年6月太平军攻克苏州以前,金国琛已多次向胡林翼请假回江阴原籍探亲。1860年4月21日,胡林翼写信给金国琛说:"奉手书。讲理,则我为理短(金已十余年未回家);讲情,则兄为情长。批准则我为难,批驳则兄为难。"④尽管如此,胡林翼还是"坚留之",并即致函粮台,"票兑千金专寄逸亭,遣迎其母驻黄州"⑤。金逸亭这才安心下来。王有龄的阴谋未能得逞。

1861年9月,李秀成、李世贤指挥太平军进击浙江,10月,围攻杭州。11月,清政府命令曾国藩节制苏、浙、皖、赣四省军事,又以左宗

---

① 胡林翼:《致官揆帅庚申三月初九日》,载郑敦谨编《胡文忠公遗集·抚鄂书牍》(卷七十一),同治六年黄鹤楼刻本,第14页。

② 胡林翼:《致粮台庚申》,载郑敦谨编《胡文忠公遗集·抚鄂书牍》(卷七十二),同治六年黄鹤楼刻本,第10—11页。

③ 王有龄致金国琛函,载《胡文忠公手翰·群公手翰》(卷下),清光绪十九年江阴金氏刻本。

④ 胡林翼:《复金逸亭庚申闰三月初一日》,载郑敦谨编《胡文忠公遗集·抚鄂书牍》(卷七十一),同治六年黄鹤楼刻本,第17页。

⑤ 胡林翼:《致粮台庚申》,载郑敦谨编《胡文忠公遗集·抚鄂书牍》(卷七十二),同治六年黄鹤楼刻本,第10—11页。

棠赴浙"剿办"，该省提督、总兵以下均归节制。李元度率"安越军"来到浙赣边境，也归左宗棠节制调遣。王有龄坐困危城，呼救不迭。湘系即"以其人之道还治其人之身"，左宗棠按曾国藩指示"舍浙保江"①，在浙、赣边境徘徊不进，勒马观变。12月29日，太平军攻取杭州，王有龄走了罗遵殿的老路，穷蹙自尽。翌年1月23日，左宗棠接任浙江巡抚，湘系终于夺回了浙江地盘②。

曾国藩、胡林翼等满口孔孟之道，什么仁义道德，又是什么"不诚无物"，然而在与政敌斗争的时候，隔岸观火，坐山观虎斗，口蜜腹剑，阴谋陷害，什么残忍的手段都使得出来。营垒内部的派系斗争，是令人触目惊心的。

二、曾、胡湘系与胜保的矛盾斗争

胜保，字克斋，满洲镶白旗人。举人出身，历官顺天府教授、赞善、侍讲、光禄寺卿等职。1853年，以内阁学士任江北大营帮办钦差大臣琦善军务。同年5月，天官副丞相林凤祥等率太平军北伐，胜保奉命追击北伐军，迁帮办河北军务，不久被任命为钦差大臣，咸丰皇帝特赐神雀刀，许其先斩后奏，平步青云，权势显赫。1854年，加太子少保衔。1855年，授蓝翎侍卫，充伊犁领队大臣。1857年，授副都统衔，帮办河南军务，开始与湘、楚军发生纠葛。

胜保此人，个性刚愎跋扈，胜则攘功，败则诿过，山东巡抚张亮基就是被胜保参劾落职的，湘系为此颇为不快。胜保麾下没有嫡系基本部

---

① 曾国藩：《复左季高太常》，载李瀚章编《曾文正公全集·书札》（卷十七），光绪丙子传忠书局版，第19页。

② 参见董蔡时著：《论曾国藩和何桂清争夺江浙地盘的斗争》，载《浙江学刊》，1985年第2期。

队,所部绿营兵战斗力弱,是陈玉成的手下败将,被陈玉成蔑视为"胜小孩"。胜保指挥无能,而以招降纳叛,以及攘夺别部精锐部队、扩充自己的实力为能事。

曾、胡湘系与胜保的矛盾斗争,正是从阻止胜保企图攘夺湘、楚军开始的。

汪士铎曾说:"咸丰以来,战皆楚勇,……今言兵者,动曰楚勇。"①这是对湘、楚军的吹嘘,但在当时清军普遍腐化、不堪战阵的情况下,湘、楚军确实是最凶悍的武装力量,各地统兵大帅每欲"向湖北派兵"②,有的甚至图谋夺取湘、楚军,据为己有。王有龄、胜保就是典型人物。然而,曾、胡湘系集团中人多以军功发迹,湘、楚军是曾、胡湘系的血本和军事实力基础,如胡林翼所说,"身在干戈之际,气魄、资望一钱不值""手中腹中无兵无将,即一步不行"③。因此,曾、胡湘系集团视湘、楚军如生命,绝对不许他人染指。

1858年3、4月间,固始、商城告急,胜保(时帮办河南军务)行札调遣湘、楚军舒保部马队,命令舒保部由光州、固始分两路"进剿",并要挟说,"如有迟延,即指名照有心贻误从重严参"。企图拉走舒保部马队归他节制调遣。胡林翼勃然大怒,一面令舒保置之不理,一面利用钦差大臣督办湖北军务湖广总督官文的地位来压胜保,他拉住官文会衔上奏说,舒保现在是"特简汉军副都统二品大员,胜保乃严札驱迫,加以苛词,似于体制未协。师克在和,古有明训。将帅先以乖离,则士卒安能豫附?即使舒保带兵进剿,将来束缚驰骤,亦必以不和贻误军机"。又

---

① 汪士铎:《上胡宫保书》,载《汪梅村先生集》(卷十),光绪七年刊本,第2页。

② 胡林翼:《致李希庵方伯庚申七月十九日》,载郑敦谨编《胡文忠公遗集·抚鄂书牍》(卷七十六),同治六年黄鹤楼刻本,第17页。

③ 胡林翼:《致左季高京卿庚申六月十九日》,载郑敦谨编《胡文忠公遗集·抚鄂书牍》(卷七十五),同治六年黄鹤楼刻本,第22—23页。

进而攻讦胜保说："盖以权术凌人，可驭不肖之将，而亦仅可取快于一时。"应由鄂省责成舒保审察情形，"相机进剿。毋庸强归邻省节制调遣"①。清政府批准了官文、胡林翼的奏折。这是双方较量的第一个回合，胡林翼胜利了。

1858年5月，湘、楚军攻陷九江，李续宾等统带全军扑犯皖北。这时，胜保已被任命为钦差大臣督办安徽军务。曾国藩忧心忡忡地说："胜帅总统皖事，不知迪庵能伸缩自如否？设有为难之处，非润公不能扶助而安全之也。"②胡林翼不负所望，先下手为强，又把官文推在前面，领衔会奏说："楚军经臣与胡林翼历年训练调遣，将士诚信相孚，如身之使臂，臂之使指，故能所向克捷，未便由他省调归别部。出境后，水陆各军应仍责成都兴阿、李续宾、杨载福统制，以一事权而期得力，此兵心向背攸关，未便另移节制。"紧要军务仍由官文、胡林翼具奏。清政府批复："他省带兵大员不得调归节制。"③这是胡林翼与胜保明争暗斗的第二个回合，胡林翼又斗赢了胜保。

1859年4月，胜保上《通筹剿贼大局宜合力并举并绘图呈览折》，再次奏调湘、楚军到皖北作战，以便相机夺取湘、楚军的指挥权。胡林翼洞烛其奸，毫不让步，再次奏称，"湘、楚军兵力不足，未可深入安徽"。杨载福等性气刚严，威望已隆，"必非他人所能指挥"。该将领等与我"共事最久，诚信相孚，必可得其心力。设异日出省远剿，骤归他人节制，恐心志不能齐一，性情未必相投，……于事未必有益"。湘、楚军与胜保所部"不若各剿各路，以专责成"。胡林翼又进而奏请："嗣后楚

---

① 胡林翼：《奏陈皖匪上犯官军扫平贼垒并收复英山县城疏八年二月二十五日》，载郑敦谨编《胡文忠公遗集·奏疏》（卷二十七），同治六年黄鹤楼刻本，第6—8页。

② 曾国藩：《与左季高》，载李瀚章编《曾文正公全集·书札》（卷六），光绪丙子传忠书局版，第29页。

③ 胡林翼：《条陈楚军水陆东征筹度情形疏八年五月二十二日》，载郑敦谨编《胡文忠公遗集·奏疏》（卷二十九），同治六年黄鹤楼刻本，第17—19页。

军无论入皖界、入江南境,其粮饷、军火及调度机宜均归臣官文及臣胡林翼一手经理。"①这是胡林翼与胜保较量的第三个回合。

第四个回合是在1860年秋。英法联军攻抵京津,胜保奉命节制八旗禁军及各路"勤王"之师,奏准调鲍超霆军北援,归其统带。对曾、胡湘系集团来说,既是"君父之难",那么"旨调楚军,则有兵无兵,有饷无饷,均不能辞"②。鲍超部北援势在必行,北援后又势必被胜保所侵夺,这是曾、胡湘系所决不甘心的。胡林翼的第一个对策是商请都兴阿会奏,将鲍超部隶于都兴阿,由都兴阿统带北上。他致书都兴阿说:"弟意当会奏请归兄统带,以联军心而资熟手。"③都兴阿是江宁将军,是旗籍大将,其官位堪与胜保相埒,他与胡林翼长期共事,私交甚厚。胡林翼指望借助于都兴阿,不使胜保谋夺鲍超霆军。拖宕十日,胡林翼又决定亲率鲍超北上,并密函曾国藩,"归期一则,只可密存于心,恐有挟君命以谋夺楚军者"④。胡林翼唯恐算计不周,与曾国藩商定,奏请清政府于曾、胡二人中择一带霆军北上入卫。显然,曾、胡有一人北上,胜保便不能侵夺霆军。胡林翼训诫鲍超说:"九月二十五日涤帅奉旨,因某帅奏调弟军北援,奉严旨饬令鲍超迅速北上,交胜保管带。涤帅与兄深知其为人忮忌贪诈……惟北援是君父之急难,不敢不遵,万不可以他词推诿。其时涤帅筹思无策,只得应允自行北援或兄北援,以兄与涤帅若能北行,则所带将士或不致十分饥困,亦不致受人折磨也。"⑤

---

① 胡林翼:《遵旨复奏征皖孤军未可深入疏九年四月十七日》,载郑敦谨编《胡文忠公遗集·奏疏》(卷三十三),同治六年黄鹤楼刻本,第1—5页。
② 胡林翼:《复李少荃观察庚申八月十四日》,载郑敦谨编《胡文忠公遗集·抚鄂书牍》(卷七十七),同治六年黄鹤楼刻本,第5页。
③ 胡林翼:《致都直夫将军庚申九月初五日》,载郑敦谨编《胡文忠公遗集·抚鄂书牍》(卷七十七),同治六年黄鹤楼刻本,第18页。
④ 胡林翼:《复曾钦使庚申九月十四日》,载郑敦谨编《胡文忠公遗集·抚鄂书牍》(卷七十七),同治六年黄鹤楼刻本,第24页。
⑤ 胡林翼:《致鲍春霆镇军庚申十月初八日》,载郑敦谨编《胡文忠公遗集·抚鄂书牍》(卷七十八),同治六年黄鹤楼刻本,第25页。

诚然，曾、胡湘系集团迟迟不救"君父之难"，还有其他缘故，但不使胜保挟君命以夺霆军，无疑是重要原因。由于《北京条约》签订，而且清政府毕竟担心湘、楚军北上而贻误"东南大局"，曾、胡湘系集团终于得旨"毋庸北上"。胜保谋夺湘、楚军的企图化为泡影，曾、胡湘系集团弹冠相庆。

胡林翼对胜保切齿痛恨，认定"此君不去，皖难未已"①，湘系集团也无法控制安徽地盘。然而，胜保是满洲贵族，眷宠隆洽，权势显赫，要赶走胜保并不容易。胡林翼斟酌情势，笼络、利用督办三省剿匪事宜的袁甲三和安徽巡抚翁同书来排挤胜保。

袁甲三（1806—1863），字新斋，号午桥，河南项城人。进士出身，历官礼部主事、军机章京、御史、给事中等职。1853年，赴安徽帮办团练。1856年，袁甲三在河南归德组成马队三千人，自成一军。1857年，会同胜保在正阳关一带进攻捻军。1858年，奉命"督办三省剿匪事宜"。"胜保与甲三意不合，屡疏诋之。"②袁甲三因受胜保的排挤，遂倾向曾、胡湘系集团。胡林翼决意利用胜、袁之间的矛盾，帮助袁甲三来抗衡胜保。

1858年8月间，就在胡林翼竭力抵制胜保染指湘、楚军的同时，他却决定分拨湘军唐训方部以充实袁甲三的实力。不久，胡林翼因母丧回籍，此事暂时搁置。年底，胡林翼因三河溃败夺情视师，返回湖北，又立即写信与袁甲三联系，信中说，唐训方一军三千余人，"始意欲以此助淮北，于六月拟之，七月乃成之，其时先慈见背，迟至近日尚未成行"，请即"预示""进兵之路"。胡林翼又特地关照："唐公是朴实人，不堪为

---

① 胡林翼：《致严渭春廉访己未七月二十三日》，载郑敦谨编《胡文忠公遗集·抚鄂书牍》（卷六十五），同治六年黄鹤楼刻本，第12页。

② 赵尔巽：《清史稿》（卷四百一十八），中华书局1977年版，第12113页。

他人任使，专隶麾下，则尚可尽力也。"①胡林翼这里所说不可为他人任使，不是别人，正是指的胜保。不料胜保于此时将袁甲三劾去，袁被召回京，此事作罢。胜保、袁甲三同办皖北军务，在拨兵问题上，胡林翼对胜、袁二人的态度判若水火，实在难以掩盖利用袁甲三抗衡胜保的企图。胡林翼辩白说："林翼与午公未谋一面，而独怜其诚，岂有私哉？"②他说得娓娓动听，实际上，袁甲三之"诚"，是诚意接近曾、胡湘系集团，胡林翼之"私"，是加强袁甲三的实力，以达到联袁驱胜的私衷。这才是胡林翼这段辩解的真谛。

袁甲三内召不久，1859年5月，署理漕运总督，仍与胜保这个"恶客为邻"。袁甲三无饷无兵，对曾、胡湘系来说，情况并无多少好转。胡林翼便又施展手段，利用翁同书推举袁甲三主持军务，排挤胜保。

翁同书（1810—1865），字祖庚，号药房，江苏常熟人，大学士翁心存长子。进士出身，曾官贵州学政，是胡林翼的旧交。1853年，翁同书赴江北大营给琦善办理文案。从1858年起就任安徽巡抚，与胜保共事。胜保"胜不相让，败不相救，轻而不整，贪而无亲"，翁同书上疏"屡以微词弹之"③。胜保与翁同书"相构"④，矛盾程度虽不及胜、袁之间那么尖锐，但胜保的专横跋扈也促使翁同书倾向于依附胡林翼，对胡林翼往往言听计从。

1859年8月，胡林翼致书翁同书说，"劾胜既不能，则不如推袁"，

---

① 胡林翼：《致袁午桥钦使戊午十二月十六日》，载郑敦谨编《胡文忠公遗集·抚鄂书牍》（卷五十九），同治六年黄鹤楼刻本，第32页。

② 胡林翼：《致云贵总督张石卿己未正月初八日》，载郑敦谨编《胡文忠公遗集·抚鄂书牍》（卷六十），同治六年黄鹤楼刻本，第9页。

③ 胡林翼：《致曾涤生星使己未七月二十九日》，载郑敦谨编《胡文忠公遗集·抚鄂书疏》（卷六十五），同治六年黄鹤楼刻本，第12页。

④ 胡林翼：《致钱萍矼典试己未八月初一日》，载郑敦谨编《胡文忠公遗集·抚鄂书牍》（卷六十五），同治六年黄鹤楼刻本，第15页。

主持军务,"一推再推三四推,深心妙用,贤明自有权度"①。这就是说,明为"推袁",实为"劾胜",真是深心妙用,权术高明。胡林翼又写信告诉曾国藩,翁同书因与胜保存在着深刻的矛盾,又不能参劾胜保,想托病告归,"五、六次言风痹""此无益于己,何不及早推袁,尚可望其积渐成功,一推再推三推,必报可矣""据私函(翁同书致胡林翼函——引者注),颇谓然矣"②。翁同书依计而行。到了1859年11月,恰值胜保丁忧解任,清政府即以袁甲三"署钦差大臣,督办安徽军务,实授漕运总督"。胡林翼喜不自胜,写信给翁同书说:"午桥握篆,推袁之功效已可见矣。"③又说:"胜既走而推袁,军声较为联络。"④至此,胡林翼通过袁甲三和翁同书赶走了胜保,隐然左右安徽政局,为湘系集团扫除了控制安徽地盘的最大障碍。1861年2月,清政府召翁同书回京,同时,任命曾国藩湘系集团重要人物李续宜为安徽巡抚,李续宜因回援湖北,旋改湖北巡抚,至1862年1月,再改回皖抚,湘系集团完全控制了安徽。值得一提的是,胜保在 1862年曾奏诉:"楚军动辄连衔要结,众口一词。而奴才一介孤臣,安能与之较长短?"⑤胜保的这段话,倒是对他和曾、胡湘系集团矛盾斗争失败的一个真实写照。

---

① 胡林翼:《致皖抚翁祖庚己未七月初七日》,载郑敦谨编《胡文忠公遗集·抚鄂书牍》(卷六十五),同治六年黄鹤楼刻本,第7页。
② 胡林翼:《致曾涤生星使己未七月二十九日》,载郑敦谨编《胡文忠公遗集·抚鄂书牍》(卷六十五),同治六年黄鹤楼刻本,第13页。
③ 胡林翼:《致皖抚翁祖庚己未十月》,载郑敦谨编《胡文忠公遗集·抚鄂书牍》(卷六十六),同治六年黄鹤楼刻本,第19页。
④ 胡林翼:《致翁祖庚中丞己未十一月十三日》,载郑敦谨编《胡文忠公遗集·抚鄂书牍》(卷六十七),同治六年黄鹤楼刻本,第1页。
⑤ 第一历史档案馆所存档案:《胜保折同治元年》。

第十二章 "外国主抚、内匪主剿"的决策

胡林翼担任湖北巡抚期间（1855—1861），英法联军发动了侵略中国的第二次鸦片战争（1856—1860），胡林翼虽未奉命办理对外交涉，但他对这一重大问题无法回避，必然要受到这块试金石的检验。

据《庸庵笔记》载："楚军之围安庆也，文忠曾往视师，策马登龙山，瞻昐形势，喜曰：'此处俯视安庆，如在釜底，贼势虽强，不足平也。'既复驰至江滨，忽见二洋船鼓轮西上，迅如奔马，疾如飓风，文忠变色不语，勒马回营，中途呕血，几至坠马。文忠前已得疾，自是益笃，不数月薨于军中。"①薛福成笔下刻画的胡林翼是一个忧国荩臣的动人形象。胡林翼的一些言论，似乎也娓娓动听，1859年，胡林翼致书郭嵩焘说："人御外侮，莫如自修。譬之治疽者，先固正气，乃可渐逼邪毒，不使上犯而内侵也。西洋之夷，不过谋利，外强中干，人固不察耳。俄夷则窥视黑龙江，已成根本之患。近年财力与人力，均非急切可谋，因夷人之恐吓而遽尔上渎聪听，又岂能以口舌争回耶？欲用兵力，非侧身修行，搏精揖志，访举人才不可。期以十年，或有成功，今尚非其时也。"②1860年9月，胡林翼说："夷情必有举动，海防最为紧急。不

---

① 薛福成：《荩臣忧国》，载《庸盦笔记》（卷一），江苏人民出版社1983年版，第16—17页。
② 胡林翼：《致郭筠仙太史论买马己未》，载阎敬铭编《胡文忠公遗集·书牍》（卷五），同治五年重刊本，第12页。

战而和，示之弱矣，折冲樽俎，未可易言。然本年断不可议和也。"①胡林翼的这些话，乍听"忧愤何深"，然而细细体味，却都是一些不着边际的空话。沙俄逼迫签订《中俄瑷珲条约》，鲸吞中国领土，胡林翼说要期以十年，或可用兵，眼下怎么办？当然只好听之任之。英法联军进犯京、津，胡林翼说不可不战而和，却又拒不派兵北上"勤王"（下文论及），不能为"折冲樽俎"之谋。"今年断不可议和"的空话，怎么能救兵临城下的燃眉之急？

实际上，胡林翼早就抱定了对外国侵略者妥协、对国内革命人民镇压的决策。1860年7月，他在致严树森的书札中明确表示："弟于兵戎之事，向以外国主抚、内匪主剿为定见。"第一次鸦片战争结束时，清政府屈辱投降，签订了不平等的《中英南京条约》。曾国藩说，此次议抚，是出于不得已，"以大事小，乐天之道，孰不以为上策哉"。曾国藩说，对外投降，是"以大事小，乐天之道"，是"上策"。胡林翼说"主抚"是他的"定见"。他们的对外态度，何其相似尔。

1860年秋，英法联军侵占天津，进犯北京，清政府急令曾国藩湘系集团派鲍超部霆军北上"勤王"。当时，胡林翼、曾国藩正在指挥湘、楚军全力围攻安庆。太平天国方面，东征之役开辟了苏福省根据地，全力援救安庆提上了议事日程，英王陈玉成率领所部太平军攻入皖北，拟联合捻军南下安徽舒城、桐城，谋解安庆之围。安庆前线大战在即，调兵北援的谕旨把曾国藩和胡林翼弄得"寸心扰扰无定"。胡林翼一会儿说"北征入卫，无成败可见，利钝可言，亦不能以吴、楚安危为念，此间闻命即行"②，一会儿说"勤王之义，拜表即行，因与贼近，改为请旨，吾

---

① 胡林翼：《复宋雪帆工部庚申六月初一日》，载郑敦谨编《胡文忠公遗集·抚鄂书牍》（卷七十六），同治六年黄鹤楼刻本，第19页。

② 胡林翼：《复曾钦使庚申九月十四日》，载郑敦谨编《胡文忠公遗集·抚鄂书牍》（卷七十七），同治六年黄鹤楼刻本，第23页。

等惟应视义所在耳"①。曾国藩说:"大抵天下有理有势,北援理也,保江西、两湖三省,势也。吾辈但求目前之职位,求不违乎势,而亦不甚悖乎理。"②他们"求不违乎势"是真,所谓"不甚悖乎理"完全是欺人之谈。

1860年9月25日,清政府发出调鲍超部北援的谕旨,曾国藩于半个月之后接到谕旨,他没有立即发兵,延搁十日后,至10月19日发出奏疏,奏请清政府于曾国藩、胡林翼两人中"择一入卫"。这样,即使咸丰皇帝接到曾国藩的奏疏后,即刻指定北上人选,发出谕旨,到曾国藩再接到命令的时候,一往一返,又已拖宕一个多月。曾国藩、胡林翼明知英法联军兵临城下,清政府飞召外援,间不容发,他们判定战局短期内即见分晓,故意设法拖延,无异拒绝北援。后来,战局的发展,果不出曾胡所料,清政府很快屈辱求降。

另一方面,迫于朝命,胡林翼、曾国藩等又不得不作北援的具体安排。胡林翼说,他如"以身赴援,酌带二、三、四等之将如鲍(超)、如余(际昌)之类"③。曾国藩说,他如北上,"拙计定带兵不满一万"④。当时,安庆外围与皖南湘、楚军屯兵不下七万左右,将兵云集。胡林翼和曾国藩仅欲以二、三、四等之将,不满一万之兵北援。正如胡林翼和曾国藩所供认,"北征入卫,无成败可见、利钝可言""北援不必多兵……有济无济,听之可也"⑤。很明显,他们根本就不相信有战胜英法

---

① 胡林翼:《复李少荃观察庚申九月十日》,载郑敦谨编《胡文忠公遗集·抚鄂书牍》(卷七十八),同治六年黄鹤楼刻本,第7页。
② 曾国藩:《复胡宫保》,载李瀚章编《曾文正公全集·书札》(卷十三),光绪丙子传忠书局版,第11—12页。
③ 胡林翼:《致李续宜函》,载湘乡李氏藏《曾胡手札》,文海出版社,第475页。
④ 曾国藩:《复胡宫保》,载李瀚章编《曾文正公全集·书札》(卷十三),光绪丙子传忠书局版,第13页。
⑤ 曾国藩:《致九弟咸丰十年九月十四日》,载李瀚章编《曾文正公全集·家书》(卷七),光绪丙子传忠书局版,第8页。

侵略者的可能。

值得注意的是，曾国藩在奏报中说："臣若蒙钦派北上，则当与左宗棠同行，皖南暂不能进兵，只能退守江西境内。胡林翼若蒙钦派北上，则当与李续宜同行，皖北暂不能进兵，只能退守湖北境内。"①但是，曾国藩和胡林翼已商决部署。曾国藩致书左宗棠说："北援，专以明臣子之义，不问事之济否。润去则留希以保湖北，弟去则留公以保江西，弟与润两人之意皆已决矣。"②这就是说，决不带走左宗棠和李续宜这两个一等将领。曾国藩的奏报隐去这一内定情节，谎称或左宗棠、或李续宜必与同行，以迫使清政府考虑北援对东南战事的严重影响。曾国藩料定这样必能耸动清政府，他们所玩的花招定会奏效，所以他很有把握地说："请派入卫之疏必不允准，吾辈得以一意筹谋南事。"③

曾、胡对北援的抵制，目的只有一个，就是"一意筹谋南事"，留精兵悍将于镇压太平天国的内战战场，但求"无裨益北，而犹不掣动南三省之局"④。胡林翼和曾国藩在这个战略决策方面完全一致，后来清政府并没有斥责曾、胡对北援上谕的迁延顽抗，而是收回成命，11月3日，清政府发出谕旨说："皖南、北均当吃紧之时，该大臣等一经北上，逆匪难保不乘虚思窜，扰及完善之区，江西、湖北均为可虑。曾国藩、胡林翼均着无庸来京。"⑤

英法联军逼近北京时，咸丰皇帝逃奔热河，肃顺等人随行。咸丰皇帝的异母弟恭亲王奕䜣奉命留京与英法联军议和。在谈判过程中，奕䜣

---

① 曾国藩：《复奏胜保请飞召外援折咸丰十年九月初六日》，载《曾文正公全集·奏稿》（卷二），世界书局版，第359—360页。
② 曾国藩：《复左季高》，载李瀚章编《曾文正公全集·书札》（卷十三），光绪丙子传忠书局版，第19页。
③ 曾国藩：《致李续宜函》，载《曾胡手札》，文海出版社，第104页。
④ 曾国藩：《复胡宫保》，载李瀚章编《曾文正公全集·书札》（卷十三），光绪丙子传忠书局版，第14页。
⑤ 贾桢等辑：《筹办夷务始末》（咸丰朝卷六十七），中华书局1979年7月版。

等人被侵略者拉过去了，英国公使普鲁斯说，他们"造成了一个倾心于并相信（同外国）友好交往可能性的派别"①。这个派别就是以奕䜣为首的清政府中的洋务派。

《北京条约》签订后，英法联军陆续撤出北京，俄国与法国又提出愿意出兵帮助清政府镇压太平天国。围绕着是否"借师助剿"等问题，清政府中以肃顺为首的顽固派和以奕䜣为首的洋务派意见相左，发生了激烈的争吵。顽固派对列强这个昨天的敌人疑惧难解，深恐列强包藏祸心，"与发匪勾结"，反对"借师助剿"。奕䜣等认为，列强"并无勾通贼匪各情""若抚驭得宜，不但不虑其为害，转可以为我用"②，主张"借师助剿"。咸丰皇帝遂令袁甲三、薛焕、曾国藩等东南地方督抚议复。

漕运总督袁甲三奏复："夫战不胜，则和不久，虽暂时言和，亦必终归于战。"夷情叵测，变诈靡常，"恐竟与发逆勾结"③。他反对"借师助剿"。

江苏巡抚薛焕奏复，列强欲出兵"助剿"，"是出于该使臣等之抒忱自请"，允其来助，"于殄贼柔远，皆有裨益"④。他赞成"借师助剿"。

两江总督曾国藩上《复陈洋人助剿及采米运津折》说，列强请"助剿发逆，自非别有诡谋""无论目前资夷力以助剿济运，得纾一时之忧，将来师夷智以造炮制船，尤可期永远之利"。应"奖而允之，许其来助，示以和好而无猜，缓其师期"⑤。

袁甲三断然反对，薛焕极力赞同，比较起来，曾国藩的奏折措辞微

---

① 坂野正高：《中国和西方（1858—1881）：总理衙门的起源》，哈佛大学出版社1964年版，第241页。
② 贾桢等辑：《筹办夷务始末》（咸丰朝卷七十），中华书局1979年7月版。
③ 贾桢等辑：《筹办夷务始末》（咸丰朝卷七十），（卷七十一），中华书局1979年7月版。
④ 贾桢等辑：《筹办夷务始末》（咸丰朝卷七十一），中华书局1979年7月版。
⑤ 曾国藩：《复陈洋人助剿及采米运津折咸丰十年十一月初八日》，载《曾文正公全集·奏稿》（卷二），世界书局版，第369—370页。

妙。"许其来助",是表示赞同;"缓其师期",是婉词拖宕。胡林翼对这个奏折极为"奖赞"。据曾国藩复书胡林翼说:"得惠缄,承奖赞。借夷助剿一疏,系左季翁捉刀为之,鄙人不办此也。至于大败之后,力不能振,和好之初,情不宜拒,此则鄙见与季公相同。此时以甘言德我,我乃峻辞拒之,异时以恶言加我,我反哀辞求之,不亦晚乎。似宜虚与委蛇,与之为婴儿,与之为无町畦。"①

曾国藩等自称"为无町畦""虚与委蛇",实际上倾向性是明显的,极望"资夷力以助剿济运",纾一时之困。那么他们为什么又说要"缓其师期"呢?

第一,和清政府内部的矛盾斗争有关。胡林翼等对清政府内部的派系斗争是了如指掌的,他们和京中的朝臣有频繁的联系。户部左侍郎梁瀚(字海楼)给胡林翼的一封复信说,时事艰难,"前所恃以无恐者,天子圣明,乾纲独断,冀望大有振作,渐挽狂澜。今则情形大非昔比,为左右数人(指肃顺等)所蒙蔽,权渐下移"。咸丰皇帝出奔热河,皆肃顺等"暗中安排""迨翠华已行,而百官犹梦梦也"。"恭邸(指奕䜣)在京,为保全大局,忍气吞声,勉为和议。虽宗社无恙,而元气大伤,冀望銮舆速返,极力整顿""又为此数人所阻"②。梁瀚攻讦肃顺,吹捧奕䜣,向胡林翼透露了朝中派系斗争的情况。曾、胡等人和肃顺一派的联系素来密切,湘系人物王闿运等久在肃顺幕府,当然对朝内的矛盾斗争更有所闻。肃顺长期左右朝政,"主用湘军,曾国藩、胡林翼每有陈奏,多得报可"。"左宗棠为官文所劾,赖其调护免罪,且破格擢用"③。曾国藩集团能够发展,可以说和肃顺的一贯护持有很大关系。此时,肃顺在

---

① 曾国藩:《复胡宫保》,载李瀚章编《曾文正公全集·书札》(卷十三),光绪丙子传忠书局版,第47页。
② 梁瀚庚:《申腊月廿日致胡林翼函》,载黄濬《花随人圣庵摭议·补篇》,上海古籍书店1983年10月第1版,第44—45页。
③ 赵尔巽:《清史稿》(卷二百八十七),中华书局1977年版,第11700页。

热河把持国政，权势显赫。奕䜣在北京羽翼渐丰，交结洋人，炙手可热，已经隐然形成了两个权力中心，政柄谁属，尚难预卜。曾国藩、胡林翼等既不愿声言赞同肃顺，也不便公然投向奕䜣。曾国藩奏折的微妙之处在于，"许其来助"表明了曾国藩集团的倾向，支持了以奕䜣为首的洋务派，"缓其师期"则又敷衍了以肃顺为首的顽固派。显然，曾、胡等人的这种态度是清政府内部派系斗争的特殊产物。这种暧昧态度，成为他们在清政府内部派系倾轧的夹缝中有效的生存之长技。辛酉政变后，肃顺等人被杀，奕䜣等洋务派人物掌权，"肃党"被清洗，湘系却更加得到重用，这时的曾国藩等人已经逐渐转化为洋务派了。

第二，胡林翼等人所以说要"缓其师期"，又因为他们恐怕列强"助剿"的要价太高，担心事定之后别有所图，他们也还没有完全排除对列强的疑虑。曾国藩说："自古外夷助中国，成功之后，每多意外要求。"[1]胡林翼说："周之犬戎、唐之吐蕃、五代之契丹，其明验也。"[2]但是，一旦他们以后"悟"出了英法联军侵入北京后，并"不伤我宗庙社稷……有德于我"，有意维护清朝统治的道理，原来的一点儿疑虑全都化为子虚乌有。以后，曾国藩湘系集团就会和外国侵略者勾结，共同镇压太平天国。这是"外国主抚、内匪主剿"决策必然的发展结果。

---

[1] 曾国藩：《复陈洋人助剿及采米运津折咸丰十年十一月初八日》，载《曾文正公全集·奏稿》（卷二），世界书局版，第369页。

[2] 胡林翼：《复袁午桥钦使庚申十一月十五日》，载郑敦谨编《胡文忠公遗集·抚鄂书牍》（卷八十），同治六年黄鹤楼刻本，第9页。

第十三章　指挥湘、楚军攻陷安庆

一、安庆战役开始时双方的军事决策和军事部署

1860年2月，湘、楚军攻陷太湖与潜山，进窥安庆。

胡林翼指挥湘、楚军与陈玉成部太平军作战数年，胜负互见。他说陈玉成"颇知兵"。为了顽抗太平军，他针对太平军的战略战术制定对策。

胡林翼认为，"发逆自粤西起事以来，每以坚城坚垒牵缀我兵，而转于无兵及兵弱之处狡焉思逞"①，"裹官军之后路与饷路"②。就是说，在胡林翼看来，太平军的战略战术是攻守结合，以坚城坚垒牵制敌军，迫使敌军攻坚，消耗兵力；以精锐部队运动作战，包抄敌军后路，伺机歼敌。胡林翼又认为，湘、楚军和其他各部清军往往"犯此忌而不之防"，以致挫败。他总结教训，并提出了一些战略战术原则：

第一，严戒攻坚。太平军以坚城坚垒牵缀敌军，其"坚忍善守"③连

---

① 胡林翼：《致多都统庚申九月初一日》，载郑敦谨编《胡文忠公遗集·抚鄂书牍》（卷七十七），同治六年黄鹤楼刻本，第16页。

② 胡林翼：《致多鲍唐蒋四帅己未十一月十七日》，载郑敦谨编《胡文忠公遗集·抚鄂书牍》（卷六十七），同治六年黄鹤楼刻本，第7页。

③ 曾国藩：《预筹三支水师折咸丰十年五月十七日》，载《曾文正公全集·奏稿》（卷二），世界书局版，第335页。

胡林翼、曾国藩等也不能不承认。胡林翼总结攻坚的教训说："昔年攻武昌，攻梅家洲、攻九江，均无计不施，无丑不备。"①1858年李续宾三河败绩，既因攻九江时"士卒多伤"，也因入皖后接连攻打太湖、潜山、桐城、舒城，"每克一城，中伤千人。攻坚为下策，已犯兵家之深忌"②。"用军之道，全军旅为上策，得土地次之。"必须严戒攻坚，保存有生力量。

第二，围点打援。胡林翼认为，用兵之道，又以"杀贼为上策，破援贼为大功，得城池次之"③。攻坚必不可，城不可不围。"非合围则城贼不急，外贼不援""城不围，则贼不来救，亦必不能得战"④。就是说，围城是为了打援，消灭太平军的有生力量，然后收克城之效，即胡林翼所谓"援贼破，则城贼自穷"⑤。

第三，防"抄后"。胡林翼认为，围城部队"面向坚城，志有所伺，则不能顾其后与旁"，而太平军又善于包抄敌军后路与饷道，乘间抵隙，拊围师之背，因此，必须预留劲旅，作机动兵力，一以打援，一以"预杜抄后之贼"，不可"有围师而无备剿、备战之兵"。胡林翼分析江南大营溃败的原因时说，就用兵调度而言，"患在有围兵而无备战之兵，有守兵而无备剿之兵。以七八万人顿于城下，贼从后路、旁路纷扰"，而不得已再三分兵，结果，"应战之兵气已挫，而围城之兵力又单，乃得乘间抵

---

① 胡林翼：《致唐义渠蒋之纯两观察己未正月》，载郑敦谨编《胡文忠公遗集·抚鄂书牍》（卷六十一），同治六年黄鹤楼刻本，第3页。

② 胡林翼：《致严渭春观察戊午十一月二十四日》，载郑敦谨编《胡文忠公遗集·抚鄂书牍》（卷五十九），同治六年黄鹤楼刻本，第28页。

③ 胡林翼：《复多都统庚申五月二十四日》，载郑敦谨编《胡文忠公遗集·抚鄂书牍》（卷七十四），同治六年黄鹤楼刻本，第13页。

④ 胡林翼：《致左季高京卿庚申九月十七日》，载郑敦谨编《胡文忠公遗集·抚鄂书牍》（卷七十八），同治六年黄鹤楼刻本，第12页。

⑤ 胡林翼：《致各帅庚申五月十七日》，载郑敦谨编《胡文忠公遗集·抚鄂书牍》（卷七十三），同治六年黄鹤楼刻本，第16页。

隙以陷其营垒，此金陵军营之覆辙也"①。

胡林翼指挥湘、楚军进犯安庆的决策和部署，完全体现了上述战略战术原则。

太湖、潜山失守后，太平军退守安庆、桐城。湘、楚军方面，胡林翼扎大营于英山，曾国藩扎大营于宿松，鲍超请假回籍，多隆阿部扩充至马步万余人。1860年3月，李续宜自湖南回到安徽，与曾国藩、胡林翼商议进攻安庆的军事部署。5月定议，以曾国荃率部进犯集贤关、与水师会攻安庆为一路，以多隆阿部进兵桐城为另一路，以李续宜部万人驻青草塥为机动部队，是为第三路。

胡林翼认为，三路之中，以围困安庆为先着，他说，"安庆一郡，为吴楚咽喉，江淮腰膂"，屏藩金陵。况陈玉成家眷尽在城里，围安庆必能打陈玉成援军。围安庆即不宜再围桐城，否则，"精兵尽成呆着"。"只须合围安庆，其余精兵均应备援备战。"显然，胡林翼的军事部署所体现的战略意图是构成安庆、桐城、青草塥为据点的预置阵地，围点打援，变攻局为守局，反客为主，以逸待劳。

胡林翼又认为，陈玉成"破金陵而从东坝、浙江、溧阳、溧水、宜兴下手；救九江而从麻城、黄安下手"，前事可鉴。这次陈玉成来援安庆，"非纷扰内地"不可。于是，命余际昌部驻防霍山之黑石渡、三石岭；成大吉部驻防罗田松子关，梁作楫部驻防麻城；自己仍扎大营于英山，以重鄂皖边界防务。

5月中旬，湘、楚军部署既定，曾国荃部开始攻打安庆城北要隘集贤关。多隆阿部驻扎桐城城西之挂车河，进攻桐城，阻止桐城太平军南下支援安庆守军。太平军西线形势吃紧。

东线，李秀成、陈玉成等部太平军联兵作战，分进合击。1860年5

---

① 胡林翼：《致李方伯多都护庚申》，载郑敦谨编《胡文忠公遗集·抚鄂书牍》（卷七十二），同治六年黄鹤楼刻本，第22页。

月15日，太平军击溃天京城郊的江南大营。江南大营主帅和春与张国梁等率领残兵败将溃退丹阳一带。太平军军威大振，东线的军事形势立见好转。这时，东征苏常、彻底歼灭江南大营、扩大二破江南大营之役的战果，保卫安庆，粉碎湘、楚军的进攻，扭转西线的不利形势，这两项战略任务便一齐提上了太平军的议事日程。

5月11日，太平军高级将领举行军事会议，会上发生了争议，"英王意在救安省，侍王意取闽浙"，干王洪仁玕认为，乘胜下取苏常等地，"其功易成。一俟下路既得，即取百万买置火轮二十个，沿长江上取；另发兵一枝，由南进江西；发兵一枝，由北进蕲、黄，合取湖北，则长江两岸俱为我有，则根本可久大矣"①。李秀成赞同洪仁玕的主张。天王洪秀全批准了洪仁玕提出的战略方案，决定：第一步，东征苏常，夺取上海、苏州，购置火轮船重振太平军水师。第二步，回师西征，水陆三路合取湖北，占领长江中游的两岸地区。

洪仁玕所提战略方案的第二步军事行动，目标是重新开辟长江中游根据地，和太平军1853年举行的开辟长江中游根据地的西征战役有着战略的一致性，完全可以称为"二次西征"。这一方案如能实现，安庆之围可以不战而解。保卫安庆是包含在这一方案之内的。然而，形势的变化又促使洪秀全放弃了"二次西征"方案，做出了直接解安庆之围的新决策。

1860年5月中旬，在李秀成等指挥下，太平军开始东征。5月19日，在丹阳击毙张国梁。5月26日，攻克常州。6月2日，攻取苏州，建立苏福省。此后，主力直趋上海，分兵一支，经由吴江攻入浙江。9月中旬，进攻上海的太平军因英法侵略者的干涉受挫；进攻浙江的太平军在嘉兴与清军鏖战，攻势稍滞。时届仲秋，太平军虽未达到夺取上海的预定目

---

① 洪仁玕：《洪仁玕自述》，载太平天国历史博物馆编《太平天国文书汇编》，中华书局1979年8月版，第554页。

标，但是胜利完成了开辟苏福省根据地的任务。

据《李秀成自述》："八月中旬（天历八月中旬为、农历八月上旬、公历9月中下旬——引者注），天王严诏颁到，命我（赴）上由［游］推［催］我领军而去扫北。"①就是说，到长江北岸作战，直接解安庆之围②。此前，陈玉成已先于8月下旬回师，9月经由天京渡江，领军攻向皖北定远、寿州、六安等地。天王洪秀全调集太平军两大主力回师径赴皖北，显然已经放弃了"二次西征"方案，重新决策直接解安庆之围。

当时，确实也存在促使天王洪秀全改变战略决策的客观原因。

第一，太平军领导人制定"二次西征"方案时，是把购置火轮船、重振太平军水师考虑在内的。事实上，没有一支强大的水师以取得长江的制水权，"二次西征"难期成功。第一次西征中战事的胜利与失败，无不与长江制水权的得失相关，对太平军领导人来说，可谓殷鉴不远。但是，东征的结果，未能攻取上海、购置火轮船重振水师，要重新开辟长江中游根据地，势有所不能。这样，"二次西征"就有改变的必要。

第二，"二次西征"方案制定时（5月11日），安庆形势渐渐吃紧，但不能说危急。曾国荃部自5月中旬开始攻打集贤关，尚未进薄城下掘壕围城。更重要的是，枞阳还在太平军掌握之中。枞阳为安庆守军之后路与饷道，如胡林翼所分析："安庆之要在枞阳，不得枞阳，即顿兵城下一

---

① 李秀成：《李秀成自述》，载太平天国历史博物馆编．《太平天国文书汇编》，中华书局1979年8月版，第513页。

② 李秀成说，天王命他赴上游，领军扫北。又说，那时，正逢有江西、湖北起义首领四十余名"具禀差使到稣［苏］，恭呈降谏［表］投军。是以将此情由具本奏复，云我招集此等之人数十万，再行遵诏扫北。""到京，将来情启奏，不欲扫北。""故而逆主之命，信友之情，从师而上江西、湖北。"从李秀成的这些话中可以看出：第一，天王命李秀成"扫北"，李秀成要去江西、湖北，是"逆主之命"，则"扫北"决不是进军江西、湖北。第二，天王命李秀成赴上游，而又不是去江西、湖北，那就只能是去安徽。既谓"扫北"，具体说，又只能是皖北（这里指长江北岸的安徽地区）。"扫北"就是到长江北岸作战，直接解安庆之围。

二年，贼可徜徉自如，……我不能谁何也！"①枞阳未失，湘、楚军不能合围安庆。但到6月以后，安庆战场形势发生严重变化。6月21日，湘军水师以韦俊所部降军为前驱攻陷枞阳。8月4日至8日，曾国荃部万人进驻集贤关内，逼扎安庆城下，开掘长壕，合围安庆②。稍后，到10月5日，"安庆文报、接济已断"③。天王洪秀全正是在这种形势下放弃"二次西征"方案的，安庆危急产生了重新决策的必要。

第三，太平军东征之役虽未达到全部预定目标，但战果辉煌。首先，太平军在人力、物力方面得到了极大的补充。曾国藩说："苏常失守，金陵师溃，目下贼数骤多至数十倍，……凶悍亦倍于往年。"④胡林翼说，"贼踞富庶之要区，动挟数十余万众"，其势"大非昔比"⑤。力量对比发生了有利于太平天国的变化。其次，太平军犁庭扫穴，歼灭了江南大营，开辟了苏福省根据地，并控制了浙江嘉兴一带。如曾国藩所说："嘉兴溃，而浙中无牵制之师；金坛、常昭陷，而江左有长驱之势，各股悍贼遂得全力上犯。"⑥胡林翼也说："自金陵溃失，下游无一卒一兵为牵缀疑忌之势，贼遂并力西犯"。⑦就是说，东征苏常后，太平军暂时摆脱了两线作战的严重不利局面，可以全力倾注西线。太平军军势大振，又无东线后顾之忧，这就产生了集中主力部队投入皖北，直接解安

---

① 胡林翼：《致严渭春阁丹初庚申闰三月二十六日》，载郑敦谨编《胡文忠公遗集·抚鄂书牍》（卷七十一），同治六年黄鹤楼刻本，第23页。

② 曾国荃：《与邢星槎观察》，载肖荣爵编《曾忠襄公书札》（卷一），第21页。

③ 胡林翼：《复曾沅圃观察庚申八月二十一日》，载郑敦谨编《胡文忠公遗集·抚鄂书牍》（卷七十七），同治六年黄鹤楼刻本，第7页。

④ 曾国藩：《致澄弟咸丰十一年辛酉四月二十四日》，载李瀚章编《曾文正公全集·家书》（卷七），光绪丙子传忠书局版，第36页。

⑤ 胡林翼：《复官撚帅庚申十月十八日》，载郑敦谨编《胡文忠公遗集·抚鄂书牍》（卷七十九），同治六年黄鹤楼刻本，第12页。

⑥ 曾国藩：《统筹缓急机宜折咸丰十年十月初四日》，载《曾文正公全集·奏稿》（卷二），世界书局版，第363页。

⑦ 胡林翼：《上王春缓师辛酉五月初一日》，载郑敦谨编《胡文忠公遗集·抚鄂书牍》（卷八十三），同治六年黄鹤楼刻本，第12页。

庆之围的可能。

正是基于上述之必要和可能，洪秀全放弃了"二次西征"方案，做出了直接解安庆之围的战略决策。

二、胡林翼支持曾国藩建立祁门大营，全力争夺安庆

1860年5月，太平军击破江南大营后，继续挥戈东征，席卷苏常，歼灭江南大营。清政府一直对曾国藩心存疑忌，本想以曾国藩湘军与太平军主力在长江中游厮杀，而让江南大营在下游收攻陷金陵之功。至江南大营覆灭，清政府只好寄全部希望于湘、楚军。曾国藩集团也看出了这一点，曾国藩说："苏州失守，……东南大局一旦危裂，皖北各军必有分援江、浙之命，非胡润帅移督两江，即余往视师苏州。"①据薛福成记载："文宗欲用胡公总督两江，肃顺曰：'胡林翼在湖北措注尽善，未可挪动。不如用曾国藩督两江，则上、下游俱得人矣。'上曰：'善。'遂如其议。"②6月初，清政府赏曾国藩兵部尚书衔，署理两江总督，命令曾国藩立即率领所部各军，急赴江南，攻复苏常。同时，又命荆州将军都兴阿赴扬州督办江北军务，由官文、胡林翼筹拨马步兵勇四五千人交都兴阿统带去扬州。对曾国藩、胡林翼来说，如果执行清政府的命令，安庆战场将顿时减少兵力近两万人，军事部署将完全被打乱。曾国藩部安庆围师一撤，则多隆阿部必须从桐城退兵，胡林翼英山大营、余际昌霍山一带防兵等均须酌退，势必不能围攻安庆而尽弃前功。曾国藩函商胡林翼说："侍虽办两江之事，……图上游以为图下游之根本，一定之理

---

① 曾国藩：《致澄侯四弟咸丰十年四月二十四日》，载李瀚章编《曾文正公全集·家书》（卷六），光绪丙子传忠书局版，第63页。

② 薛福成：《肃顺推服楚贤》，载《庸庵笔记》（卷二），江苏人民出版社1983年版。

也。"我既任两江总督,即须渡江东下,但"江南、江北总求呼吸相通,侍驻南岸,求阁下移驻宿松,相距较近,以便随时飞商一切。仍拟造渡船一百号,每号载六、七十人,置于东流、安庆之间,南北两岸有非常之警,则渡兵过江,互相救应"①。因此,曾国藩坚持不撤安庆围师,奏称,"安庆一军,目前关系淮南之全局,将来即为克复金陵之张本。……目下安庆之围不可骤撤。臣函商官文、胡林翼酌拨万人,先带起程",由宿松移驻皖南。曾国藩很清楚,清政府既然任命他权制两江,则"职应南渡,不敢稍缓",但他又决不肯远离安庆战场。移驻皖南,既可与安庆战场兵气联络,又可作一个准备进兵苏常的姿态。他振振有词地说,这样就可"固吴会之人心,而壮徽、宁之声援"②,以此敷衍清政府要他进兵苏常的命令。

胡林翼也担心曾国藩进兵苏常而造成兵分力单,难以对付太平军援救安庆。他说:"设涤帅去后,秋冬之间,贼必有三、四十万大股并力西犯。必不尽从南路犯怀、桐,从北路商、固、英、霍、光州分犯楚疆,以掣怀、桐之兵,使之回顾而溃退。其分犯之时,又必先有二、三支分犯江西及南岸等处,使我兵分力弱,再以大股直犯北岸,使之应接不暇。"③曾国藩移驻皖南,即可屏藩安庆战场湘、楚军的南翼,并可相机渡江策应。

于是,曾国藩留曾国荃部继续围攻安庆,另请官文、胡林翼分拨万人随他去皖南建立祁门大营。

摆在胡林翼面前的,一是廷旨严催拨兵给都兴阿以赴江北;一是曾

---

① 曾国藩:《复胡宫保》,载李瀚章编《曾文正公全集·书札》(卷十一),光绪丙子传忠书局版,第18页。

② 曾国藩:《通筹全局并办理大概情形折咸丰十年五月初三日》,载《曾文正公全集·奏稿》(卷二),世界书局版,第331页。

③ 胡林翼:《致彭雪琴方伯庚申四月十七日》,载郑敦谨编《胡文忠公遗集·抚鄂书牍》(卷七十三),同治六年黄鹤楼刻本,第2页。

国藩函商分军以建立祁门大营。胡林翼毫不迟疑地调拨鲍超霆军六千人、游击杨镇魁部一千人，合曾国荃部所抽拨之两千人（另由胡林翼募勇补足）共近万人交由曾国藩统辖。对于廷旨，则迟不遵行。胡林翼上奏辩解说，他所以不拨兵给都兴阿，因为：一是楚军兵力不足以分援各处。二是"勇不同兵，非自募难期得力"，都兴阿以"北人而管带南勇"，实不相宜。三是都兴阿"精力已逊于前"，且"腿疾不能骑马""冲锋陷阵，深恐未能"，应"另简大员驰往江北"①。胡林翼的这些话分明是诡辩。

第一，湖北兵力不足分援各处，这不完全符合实际情况，否则，何以得曾国藩一函，胡林翼立即分拨万人，都兴阿依据谕旨，屡次相求，胡林翼却坚决拒绝？第二，勇与兵不同，这是实际情况，但北人管带南勇，在湘、楚军早有先例。如多隆阿所部万人，除马队外，全是南勇。都兴阿久在湖北，与湘军关系一直不错，胡林翼自己曾经奏称都兴阿"素与南勇一心一力"②。后来又曾说都兴阿统带南勇可以"联军心而资熟手"③。独独此时说都兴阿不宜统带南勇，显然是不愿分兵的遁词。第三，胡林翼奏陈都兴阿腿疾云云，但这并不妨碍清政府任以"督师"，如"上谕"所称："该将军久历戎行，晓畅兵机，正可藉资调度，不必冲锋陷阵。"④

胡林翼理屈词穷，仍然执意拨兵支援曾国藩而拒不分兵给都兴阿。论者每以为于此可见清方军务中，私情关系甚重。但是，这种解释尚不

---

① 胡林翼：《奏陈筹拨招募并军情贼势缕晰情形疏十年五月二十二日》，载郑敦谨编《胡文忠公遗集·奏疏》（卷三十七），同治六年黄鹤楼刻本，第20—22页。

② 胡林翼：《起复水师统将以一事权并密陈进剿机宜疏七年九月二十六日》，载郑敦谨编《胡文忠公遗集·奏疏》（卷二十一），同治六年黄鹤楼刻本，第2页。

③ 胡林翼：《致都直夫将军庚申九月初五日》，载郑敦谨编《胡文忠公遗集·抚鄂书牍》（卷七十七），同治六年黄鹤楼刻本，第19页。

④ 胡林翼：《奏陈筹拨招募并军情贼势缕晰情形疏十年五月二十二日》，载郑敦谨编《胡文忠公遗集·奏疏》（卷三十七），同治六年黄鹤楼刻本，第33页。

足以解释这一事件的全部实质。因为，以私情论，胡林翼与都兴阿私交甚厚，胡林翼一再赞誉都兴阿"忠勤素著""有丰镐故家之遗风，近年内大臣之从军于外者，无此质地""忠良谆谨……可敬可爱"①。胡林翼自己说："霆、礼既拨，何厚于涤？昌字不拨，何薄于都？"②这固然不全是实话，却正可说明，分兵给曾国藩而不分兵给都兴阿，不是私情厚薄所能解释清楚的。

应该说，胡林翼援曾不援都的深刻原因在于：胡林翼和曾国藩同是湘系集团中人，这一关系已超过一般私情。都兴阿不是集团中人，私情虽重而较集团关系为轻。抗朝廷之命、营派系之私，才是这一事件深刻的原因，即此一事，正可见胡林翼经理曾国藩湘系集团的苦心，此其一。胡林翼当时正在全力谋攻安庆，祁门离安庆不过三百余里，分军支持曾国藩建立祁门大营，尚可随时得到曾国藩的策应（以后的事实也证明了这一点），是名为分军而实未分军。相反，都兴阿要求絜带余际昌一军同行，远赴江北，则霍山驻防无兵。胡林翼岂肯虚霍山之防而分兵给都兴阿？此其二。

在胡林翼的支持下，1860年7月，曾国藩率领一万余人自宿松渡江，由建德往祁门建立大营。曾国藩原先曾奏称，移驻皖南后，"分兵三路"进军苏常。第一路由池州进窥芜湖，与湘军水师就近联络。第二路由祁门至旌德、太平，进图溧阳，与张芾等军相联络。第三路分防广信、玉山，以至衢州，与张玉良等军相联络③。曾国藩自宿松移驻皖南，不过是做一个进军苏常的姿态，移军祁门途次，他又立刻借口"目今贼

---

① 胡林翼：《致曾涤帅庚申》，载郑敦谨编《胡文忠公遗集·抚鄂书牍》（卷七十二），同治六年黄鹤楼刻本，第9页。

② 胡林翼：《致省中诸公庚申五月》，载郑敦谨编《胡文忠公遗集·抚鄂书牍》（卷七十三），同治六年黄鹤楼刻本，第15页。

③ 曾国藩：《通筹全局并办理大概情形折咸丰十年五月初三日》，载《曾文正公全集·奏稿》（卷二），世界书局版，第331页。

焰弥盛，占地愈广。我军挟全力以进攻，不患贼之逼我前，而患贼之抄我后"，奏称"须广布局势，稳立脚根""注重安庆、皖南，不敢先图苏常一隅"①。清政府无可如何，同意曾国藩的奏请，但命令他尽早进兵苏常。

1860年7月28日，曾国藩抵达祁门，建立大营，并催鲍超等归营，另奏请仍留左宗棠襄办军务，速从湖南带勇到皖南。8月10日，清政府实授曾国藩两江总督、钦差大臣督办江南军务，再令曾国藩三路进兵，规复苏常。曾国藩终未从祁门拔营东进，他一面在皖南厚集兵力，一面和胡林翼就近联络，以便随时支援安庆战场。祁门大营的建立，成为安庆战场湘、楚军的侧翼，从南面屏蔽安庆围师，形成了曾胡联兵、全力"注重安庆"的形势。胡林翼满意地说："大抵贼必先图皖南、江右，以解安庆之围。涤帅万人渡江，先扼祁门，已得总要。"②曾国藩、胡林翼把全部赌注都押在争夺安庆上了。

三、陈玉成进攻挂车河、枞阳，胡林翼移营太湖

1860年5、6月以后，随着湘、楚军加强对安庆的攻势，安庆战场烽烟四起。6月21日，杨载福、彭玉麟湘军水师以韦志俊降军为前驱，攻陷安庆后路重要据点枞阳。8月上旬，曾国荃部万人进薄安庆城下，开挖长壕围城，安庆开始处于湘军水陆师合围之中。9月初，多隆阿率领马步万余人进扎桐城城西，一月之中，屡次猛攻桐城。安庆城中太平军嗷嗷望援。

---

① 曾国藩：《妥筹办理并酌拟变通章程折咸丰十年五月十七日》，载《曾文正公全集·奏稿》（卷二），世界书局版，第339页。
② 胡林翼：《复多都护庚申五月二十一日》，载郑敦谨编《胡文忠公遗集·抚鄂书牍》（卷七十四），同治六年黄鹤楼刻本，第9页。

自1860年初太湖、潜山之战后，陈玉成率军回援天京，参与击破江南大营之役。李秀成挥师东征之际，陈玉成转战苏、浙、皖交界地区，掩护李秀成东征，并在这一带扩充了部队。据记载：陈玉成麾下杰天义赖文光、平西主将吴定彩等部，大多数兵士是新参军的"苏常、广德、宁国"等地农民群众①。8月底至9月初，陈玉成军从皖南广德回师，取道建平、东坝、溧阳、句容等地，由天京下关渡江，进攻皖北，谋解安庆之围。

这时，天王洪秀全已经放弃"二次西征"方案，命令李秀成率所部赴皖北作战，解安庆之围。李秀成留下大量主力部队驻守苏福省和浙江嘉兴一带，仅统带三万余人到天京，他向天王洪秀全奏称：等他先到江西和湖北南部招齐"义民"后再"遵诏扫北"。9月下旬，李秀成率部出发，"逆主之命，信友之情"，取道皖南西行招兵，游离于解救安庆的战略任务之外。太平军方面，只有陈玉成一军投入安庆战场，势孤力单。相反，湘、楚军兵力雄厚，安庆、桐城、青草塥一带预置阵地陈兵三万以上，霍山、罗田、英山、潜山山区一带后路又陈兵万余人，加上曾国藩祁门大营万余人（后至三万左右）又可相机抽兵渡江策应。于此已可见，陈玉成解救安庆，战事前景未可乐观。

陈玉成渡江后，遣军攻向定远等地，与捻军龚得树、孙葵心等部会合后，联兵南下。11月下旬，陈玉成军和捻军经舒城而南，逐渐集结于庐江、桐城等地。旋即在挂车河一带筑垒四十余座，与多隆阿部对阵。11月26日，12月5日，太平军两次与多隆阿军接战，未能获胜。12月10日，李续宜部自青草塥出动，与多隆阿部夹击陈玉成军，尽毁太平军营垒。陈玉成军被迫退入桐城，捻军退入庐江，另谋善策。

挂车河之战历时半月，湘、楚军仅获小胜，知太平军主力完整，不

---

① 沈懋德：《沈懋德上金逸亭禀帖》，载苏州博物馆、江苏师院历史系、南京大学历史系编：《太平天国史料专辑》，上海古籍出版社1979年10月版，第454页。

敢懈怠。胡林翼说:"希庵曾有密信寄我,此次贼多且悍,迥非昔年可比。即战胜之后,礼堂、希庵之恐惧更甚于前。"①胡林翼一直担心六安、霍山、罗田一带防务,曾拟由多隆阿部或李续宜部兼顾六安、霍山防务②。挂车河之战,陈玉成军来势勇猛,鏖战半月,倾注全力图解安庆之围,虽经小挫而主力完整。胡林翼觉得陈玉成"与怀、桐交战而无意于罗(田)、麻(城)"③,这样,他除了仍然严饬余际昌等严密防守外,不再抽拨多隆阿部或李续宜部兼防六安、霍山,成为以后陈玉成袭破霍山、攻入湖北之伏机。

陈玉成军和捻军在桐城、庐江休整待机将近一个月,1861年1月2日,又发起枞阳之战,驻军于七里亭。湘军水师将领李成谋督同韦志俊部固守枞阳,韦志俊在上枞阳街头筑卡,扼守要冲。李成谋分派舢板船入莲花池内护卫营卡。1月4日,陈玉成军攻下枞阳河岸。1月5日,猛攻枞阳街卡。杨载福亲率湘军水师进援。陈玉成军不胜,退守官埠桥。此后,即在枞阳附近各山筑垒,与湘军连日酣战。2月10日(阴历正月初一日),陈玉成指挥太平军数路并进,攻袭枞阳④。陈玉成所派遣的另一路太平军也于本日"至无为州"⑤,以接应南岸太平军渡江,与陈玉成会合,援救安庆。

当陈玉成军在安庆战场激战时,南岸太平军辅王杨辅清军已先于9月下旬占领皖南重镇宁国。10月,侍王李世贤占领徽州、休宁。11月下

---

① 胡林翼:《致官揆帅庚申十一月二十三日》,载郑敦谨编《胡文忠公遗集·抚鄂书牍》(卷八十),同治六年黄鹤楼刻本,第14页。

② 胡林翼:《致各帅及各守令庚申十一月初三日》,载郑敦谨编《胡文忠公遗集·抚鄂书牍》(卷八十),同治六年黄鹤楼刻本,第1页。

③ 胡林翼:《致官揆帅庚申十一月二十三日》,载郑敦谨编《胡文忠公遗集·抚鄂书牍》(卷八十),同治六年黄鹤楼刻本,第14页。

④ 杨载福奏,载王先谦:《东华续录》(咸丰朝卷九十八),光绪十三年刻本,第8页。

⑤ 曾国藩:《致沅浦九弟咸丰十一年十二月三十日》,载李瀚章编《曾文正公全集·家书》(卷七),光绪丙子传忠书局版,第18页。

旬，忠王李秀成军也进入皖南，12月初，逼近祁门大营。曾国藩大营空虚，"人心大震"，曾国藩已准备一死。但李秀成军与鲍超等部在黟县交战失利，旋即避走。12月底，进至皖、赣边界。1861年1月1日，李秀成军占领江西德兴县，即停止西进，向东折回。1月10日，占领浙、赣交界处的浙江常山县，此后，顿兵不动二十余日，在常山过年。

据胡林翼1861年2月4日奏报称："探闻逆首陈玉成复纠约李秀成、杨七麻子（清方对杨辅清的诬称——引者注）及北路捻匪并力西犯，其大股贼匪均从南岸渡江而北会于无为、庐江，以图急援怀、桐。"[①]2月9日，曾国藩在给曾国荃的信中也说："搜获伪文，亦言金陵调杨七麻子、李寿成（即李秀成——引者注）援安庆"。并说陈玉成军已至北岸无为州。

显然，这份调杨辅清、李秀成从无为附近渡江援救安庆的所谓"伪文"，只能是天京统帅部的命令，天王洪秀全又在重申直接解安庆之围的决策，命令李秀成停止西进，并与杨辅清等渡江至无为、庐江，会同陈玉成急援安庆。但是，天王洪秀全的命令并未被执行，李秀成虽然暂时停止西进，但却返入浙江，到常山过年。杨辅清"本自立门户"，也未及时"赴北岸"[②]。因此，当陈玉成军在2月10日到无为接应时，戈铤无影，江水空流，并无李秀成、杨辅清的一兵一卒渡江。同日，陈玉成亲自指挥数路攻袭枞阳也告失败。2月12日，陈玉成未能得到李秀成、杨辅清援军，不得不结束枞阳之战，引军撤退[③]。

陈玉成军在枞阳鏖兵四十日之久，目的仍在直接解救安庆。这一

---

① 胡林翼：《请仍减成收捐以救饥军疏十一年十二月二十五日》，载郑敦谨编《胡文忠公遗集·奏疏》（卷四十），同治六年黄鹤楼刻本，第16页。

② 曾国藩：《致沅浦九弟咸丰十一年十二月三十日》，载李瀚章编《曾文正公全集·家书》（卷七），光绪丙子传忠书局版，第18页。

③ 杨载福奏，载王先谦《东华续录》（咸丰朝卷九十八），光绪十三年刻本，第8页。

点，胡林翼等是清楚的。胡林翼说，枞阳"韦部不支，则安庆必警。先拔枞阳与后拔安庆，较为得力且直接也"①。多隆阿说，陈玉成攻枞阳，"以另股伺我，欲官军之救枞阳，而间道以扑安庆之围"。因此，当陈玉成指挥主力部队发起枞阳之战后，李续宜等坚决敦请胡林翼移大营于太湖，以为安庆、桐城各军之江岸后路②。1861年1月中旬，胡林翼从英山拔营，抱病登程。1月23日，抵达太湖，扎下大营，"藉完后路城守，兼与前路桐城驿报捷近"③。

当1860年6月曾国藩奉命署理两江总督时，胡林翼曾写信给官文说："涤帅督吴，势不可留。……涤帅去后，英山控制不能四处周到，亦应移营。惟驻宿松则商（城）、固（始）北防太远；驻黄州则怀、桐、天堂、霍山太远。"④由于恐怕削弱霍山、英山等地防务，胡林翼犹豫，未敢从英山向南移营。

1860年10月，胡林翼料定陈玉成援军势将由北而南进攻桐城多隆阿军，又曾"拟移营黄梅，以实江岸后路。因虑六（安）、霍（山）、麻（城）、罗（田）警变，暂不移营"⑤。

这一次，胡林翼迫不得已从英山移营太湖，虽然加强了"江岸后路"，但也削弱了霍山、英山的兵势。陈玉成枞阳之战虽然也以失利告终，没有达到直接解救安庆的目的，但是，这一仗把湘、楚军的注意力更多地吸引到安庆、桐城及"江岸后路"，迫使胡林翼从英山移驻太湖。

---

① 胡林翼：《致多礼堂李希庵庚申十一月二十六日》，载郑敦谨编《胡文忠公遗集·抚鄂书牍》（卷八十），同治六年黄鹤楼刻本，第18页。

② 胡林翼：《复阎丹初农部庚申十一月二十八日》，载郑敦谨编《胡文忠公遗集·抚鄂书牍》（卷八十），同治六年黄鹤楼刻本，第18页。

③ 胡林翼：《请仍减成收捐以救饥军疏十一年十二月二十五日》，载郑敦谨编《胡文忠公遗集·奏疏》（卷四十），同治六年黄鹤楼刻本，第16页。

④ 胡林翼：《致官揆帅庚申闰三月二十日》，载郑敦谨编《胡文忠公遗集·抚鄂书牍》（卷七十一），同治六年黄鹤楼刻本，第27页。

⑤ 胡林翼：《复多礼堂都统庚申九月五日》，载郑敦谨编《胡文忠公遗集·抚鄂书牍》（卷七十七），同治六年黄鹤楼刻本，第19页。

胡林翼后来曾总结说，他"于八年冬扎营黄州，九年冬移营英山，十年冬，因怀宁、桐城吃紧，进扎太湖，贼遂由英山窜陷黄州，是臣锐意前路，而疏于后虑"①。陈玉成正是乘胡林翼的疏失，从霍山、英山一路攻入湖北的。

四、陈玉成攻入湖北，胡林翼分兵回援

胡林翼自英山移营太湖后，霍山一带防务仍责成余际昌。余际昌以所部二千人驻守乐儿岭，以萧翱等一千五百人驻防三石岭。②胡林翼反复叮嘱余际昌坚守勿出战。3月2日，陈玉成亲率数万人自桐城疾进霍山，"从霍之黑石渡绕出昌营之后"，余际昌自统之二千人战败溃散③。湖北门户洞开。胡林翼后来大骂："只恨盲人误认余为将才，又坚修碉卡托以边寄，方谓约定三月坚守（虽誓约三月，实则一月、半月必往援），可以固我边圉。孰知贼到即破，……孰料其不顾脸面若此。"④

3月14日，捻军首领龚得树奉陈玉成令统带捻军及太平军一部进攻罗田松子关并牵制成大吉部，不幸战死。捻军"散去二三万人，从舒（城）、庐（州）而归定远"，太平军三四千人往英山一路与陈玉成军会合。

---

① 胡林翼：《奏陈发捻大股犯楚请分别将弁功罪疏十一年三月十五日》，载郑敦谨编《胡文忠公遗集·奏疏》（卷四十），同治六年黄鹤楼刻本，第26页。

② 萧翱：《萧翱致金逸亭书冬月初二日》，载苏州博物馆、江苏师院历史系、南京大学历史系编《太平天国史料专辑》，上海古籍出版社1979年10月版，第455—456页。

③ 胡林翼：《奏陈大股发捻窜入英山等处现筹援剿情形疏十一年二月初十日》，载郑敦谨编《胡文忠公遗集·奏疏》（卷四十），同治六年黄鹤楼刻本，第18—19页。

④ 胡林翼：《复城守粮台公局辛酉四月十一日》，载郑敦谨编《胡文忠公遗集·抚鄂书牍》（卷八十三），同治六年黄鹤楼刻本，第1—2页。

陈玉成踏破霍山防线后，亲自率领主力数万人从乐儿岭一带向西南昼夜急进，3月14日，乘虚占领英山。17日，续占蕲水。18日，假冒余际昌部旗帜、号帽、衣褂，不战而下鄂东重镇黄州，前锋紧逼汉阳附近的滠口。

陈玉成击溃余际昌部，胡林翼大惊失色，奏称，"自进剿皖贼以来，凡东、北接连豫、皖之境。皆添设碉卡，分兵严守，以防贼之窜入"，这次陈玉成袭破霍山一带防线，即可"窜入英山，可以上窜汉（口）、黄（州）腹地，下扑怀、桐之背"①。他一面自请议处，一面飞檄商请驻扎青草塥之李续宜（时方升任安徽巡抚）全军回援武昌。太平军占领黄州后，胡林翼更是惊惧万状，他写信给李续宜说："贼偷入黄州，武汉震惊。恐又假冒官兵，掳船偷渡江汉矣。"②乃急调湘军水师回扼武昌江面。他又致函曾国荃说，武昌"存城兵二千、马队八十，战不能战，守不能守。……皆林翼之罪也"③。在给左宗棠的信中，他痛骂自己："笨人下棋，死不顾家。……欲生不得，速死不能。"④胡林翼久患肺痨，局势败坏，病情转重。他说，"用一分心即增十分病，用一日心即增十日病""近来五心烧热如火炙，夜间尤甚，……咳嗽吐浓紫色血"⑤"愿即军中以毕此生，无他念也"⑥。

---

① 胡林翼：《奏陈大股发捻窜入英山等处现筹援剿情形疏十一年二月初十日》，载郑敦谨编《胡文忠公遗集·奏疏》（卷四十），同治六年黄鹤楼刻本，第18—19页。
② 胡林翼：《致李中丞辛酉二月十一日》，载郑敦谨编《胡文忠公遗集·抚鄂书牍》（卷八十一），同治六年黄鹤楼刻本，第9页。
③ 胡林翼：《致曾观察辛酉二月十七日》，载郑敦谨编《胡文忠公遗集·抚鄂书牍》（卷八十一），同治六年黄鹤楼刻本，第18页。
④ 胡林翼：《复左京卿辛酉二月十四日》，载郑敦谨编《胡文忠公遗集·抚鄂书牍》（卷八十一），同治六年黄鹤楼刻本，第13页。
⑤ 胡林翼：《复曾使相辛酉二月十七日》，载郑敦谨编《胡文忠公遗集·抚鄂书牍》（卷八十一），同治六年黄鹤楼刻本，第19页。
⑥ 胡林翼：《复官中堂辛酉二月二十七日》，载郑敦谨编《胡文忠公遗集·抚鄂书牍》（卷八十一），同治六年黄鹤楼刻本，第22页。

胡林翼惊惧欲死，武昌更是慌乱不可言状。各粮台、军火总局闻警散尽。胡林翼的老婆陶琇芝吓得拖着儿子胡子勋（小名赐福）下船逃跑①。据郭嵩焘记，有人劝阻，"虑为民望也"。"夫人曰：'吾义在殉夫，无殉城之责。向者之不去，为老妇一身无所惜，今公以儿子属我，去，吾分也。'"②总督官文也吓破了胆，"将在城官兵一半留守省垣"，其余由他督带，"扼守省外要隘"③。官文仅千余马步兵勇，所谓"扼守省外"，无非是便于逃跑。

正当形势对陈玉成有利的时候，英国侵略者出来帮了胡林翼的大忙。

1861年3月初，英国水师提督何伯、参赞巴夏礼等依据从1858年的《中英天津条约》和1860年的《中英北京条约》所攫取的侵略特权，在长江中游"巡视"，"调查"开埠通商事宜，到达武汉。3月10日、12日，巴夏礼、何伯分别拜访官文，均受到官文的礼遇。3月21日，双方议定汉口英国租界条约。巴夏礼听说太平军攻占黄州，进逼武汉，即于3月22日亲到黄州活动。

巴夏礼到黄州后，受到陈玉成的友好接待。据巴夏礼的报告说：陈玉成诉称，他"奉南京之命来救援安庆，因此他曾向西进军，以便从西面攻打、包围安庆清军的背部"④。"他在十一天内接连夺取了三座城池，完成了六百华里的进军，现在他正准备或者攻打刚被他打败的满清军队的后背，以便把他们从安庆附近赶走；或者稍缓攻打这支清军，先

---

① 彭玉麟：《彭玉麟致曾国藩书》，载太平天国历史博物馆编《太平天国史料丛编简辑》（第六册），中华书局1963年版，第206页。

② 郭嵩焘：《胡母陶夫人祔葬志铭》，载《养知书屋遗集》（卷二十四），光绪壬辰孟秋月刊本，第6页。

③ 王先谦：《东华续录》（咸丰朝卷九十八），光绪十三年刻本，第13页。

④ 此引王崇武先生译文，载《历史教学》，1957年4期。英文原文为："……With the view of gaining the rear of the lmperial force besieging that city on the westrn side"，似应译为："……以便从西面攻打包围安庆清军的背部"或"……以便从西面掫安庆围师之背"。原文见：Prescoff Clarke and J. S. Gregory: Western reports on the tai—ping. Austalian National University Press，Canberra，1982.

夺取距黄州五十里的汉口。但他又说,进攻汉口,还在犹豫之中,因为他听说英国人已在那里设立租界。"

巴夏礼威胁陈玉成不得进攻汉口,因为那将"严重地损坏我们的商业"。

陈玉成接着告诉巴夏礼战场上各支太平军作战的大致情况,并对巴夏礼说,"英国占据汉口和武昌,让他自己占领汉阳"。毋庸讳言,这是损害主权的一个巨大让步。

但巴夏礼仍然鼓舌如簧地威胁陈玉成说,英国人到长江流域,纯粹是为了经营商业。"现在我们和清政府和平相处,就是因为我们和他们订立了条约,清政府给予我们在长江经商的权利。因为太平军每到一处,便毁坏了商业,如果这些明文规定开放给我们的商埠被太平军占据,则这种条约权利便变成一纸空文。汉阳是彼此相关的武汉三镇之一,三镇组成一个巨大的贸易场,……太平军夺取其中任何一个城市,难免不损坏整个大商港的贸易。因此,我奉告你们必须远离该埠。"值得注意的是,这段话中省略未译的英文原文为"Commonly called Hankow",意即"通常称为汉口"。巴夏礼明明懂得,武昌、汉阳、汉口应称为武汉,他偏偏信口雌黄,胡说是"称为汉口",这样,他就曲解了《天津条约》,把条约规定的开放汉口,歪曲为开放包括武昌、汉阳、汉口的武汉三镇。既不许陈玉成进攻汉口,甚至不许进攻并非条约城市的武昌和汉阳。

由于英国侵略者的干涉,陈玉成答应"将先巩固自己的占领区,然后看情形决定以后的进军方向,或许攻打黄州、安庆间的清军,或者攻打湖北北部"①。巴夏礼达到了阻挠陈玉成攻打武汉三镇的目的,离开黄州沿江东返。

---

① 王崇武译注:《英国侵略者破坏太平天国革命的一段史料——英国参赞巴夏礼报告在黄州访问英王陈玉成的经过》。载《历史教学》,1957年第4期。原文见:prescott clarke and J. S. Gresory: *Western reports on the Taiping*, p.339.

从上述陈玉成的谈话可以看出，陈玉成军攻入湖北，逼近武汉，并不是进行所谓"二次西征"战役，而是楔入湘、楚军后路，企图从湖北扺安庆围师之背，仅仅是一次战术迂回。正因为这样，攻占黄州后，陈玉成说他准备或者由黄州东向攻打安庆战场湘、楚军的背部，或者先夺取汉口，再扺安庆围师之背，目的都是把湘、楚军"从安庆附近赶走"。并非必须攻打武昌。他甚至建议由"英国占据汉口和武昌，让他自己占领汉阳"，更可见太平军实无会攻武昌的所谓"二次西征"战役。

陈玉成进行这一次战术迂回不是没有原因的。第一，陈玉成从天京渡江进入皖北后，为救安庆，必须首先击破挂车河多隆阿部，而这恰恰是湘、楚军预置的强大正面阵地。陈玉成或可先攻复枞阳，以通安庆饷道，而这里有湘军水师协同韦志俊部作战，太平军恰恰没有水师与之争衡。从1860年11月下旬到1861年2月中旬，陈玉成在安庆外围连续作战近三个月，为时已久，不能奏效，有必要避开敌军预置阵地的正面，进行战术迂回。攻入湖北，则或可挥师攻打安庆围师背部，或可进攻武汉，迫使湘、楚军回救。如胡林翼所分析："将劲兵调远，乃直下安庆，以扺围师之背。"①

第二，1861年2月10日，陈玉成军曾至安徽无为，准备接应李秀成军渡江参加安庆保卫战。李秀成并未按照天京统帅部的命令渡江急援安庆，而是顿兵于浙江常山，从容过年。2月12日（阴历正月初三日），李秀成军拔营西进，仍往江西和湖北南部招兵。

如前述及，李秀成出师前曾向天王洪秀全奏明，俟到江西、湖北招兵后再"遵诏扫北"，参加安庆保卫战。陈玉成迂回湖北，正是期望到湖北后能和李秀成军会合，再谋解安庆之围。

当陈玉成军攻占黄州时，李秀成军还远在江西建昌（今南城）。陈玉

---

① 胡林翼：《复曾使相辛酉二月十七日》，载郑敦谨编《胡文忠公遗集·抚鄂书牍》（卷八十一），同治六年黄鹤楼刻本，第19页。

成留下赖文光部驻守黄州,以黄州为基地,东向可以由黄梅、宿松直下安庆;隔江可与鄂南通声气,以便俟李秀成军抵达鄂南后就近联络。至3月下旬,陈玉成既不能攻打武汉,乃率军进攻湖北北部。3月26日,攻克黄安。28日,续克黄陂。29日,占领德安、孝感。4月2日,进占随州。续占云梦、应城,分军克蕲州。胡林翼判断:陈玉成"欲扰我腹地,使我军不得不分,乃狡焉肆出,以图解安庆之围。故其深入也,风驰雨骤,昼夜兼行,……意在牵制李续宜,使之愈追愈远"①。

李续宜军从青草塯回援后,由下巴河渡江,取道武昌县(今鄂城市),驰赴武昌省垣。胡林翼说"此举适中贼计",实则"欲防省城,应赖水师横截江面,或拨陆师三、四营足矣"②。李续宜接着以溮口为大营,遣军北进,进攻孝感、德安、随州等地,果然"愈追愈远"。

由于英国侵略者的干涉、阻挠,陈玉成未能攻打武汉,胡林翼犹如死里逃生,他写信给曾国荃说:"吐血之后,精力忽振,意兴顿扬,或犹可少缓须臾而见大勋之成也。"③

五、陈玉成从湖北回援安庆

1861年4月中下旬,李秀成军刚刚进入江西腹地吉安附近,陈玉成因安庆待援孔亟,分军据守德安、随州等地,继续牵制李续宜部,留下赖文光镇守黄州,准备与李秀成军联络。陈玉成亲自率领万余精锐,以

---

① 胡林翼:《复陈湖北兵力不敷暂难筹拨情形疏十一年三月初三日》,载郑敦谨编《胡文忠公遗集·奏疏》(卷四十一),同治六年黄鹤楼刻本,第2页。
② 胡林翼:《复曾使相辛酉二月十七日》,载郑敦谨编《胡文忠公遗集·抚鄂书牍》(卷八十一),同治六年黄鹤楼刻本,第19页。
③ 胡林翼:《复曾观察辛酉三月十二日》,载郑敦谨编《胡文忠公遗集·抚鄂书牍》(卷八十一),同治六年黄鹤楼刻本,第5页。

黄州为前进基地，挥师东向，回救安庆。

陈玉成这一次战术迂回，其成功之处在于：一是威胁湘、楚军的后方，迫使胡林翼从安庆战场抽调李续宜全军万人撤离青草塥回援湖北，扯薄了安庆围师后路的兵力，如杨载福所虑：胡林翼太湖大营（共三、四千人）和挂车河多隆阿部均不能阻遏陈玉成径援安庆。胡林翼也承认，"安庆一军，终是可危""安庆之背，终恶风寒"①。杨载福甚至劝胡林翼将太湖一军及多隆阿部"均撤至集贤关，协力防御安庆"②。二是攻占了黄州，以黄州为前进基地，可以避实蹈虚，避开挂车河敌军预置阵地正面，而由蕲州、黄梅、宿松一路直趋安庆，拊安庆围师之背。三是占据城池，就地征粮赡军，使湘、楚军饷项更为支绌。自1860年以后，湖北豢养湘、楚军"六万余人，每月军饷及制造、恤赏等项约需银四十余万两"。胡林翼竭力搜括，已入不敷出。1861年初，已"亏短月饷二百余万两"③。陈玉成攻入湖北，特别是占领黄州，令胡林翼大伤脑筋，他说，"湖北以黄州为钱粮之最，以汉阳为厘金之最。自扰乱时，一文不进，后患正未可言。""饷事日形艰巨，惭愧之至，悚惧之至"④。至1861年5、6月间，湘、楚军"水陆各军欠饷均至六月之久、四百万两之多"。甚至发生了信左营前哨哨官尹中钰、左哨哨官潘中和等人"歃血要盟，闹索口粮"案，胡林翼将尹中钰等处决，弹压闹饷事件⑤。但事物又是一分为二的，陈玉成这一次战术迂回也分散了他的兵力。为了牵制李续宜

---

① 胡林翼：《复杨军门辛酉二月二十二日》，载郑敦谨编《胡文忠公遗集·托鄂书牍》（卷八十一），同治六年黄鹤楼刻本，第21页。

② 胡林翼：《复杨军门辛酉三月十六日》，载郑敦谨编《胡文忠公遗集·抚鄂书牍》（卷八十二），同治六年黄鹤楼刻本，第9页。

③ 胡林翼：《请缓提漕折银两暂资饥军接济疏十年十二月初四日》，载郑敦谨编《胡文忠公遗集·奏疏》（卷三十九），同治六年黄鹤楼刻本，第21页。

④ 胡林翼：《致杨厚庵军门辛酉四月初九日》，载郑敦谨编《胡文忠公遗集·抚鄂书牍》（卷八十三），同治六年黄鹤楼刻本，第1页。

⑤ 胡林翼：《陈报自太湖督兵回鄂启程日期疏十一年五月十二日》，载郑敦谨编《胡文忠公遗集·奏疏》（卷四十一），同治六年黄鹤楼刻本，第26页。

部以及巩固自己的后路，陈玉成不得不"于德安、随州各留强贼万余，以死拒守"①。并分兵近万人分别据守黄州、蕲州等地。这样，陈玉成自湖北回救安庆时，兵力单薄，仅为万余人。

1861年4月21日，陈玉成率军攻占广济、黄梅，进克宿松。22日，以"游骑二百"试探胡林翼太湖大营，以太湖防守严密，绕道至宿松县属之桃花铺。23日，陈玉成批亢蹈虚，由石牌疾趋安庆。27日，进至安庆城北集贤关内外，开始攻击围困安庆的曾国荃部湘军。29日，陈玉成与安庆城中的叶芸来部守军遥相呼应，扎营于菱湖南北岸，运船至湖中相联络，与曾国荃部酣战不休。

由于李续宜全军回援，青草塥空虚，曾国荃部失去掩护。为了挽救这一危险局面，胡林翼采取了两个措施。其一，决定抽调成大吉部七营、胡达轩部三营，又商请多隆阿分拨马队六七百人，会同太湖大营抽拨之营，共计万人左右，"合并一处，相机攻剿"②，作为一支机动部队，以补李续宜部之缺，增援曾国荃，掩护安庆围师。其二，商请曾国藩从祁门拔营，移驻东流（安庆对岸上游百里左右），以更利于"联络南北两岸之兵气"③，就近策应安庆战场。

战争的漩涡旋转愈急，敌对双方都在向安庆战场投入更多的兵力。

太平军方面，天王洪秀全命令干王洪仁玕、章王林绍璋率军自天京增援陈玉成。5月1日，洪仁玕、林绍璋所部会同桐城、庐江前来的前军主将吴如孝等部共二万余人，自新安渡至横山铺、练潭一带，连营三十余里，将出马踏石过河，挺进安庆，会合陈玉成部，谋解安庆之围。多

---

① 胡林翼：《楚军截剿安庆援贼获胜疏十一年四月初七日》，载郑敦谨编《胡文忠公遗集·奏疏》（卷四十一），同治六年黄鹤楼刻本，第7页。

② 胡林翼：《复多都护辛酉三月二十三日》，载郑敦谨编《胡文忠公遗集·抚鄂书牍》（卷八十二），同治六年黄鹤楼刻本，第15页。

③ 胡林翼：《复曾使相辛酉二月十二日》，载郑敦谨编《胡文忠公遗集·抚鄂书牍》（卷八十一），同治六年黄鹤楼刻本，第2页。

隆阿命令雷正绾、曹克忠等分路攻扑练潭、横山铺等处。5月2日，双方接战，太平军受挫，退入桐城。

5月3日，定南主将黄文金由安徽芜湖率军七八千人渡江，赶至桐城，与林绍璋部会合，并约同捻军二万余人，均至桐城天林庄，筑垒二十余座，"欲泄前忿，窜入安庆"，会合陈玉成军。5月6日，黄文金等与多隆阿部激战于新安渡一带，时逢大雨，太平军收兵退入天林庄营垒，敌军亦收兵①。5月11日，天色晴霁，多隆阿部从新安渡、挂车河猛扑天林庄，黄文金等弃营退走桐城以东之孔城，不能进援陈玉成和安庆守军。

当洪仁玕、林绍璋、黄文金等在新安渡一带与多隆阿部激战之际，陈玉成在集贤关内外与安庆守军日夜夹攻曾国荃围师。曾国荃呼救告急，杨载福命参将蔡国祥将全营炮船由东岸抬入菱湖，5月2日，又调舢板入菱湖，陈玉成与安庆守军之间的联系被隔断。接着，"曾国藩暗调鲍超一军"由皖南渡江，"合成大吉之军由集贤关西北进剿"②，进击陈玉成军。多隆阿击败洪仁玕、林绍璋、黄文金等部援军后，率军自安庆东北会攻。5月10日，曾国藩也从祁门移驻东流，"与安庆相隔咫尺，尤可随时策应"③。湘、楚军主力如蝇如蚁，麇集安庆战场及外围地区，妄图一举歼灭陈玉成军。

陈玉成知援师隔绝，敌军已成合围之势，遂留靖东主将刘玱琳、傅天安、李四福等统带精锐部队数千坚守集贤关外赤岗岭四垒。5月19日，陈玉成自率马步五六千人，由冷水铺取道马踏石迳赴桐城，至马踏

---

① 胡林翼：《楚军截剿安庆援贼获胜疏十一年四月初七日》，载郑敦谨编《胡文忠公遗集·奏疏》（卷四十一），同治六年黄鹤楼刻本，第8—10页。
② 胡林翼：《奏陈楚军剿退安庆援贼疏十一年五月初六日》，载郑敦谨编《胡文忠公遗集·奏疏》（卷四十一），同治六年黄鹤楼刻本，第17页。
③ 胡林翼：《陈报自太湖督兵回鄂启程日期疏十一年五月十二日》，载郑敦谨编《胡文忠公遗集·奏疏》（卷四十一），同治六年黄鹤楼刻本，第25页。

石时，被多隆阿部追击，太平军将领黄金爱奉命断后，将士千余人战死。

胡林翼原拟以多隆阿部分驻唐家桥，以鲍超部七千人并成大吉部三千五百人进攻集贤关，逼使陈玉成突围，胡林翼梦想陈玉成"必为多公所擒"①。等到陈玉成突围而去桐城以组织援军再战，胡林翼又是失望，又是担忧，他写信给曾国藩说，前订"三面剿贼，贼乃预作走计，避实遁虚，猾贼伎俩，至此狡极"。陈玉成"此番扰犯，凡有一二千人之处，……即避走，专意蹈虚""扰害日久，饷用必竭，是吾忧也"②。

战争实践表明，自太平军救援安庆以来，驻扎挂车河的多隆阿部迭挫太平军援师，凶悍能战，机动灵活。5月20日，陈玉成到桐城后，急与洪仁玕、林绍璋等会商再援安庆。显然，进援安庆必须首先击破或重创多隆阿部，否则，终必为多隆阿部所阻遏和牵制。5月23日，陈玉成与洪仁玕、林绍璋、黄文金等督军分三路进攻挂车河多隆阿部，由挂车河崂岭尖之山巅至棋盘岭列队二十余里，江家桥等处筑坚垒八座，拟分三路围扑挂车河敌军。多隆阿闻风而动，于24日黎明分路出队迎战。双方在河边遭遇，激战数小时，太平军再次挫败，依然退回桐城。陈玉成回天京请天王洪秀全续派援军，再谋解救安庆③。

六、李秀成军攻入鄂南，胡林翼回驻武昌

当陈玉成从湖北回军，由黄州、宿松一路直捣安庆围师之背时，李

---

① 胡林翼：《致成武臣胡达轩周寿山辛酉四月初三日》，载郑敦谨编《胡文忠公遗集·抚鄂书牍》（卷八十二），同治六年黄鹤楼刻本，第25页。

② 胡林翼：《致曾制军辛酉四月十二日》，载郑敦谨编《胡文忠公遗集·抚鄂书牍》（卷八十三），同治六年黄鹤楼刻本，第3页。

③ 李秀成：《李秀成自述》，载太平天国历史博物馆编《太平天国文书汇编》，中华书局1979年8月版，第521页。

秀成军正在江西腹地进军。1861年4月22日，李秀成放弃吉安，继续引军北上，进军赣西北。4月30日，李秀成军围攻临江。5月2日，解临江围，转攻瑞州。5月15日，占领瑞州。接着，挥师向鄂赣边界地区挺进，5月23日，占领武宁。5月30日，占领义宁（今修水县）。逼近湖北南部的崇阳、通山、通城等地，全军扩充至七八万人①。

这时的安庆战场，陈玉成会同洪仁玕、林绍璋、黄文金、孙葵心等再攻挂车河已经战败，由桐城进援安庆已属无望。安庆城中太平军及集贤关内外各垒太平军仍在坚守待援。曾国荃派军筑长壕将集贤关内菱湖北岸十三垒围困。胡林翼又命鲍超、成大吉率部专攻集贤关外赤岗岭四垒。赤岗岭四垒守军是太平军百战精锐，能战善守，5月20日一战，刘玱林等击毙鲍超部百余人，打伤七八百人。5月21日，胡林翼急忙写信告诫鲍超和成大吉："莫攻贼垒，而于距贼垒二里以外，以兵力分前后左右围之，……邀截樵汲。"胡林翼预料，赤岗岭守军不久将"无水无米无薪，自行崩溃"②。

6月初，胡林翼突然改变主意，决定回兵武昌。这是因为：第一，"据崇阳县报，四月十一日（公历5月20日——引者注），贼陷义宁州"，并至武宁。"武昌一府上下四旁均虞扰窜。且蕲州、黄州之贼闻风掳划船，以备偷渡南岸"。恐太平军"南北通气，打成一片"。第二，"闻安庆近得奸商艇船接济"③，"如安庆米多，必应奏撤"，而"分兵坚守潜

---

① 官文等奏，载奕䜣等撰《钦定剿平粤匪方略》（卷二百六十六），同治十一年铅印本，第32页。据胡林翼：《致各大帅及各营四月二十四日》，李秀成军攻占义宁为5月20日。

② 胡林翼：《致鲍军门成总镇辛酉四月十二日》，载郑敦谨编《胡文忠公遗集·抚鄂书牍》（卷八十三），同治六年黄鹤楼刻本，第3页。

③ 胡林翼：《致各大帅及各营辛酉四月二十四日》，载郑敦谨编《胡文忠公遗集·抚鄂书牍》（卷八十三），同治六年黄鹤楼刻本，第11页。

（山）、太（湖）、石牌，而后以多公重兵回剿鄂疆"①。显然，李秀成大军兵临鄂南，使胡林翼十分惊恐，他又认为安庆米多，非旦夕可下，胡林翼瞻前顾后，乱了"枪法"，不惜撤安庆之围，回兵保湖北。

胡林翼撤围安庆的想法，遭到曾国藩的反对。曾国藩力主不撤围，早在4月间，曾国藩写信给曾国荃说："群贼分路上犯，其意无非援救安庆，无论武汉幸而保全，贼必以全力回扑安庆围师。即不幸而武汉疏失，亦必以小支牵缀武昌，而以大支回扑安庆，或竟弃鄂不顾。去年之弃浙江而解金陵之围，乃贼中得意之笔，今年钞写前文无疑也。无论武汉之或保或否，总以狗逆（对陈玉成之诬称——引者注）回扑安庆时，官军之能守不能守以定乾坤之能转不能转。……无以武汉有疏而遽为震摇。"又说："江夏纵失，尚可旋得。安庆一弛，不可复围，故余力主不弛围之说。"②对曾国藩来说，安庆攻陷与否关系"天地剥复之机"，关系"吾家之气运"，但对胡林翼来说，武汉倘有"疏失"，官文倘若毙命，胡林翼身为巡抚有守土之责，罪无可逭，又何尝不关系他自己的"气运"？当李秀成逼近鄂南，胡林翼惊恐之际，自然要考虑撤安庆之围，敛兵以保湖北。曾、胡之间第一次产生了比较严重的战略歧见。这一战略歧见的根源，除了对战略形势估计不同等原因外，一个重要的因素就是曾、胡两人都不得不打打自身"气运"的小算盘，说到底，是曾、胡两人自身利害之间的冲突。

就曾、胡关系而言，胡林翼担任湖北巡抚、攻复武昌以后，竭力发展和维系湘军。1857年曾国藩被削除兵权后，又是胡林翼处心积虑帮助他东山再起。曾国藩曾经那样感激，说湘军全仗胡林翼"以生以成"，胡林翼对他"事事相顾，彼此一家"。现在，曾国藩当上了两江总督、钦差

---

① 胡林翼：《复曾制军辛酉四月二十七日》，载郑敦谨编《胡文忠公遗集·抚鄂书牍》（卷八十三），同治六年黄鹤楼刻本，第11页。
② 曾国藩：《致沅季两弟咸丰十一年二月二十二日》，载李瀚章编《曾文正公全集·家书》（卷七），光绪丙子传忠书局版，第22—24页。

大臣，权位在胡林翼之上。当胡林翼为武汉安危急得咯血之时，以理学相标榜的曾国藩竟然"见利忘义"，宁可让胡林翼做"湖北罪人"，命令曾国荃"无论武汉之或保与否"，坚围安庆，以争"吾家之气运"，加官进爵。由此可见，曾、胡之间也并没有什么真"诚信"可言。

曾国藩对胡林翼提出撤围深为不满，他写信给左宗棠说，"金陵逆首之计，安庆一日不解围，则内犯江、鄂腹地一日不歇也。……北岸事皆落贼计之后""大约北岸安庆弛围、南岸弃休、祁三县，皆下策"①。他又直接致函胡林翼说，陈玉成"千方百计，无非为安庆解围而设，其精锐之贼，必仍在怀、桐两处"。现在多隆阿部"主剿援贼"，曾国荃部主围城池。湖北境内已有李续宜回援之师以及湖南来援的刘岳昭部。"援师、围师似俱有七、八分把握。阁下如不以鄙见为然，侍亦当于节后调鲍军至南岸"，相机援鄂，"决不敢稍分畛域"②。

正当曾国藩和胡林翼产生战略分歧的时候，形势的变化又使胡林翼放弃了弛围安庆的想法。

5月30日，据守安庆的太平军将领程学启逃出安庆，至曾贞干（曾国藩季弟）营投降，尽告城中虚实，粮食匮乏，难以久守。这一情报增强了胡林翼迅速攻陷安庆的信心。

5月20日，鲍超部受刘玱琳守军重创之后，即遵胡林翼指示，掘壕围困赤岗岭四垒，环壕修筑炮台，昼夜轰击。刘玱琳等又坚守半个多月，孤立无援，弹尽粮绝。6月8日，李四福等三垒守军共三千余人乞降，鲍军入垒，斩杀二千八百余人。6月9日，刘玱琳被迫率余部突围，至马踏石时，鲍军马步追及，刘玱琳被俘，被解赴杨载福大营肢解，壮

---

① 曾国藩：《复左季高》，载李瀚章编《曾文正公全集·书札》（卷十五），光绪丙子传忠书局版，第31页。

② 曾国藩：《复胡宫保》，载李瀚章编《曾文正公全集·书札》（卷十五），光绪丙子传忠书局版，第32页。

烈牺牲①。

赤岗岭四垒太平军全军覆没，胡林翼大喜过望，他说，"刘玱琳即去年守太湖、攻金陵之贼，悍挚著名，四眼狗所依赖""四垒老贼，诛戮殆尽"，此役"功抵塔忠武岳州、李忠武九江矣"②。刘玱琳是陈玉成麾下第一员骁将，赤岗岭守军四千余人是陈玉成军百战精锐，刘玱琳全军覆没，更加增强了胡林翼迅拔安庆的信心。

6月19日，胡林翼奏陈安庆战场形势并决定回驻武昌。他说，陈玉成"自叠经痛剿，窜伏桐城之后，势孤无援，凶焰顿衰。纵欲逞其狡谋，复图窜扰，必非近日所能为力"。鲍超等部已"尽歼"集贤关外赤岗岭太平军。曾国荃已掘壕围定集贤关内菱湖北岸十三垒。现在"多隆阿马步全军一万余人仍驻桐城之挂车河，屹然难犯。鲍超一军亦不下万人，现经曾国藩饬令进剿宿松，仍可为集贤关之声援。曾国藩又近驻东流，与安庆相隔咫尺，尤可随时策应。是安庆剿办事宜，兵力已厚，……无庸臣远为顾虑也"。他接着说："惟鄂省之蕲、黄各城邑被贼久踞。逆匪伪忠王李秀成一股由吉安、瑞州窜踞义宁州、武宁县，逼近湖北之通山、通城、崇阳、大冶县、兴国州边界。各州县羽书告警，日夜纷至。"李续宜部分攻德安等地，"兵分力单，兼顾为难"。权衡全局，"下游既已解严"，我应"亲督成大吉一军回剿上游"。李秀成逼近鄂南，我将"先援南岸，再攻蕲黄"③。胡林翼决定，不撤安庆之围，让曾国藩驻东流就近指挥，自率成大吉部回驻武昌。此时，李秀成军已经攻入鄂南。

---

① 曾国藩：《官军围攻赤岗岭贼垒悍贼歼除折咸丰十一年五月十八日》，载《曾文正公全集·奏稿》（卷二），世界书局版，第405页。

② 胡林翼：《复成武臣鲍春霆周寿山辛酉五月初二日》《致曾制军辛酉五月初七日》，载郑敦谨编《胡文忠公遗集·抚鄂书牍》（卷八十三），同治六年黄鹤楼刻本，第13页。

③ 胡林翼：《陈报自太湖督兵回鄂启程日期疏辛酉五月十二日》，载郑敦谨编《胡文忠公遗集·抚鄂书牍》（卷四十一），同治六年黄鹤楼刻本，第24页。

李秀成军逼近鄂南时，官文派知府唐协和等率二千余人驻防兴国，李续宜派副将何绍彩分防崇阳、通山、通城、大冶等处，每处仅五六百人。6月9日，李秀成军开始攻入湖北，占领通城。10日，攻占通山。11日，攻克兴国。12日，续克大冶。15日，进克武昌县（今鄂城市）。同日，李续宜率领所部三千余人渡江至南岸，驻扼武昌东门外鲁家巷。

李秀成入鄂南后，自驻兴国。部将谭绍光驻大冶，蔡元隆驻鄂城。鄂城与黄州隔江相望，赖文光即行文与李秀成联络，李秀成得"悉江北军情大略"①。他说："得悉英王如此如此而为，悉其省（指安庆——引者注）不能保也。"②李秀成分军再克蒲圻、咸宁。在鄂南召集义民，"大概三十万之数〔谱〕"。

李秀成原曾奏明天王洪秀全，等他招齐义民后即"遵诏扫北"，此时，李秀成得知"鲍军由宿松扯兵上到黄州，湖北胡巡抚兵亦来"，他"不与鲍、胡军战。一因兵新，二因接李世贤来报云乐平之败，赶我复回。那时曾九帅（指曾国荃——引者注）又困安省，英王陈玉成解救不能，……是以当即将湖北等县全军尽行同日收兵赶下"③。6月23日，李秀成军退出鄂城，放弃了与黄州赖文光部的最近联络点，表明他已不想"遵诏扫北"，参加安庆保卫战。至7月9日，李秀成军又退出咸宁、蒲圻。

6月19日，胡林翼督兵由太湖启程，沿江而上。22日，曾国藩已坐船至香口迎候，与胡林翼会面，晤谈三日。25日，胡林翼继续西行。7月10日，抵达武昌。这时，李秀成军已全部退出鄂南，拟由江西而赴浙江，会同李世贤军开辟浙江根据地。

---

① 《忠王李秀成给杰天义赖文光谆谕》，载太平天国历史博物馆编《太平天国文书汇编》，中华书局1979年8月版，第190页。

② 李秀成：《李秀成自述》，载太平天国历史博物馆编《太平天国文书汇编》，中华书局1979年8月版，第520页。

③ 李秀成：《李秀成自述》，载太平天国历史博物馆编《太平天国文书汇编》，中华书局1979年8月版，第515页。

七、湘、楚军攻陷安庆，陈玉成慷慨就义

1861年7月，天王洪秀全严令杨辅清增援安庆。7月21日，陈玉成会合杨辅清部，"号称十余万，自无为州窜赴英山"，绕至宿松，再次避开驻扎挂车河的多隆阿部，"希图攻扑太湖，为救援安庆之计"。由于太湖敌军顽抗，陈玉成、杨辅清率军由黄泥岗、小池驿而去。8月7日，进至清河、三桥头、高横岭一带。多隆阿分拨马队赴马鞍山一带堵截。与此同时，桐城太平军为了牵制多隆阿部，配合陈玉成、杨辅清进击安庆围师，出击挂车河。林绍璋、吴如孝率部由桐城西大路直扑挂车河，黄文金由桐城东路绕至鸡公庙、麻子岭。多隆阿分军迎战。鏖战多时，太平军挫败，被迫退归桐城①。

当陈玉成等绕道英山进至宿松后，胡林翼判断，陈玉成、杨辅清"复绕英、霍走宿、太，谋绝多军饷道，以解安庆之围。贼势虽众，精悍者少"。他认为应调遣"一支劲旅，前往邀击"②。但成大吉部在黄州一带、金国琛部在德安、鲍超部援江西，均难抽拨。据曾国藩奏报，陈玉成这一次军事行动不是没有成效的，他说："多隆阿一军，粮路已断。"曾国藩立即改"由水路绕道接济"③，多隆阿遂能坚扎挂车河，与桐城太平军互相牵缀。

---

① 官文、曾国藩奏，载王先谦《东华续录》（同治朝卷一），光绪十三年刻本，第8页。
② 胡林翼：《复左季高太常辛酉七月二十日》，载郑敦谨编《胡文忠公遗集·抚鄂书牍》（卷八十三），同治六年黄鹤楼刻本，第22页。
③ 曾国藩：《近日军情片咸丰十一年七月十八日》，载《曾文正公全集·奏稿》（卷二），世界书局版，第418页。

至8月17日,曾国荃部已平毁安庆"城外石垒及东门月城"①,形势越来越险恶。8月21日至8月24日,陈玉成、杨辅清统军四五万人驰入集贤关内,在关口、毛岭、十里铺一带扎营四十余座,急援安庆。8月25日,陈玉成、杨辅清两军分十余路攻曾国荃部后壕,26日再攻,均受阻。8月27日,陈玉成等督兵猛攻西北长壕。据赵烈文记,太平军"人持束草,蜂拥而至,掷草填壕,顷刻即满"。湘军开炮轰击,"每炮决,血衢一道,贼进如故,前者僵仆,后者乘之。壕墙旧列之炮,装放不及,更密排轮放,调增抬鸟枪八百杆,殷訇之声,如连珠不绝"。太平军伤亡甚多,仍前仆后继,猛攻不已。战斗激烈之际,湘军"一勇掷火包,线长未燃",太平军拾起回掷,将敌军壕内火药包引爆,"轰然一、二处,守者皆溃,奔退十余丈"。太平军"过壕者七、八人"。曾国荃亲来督战,枪炮复续。至28日,太平军已连续猛攻十二次,苦战一昼夜,死亡一万数千人,湘军耗用火药十七万斤、铅子五十万斤,可见战斗之惨烈和太平军之英勇。自8月28日至9月2日,太平军仍轮番攻击,终未突破敌军长壕。9月3日夜,陈玉成等以大队攻敌壕,暗用小划船运送粮米入城,但被湘军水师截获。

9月4日,曾国荃部在安庆北门挖成地道。深夜四更,叛将程学启领兵薄安庆西北门,缘城而上,这时北门地道火药亦轰发,湘军冒死蜂拥冲入安庆城内。"守贼皆饥倒,不能抵御,……逆目张朝爵、叶矮子(即叶芸来——引者注)不知下落,陈某、吴某皆死。"湘军兽性大发,"杀贼凡一万余人,男子髫龀以上皆死。各伪官眷属妇女自尽者数十人,余妇女万余俱为掠出。房屋贼俱未毁,金银衣物之富,不可胜计,兵士有一人得金七百两者。城中凡可取之物,扫地而尽,不可取者皆毁之。坏垣剧地,至剖棺以求财物"。连赵烈文都说,如此杀戮劫掠,自"军兴以

---

① 官文、曾国藩奏,载王先谦《东华续录》(同治朝卷一),光绪十三年刻本,第8页。

来，荡涤未有如此之酷者矣"①。

安庆城破时，陈玉成、杨辅清援师"列队远望，……渐渐退去"②，在阴霾笼罩的安庆战场上留下了饱含着血和泪的无穷遗恨。

安庆失守后，陈玉成、杨辅清两军退到集贤关外。据李续宜奏："安庆克复后，伪英王陈玉成、伪辅王杨辅清等聚集逆党，由宿松上窜，图犯鄂疆。"③李秀成也说，陈玉成"见省失守，扯兵由石牌而上，黄（梅）、宿（松）之兵尽退上野鸡河，欲上德安、襄阳一带招兵，不意将兵不肯前去。那时兵不由将，连夜各扯队由六安而下庐州，英王见势不得已，亦是随回，转到庐城"。杨辅清一军仍旧退回皖南宁国一带。

陈玉成从安庆撤退以后，安徽之桐城、舒城、宿松、庐江，湖北之黄梅、蕲州、广济、黄州、随州均相继失守。陈玉成军局促于庐州一隅。

英王陈玉成是太平天国后期杰出的优秀统帅，骁勇善战，谋略高超，独当一面，大力主持西线和北岸战事，保卫太平天国安徽根据地，以为天京的屏藩和饷源基地。多年来，陈玉成驰骋长江北岸，所向无敌，威震鄂、皖。连胡林翼也在奏报中称："贼之狡悍惯战，应以石达开、陈玉成为尤著。"④把陈玉成视为"吴楚之患"⑤。安庆保卫战中，陈玉成千里转战，出生入死，不幸安庆沦陷，精锐丧失，眷属殉城。论理，天王洪秀全应该温旨抚慰，勉励陈玉成整军再战，重振军威。事实恰恰相反，据陈玉成致扶王陈德才的信说，1862年2月，天王洪秀全

---

① 赵烈文：《能静居士日记》，载太平天国历史博物馆编《太平天国史料丛编简辑》，中华书局1963年版，第200—201页。
② 曾国藩：《克复安庆省城片咸丰十一年八月初二》，载《曾文正公全集·奏稿》（卷二），世界书局版，第420页。
③ 李续宜奏，载王先谦《东华续录》（同治朝卷一），第11页。
④ 胡林翼：《奏陈北路紧要情形李续宾暂难赴浙疏八年五月初二日》，载郑敦谨编《胡文忠公遗集·奏疏》（卷二十八），同治六年黄鹤楼刻本，第24页。
⑤ 胡林翼：《致各营辛酉四月初六日》，载郑敦谨编《胡文忠公遗集·抚鄂书牍》（卷八十三），同治六年黄鹤楼刻本，第29页。

"复命敬王、畏王恭捧圣诏三道、圣旗一道,责兄前退太湖,复退安省,又失挂车河之约,致章王退桐城、庐江、无为、三河等处,皆罪在兄。现已荷蒙圣恩,出以赏罚革黜,思处此之时,亦是万幸"①。天王洪秀全一面将陈玉成革职,一面将陈玉成部下陈德才、赖文光等封王,赏罚乖张,明显地表现了对陈玉成的不信任,使陈玉成心灰意冷。李秀成说,陈玉成军到庐州后,"尔言我语,各又一心。英王见势如此,主又严责,革其职权,心繁〔烦〕意乱,愿老于庐城,故未他去,坐守庐城,愚忠于国。后曾〔多〕帅发兵而来困,被逼不甚〔堪〕,又无粮草,久守不能,将兵之心已有乱意,故未稳坚,而失庐郡"。叛徒苗沛霖乘机将陈玉成骗至寿州,"反心获捉"②,押送胜保大营。胜保高坐中军帐,两旁清兵站列,刀枪如林。陈玉成被带进中军帐,差弁喝令陈玉成跪下。陈玉成怒视胜保,厉声痛斥:"尔胜小孩(指胜保——引者注)在妖朝为第一误国庸臣。本总裁在天朝是开国元勋。本总裁三洗湖北,九下江南。尔见仗即跑。在白石山踏尔二十五营,全军覆没,尔带十余匹马抱头而窜。我叫饶尔一条性命。我怎配跪你?好不自重的物件。"胜保目瞪口呆,又以高官厚禄诱降,陈玉成厉声喝道:"大丈夫死则死尔,何饶舌也。"③1862年6月4日,陈玉成在押解北京途中,于河南延津慷慨就义,年仅二十六岁。为太平天国的革命事业,陈玉成战斗一生,功载青史,慷慨就义,芳留百世。

---

① 陈玉成:《英王陈玉成命扶王陈德才等立即酌议军情书》,载太平天国历史博物馆编《太平天国文书汇编》,中华书局1979年8月版,第198—199页。

② 李自成:《李自成自述》,载太平天国历史博物馆编《太平天国文书汇编》,中华书局1979年8月版,第521页。

③ 刀口余生:《被掳纪略》,载中国科学院历史研究所第三所、近代史资料编辑部编《太平天国资料》,科学出版社1959年3月版,第213页。

第十四章　胡林翼病死武昌

陈玉成率领太平军舍生忘死，血战经年，而安庆终为湘、楚军所攻陷，其他各种因素姑置不论，如果仅从军事上考察，无疑应该得出这样的结论：陈玉成的战略思想是一个巨大的失策，胡林翼的战略思想略高一筹，陈玉成的失败恰恰是误中了胡林翼的狡计诡谋。

如前所述，在安庆战役开始前，胡林翼的战略思想已经形成，其基本点是"围点打援"。胡林翼认为，如果不"剿灭"太平军的有生力量，即使克城得地，譬如得一"石田"，毫无补益。而太平军将如浮萍在水，风定复聚，城池又将易帜。反之，如果消灭了太平军的有生力量，"援贼破，城自下"。因此，在安庆战役中，胡林翼以曾国荃部万余人围困安庆，迫使陈玉成率军援救。另以多隆阿部、李续宜部精锐部队两万余人"备战、备剿"，从而掌握了足够的机动部队，准备凭借预置阵地，和陈玉成军在安庆战场决战，企图一举消灭陈玉成军。

太平军方面，无疑应该力保以安庆为省垣的安徽根据地。但从军事力量的对比来看，陈玉成军还不具备和湘、楚军进行战略决战的条件。以兵力言，陈玉成军兵员虽众而精锐无多，以武器装备言，也远不如湘、楚军精良。更重要的是，安庆濒临长江，曾国荃部围师可以与湘军水师相依护，并不断得到粮饷军械接济。太平军完全丧失了制水权，不但不能控制长江江面，甚且不能在菱湖水面活动。安庆一旦被围，势必不能久守。这样，株守安庆则守军有覆没的危险，救援安庆则援军精锐将损耗殆尽。兵法云：全军为上。胡林翼深知这一点，而陈玉成恰恰犯了大忌。为太平军计，当形势已很明了，安庆已无可守之势时，陈玉成应救出安庆守军,保存有生力量,避敌之长,不与湘、楚军在濒临长江的安庆战场决战,似可退守桐城、舒城、庐州等地,与湘、楚军继续周旋,伺机破敌。只要安徽根据地内还有陈玉成主力部队活动,仍然足以牵制湘、楚军,湘、楚军断不能不计后顾之忧,悬军深入而扑犯天京。然而,太平军计不出此,安庆守军株守危城,直到全军战死。陈玉成一次次组织援军,进入敌预置阵地死战,伤亡惨重,精锐耗尽。最典型的如留下刘玱琳等固守赤岗岭孤垒,连胡林翼都说"非兵法也"。太平军安庆保卫战的损失,不独安庆城池的沦陷,更重要的是安庆守军的全军覆没和陈玉成军主力部队的损耗殆尽。接踵而来的又是陈玉成牺牲殉国。洪仁玕说,"如英王不死,天京之围必大不同,因为若彼能在江北活动",天京尚可保与北岸之"交通之利"和"源源接济"。"英王一去,军威军势同时堕落,全部瓦解,因此,清军便容易战胜"①。应该说,洪仁玕所言军威军势的堕落正是安庆战役中太平军消极防御、死保安庆,湘、楚军"围点打援",消灭太平军有生力量的直接后果。

攻陷安庆后,曾国藩奏称:"楚师围攻安庆已逾两年。其谋始于胡林翼一人。……前后布置规模,谋剿援贼,皆胡林翼所定。"②考察安庆战役,确实可以看出,曾国藩的凶狠在于力主坚围安庆不撤,移营祁门不进,以必得安庆为计。胡林翼的凶恶在于坚持"围点打援"的战略指导思想,集中主力作为机动部队,一意"谋剿援贼",使陈玉成军主力损耗殆尽,这恰恰是全局的关键。曾国藩推胡林翼为"首功",不无道理。

攻陷安庆,是湘、楚军取得的一次空前重大的胜利。清方这样估价:"安庆为金陵门户,皖北要冲,逆贼久踞焉。正如常山之蛇首尾相应也。安庆不克,则皖北何由平?皖北未平,则金陵何由复?文宗显皇帝

---

① 洪仁玕:《洪仁玕自述》,载太平天国历史博物馆编《太平天国文书汇编》,中华书局1979年8月版,第555页。

② 曾国藩:《克复安庆省城片咸丰十一年八月初二日》,载《曾文正公全集·奏稿》(卷二),世界书局版,第421页。

（即咸丰皇帝——引者注）……允曾国藩三路入皖，并胡林翼先攻安庆之奏，……遂能克复名城，扫除凶焰，为东南军务一大转机。从此势若建瓴，攻成破竹。"正因为这样，曾国藩、胡林翼等纷纷领赏。两江总督曾国藩赏加太子少保衔。湖广总督官文赏加太子太保衔。安徽巡抚李续宜赏穿黄马褂。道员曾国荃赏加布政使衔记名按察使，并赏穿黄马褂。水师提督杨载福、副都统多隆阿赏云骑尉世职。鲍超授提督实缺。以下赏赐有差。

清政府在1861年9月29日的上谕中说，此次攻复安庆，"胡林翼首先画策，身亲督剿，厥功甚伟。赏太子太保衔，另加赏骑都尉世职"①。岂知胡林翼已在武昌奄奄待毙，等不及"生膺殊荣"了。

胡林翼少负才气，入仕后仍是"高自期许"，以为能挽狂澜于既倒，维护摇摇欲坠的封建统治。然而，太平军的一次次沉重打击如雷霆轰顶，把他的嚣张气焰打了下去。特别是1855年9月的崒山之战，胡林翼兵败欲"赴敌死"，幸赖鲍超救下。崒山溃后，他惊魂甫定，写信给郑兰说："从前打金口、打八步街、打蔡店、高庙，何尝目中有贼。崒山之溃，何尝非有心可憾之至。"②他又在给夫人陶琇芝的信中说，"平生自谓才大，自幼即狂，谓世人皆无才，因狂而傲，二十、三十岁以前均是如此。……三十七以后作守（指到贵州出任安顺等地知府——引者注），办一方之事，当小乱之时，稍展其才。而今年之才力竭矣。今年之难之苦，则竭力尽心万难支撑矣，心中未尝不愁"，他未免悲观，开始怨天尤人了。他说："劫数未满，人心日漓，大要是乱之初生耳。"③

从此，尽管胡林翼有时因获胜仗而"意兴顿扬"，终又蒿目时艰，意兴废然，悲观的情绪犹如千斤大石，沉重地压在他的心头。长期以来，

---

① 王先谦：《东华续录》（同治朝卷一），光绪十三年刻本，第10页。
② 胡林翼：《致郑谱香乙卯九月》，载郑敦谨编《胡文忠公遗集·抚鄂书牍》（卷五十九），同治六年黄鹤楼刻本，第2页。
③ 梅英杰：《胡文忠公年谱》（卷二），己巳三月梅氏抱冰堂刊，第13—14页。

他心境不佳,"忧愤万状",有时竟至心灰气沮,屡萌退隐之念。1859年,胡林翼曾说,"皖事苟完,我辈岂可再与于世事哉",①"了却江表一事,便可小作结束,为山水云霞之人"②。1860年,他又曾说:"事定之后,长揖而去,一丝不挂,此吾辈之志,亦吾辈之分也。"③他还写信给曾国荃说:"我辈走错路了,若昔年闭户著书,使天下后世想象其人,必曰惜其时不之用耳,今意何如。"④

话虽如此,胡林翼毕竟不甘心眼睁睁地看到代表地主阶级利益的清王朝被太平天国农民战争所推翻,他一定要作垂死的挣扎,如他所说:"天下事,成败利钝,早已了然于中矣。……有一二几希之望,仍不如尽力干去。譬之大海遭风,已知万无可救,然苦无岛屿可望,行固不得活,不行亦必不得活也。"⑤"天下情形,日见艰难,……惟有尽心竭诚,力所能及者勉力为之而已。"⑥

然而,尽管他还想"勉力为之",却已心力交瘁,如灯油将尽了。

1861年3月,陈玉成踏破霍山一带敌军防线,如暴风骤雨般地攻入湖北,胡林翼急得吐血,肺病加剧,已无药可救。6月,李秀成进军至鄂南,胡林翼抱病回驻武昌,途中"吐血甚多,委顿之至"⑦。抵达武昌

---

① 胡林翼:《致湘乡刘霞仙己未三月二十七日》,载郑敦谨编《胡文忠公遗集·抚鄂书牍》(卷六十三),同治六年黄鹤楼刻本,第15页。

② 胡林翼:《致钱萍矼典试己未八月初一日》,载郑敦谨编《胡文忠公遗集·抚鄂书牍》(卷六十五),同治六年黄鹤楼刻本,第15页。

③ 胡林翼:《致丁月台庚申正月二十九日》,载郑敦谨编《胡文忠公遗集·抚鄂书牍》(卷七十),同治六年黄鹤楼刻本,第13页。

④ 胡林翼:《复曾沅圃观察庚申十月二十一日》,载郑敦谨编《胡文忠公遗集·抚鄂书牍》(卷七十九),同治六年黄鹤楼刻本,第16页。

⑤ 胡林翼:《致李次青观察己未正月二十五日》,载郑敦谨编《胡文忠公遗集·抚鄂书牍》(卷六十),同治六年黄鹤楼刻本,第20页。

⑥ 胡林翼:《致舒辅廷副都统庚申七月初十日》,载郑敦谨编《胡文忠公遗集·抚鄂书牍》(卷七十六),同治六年黄鹤楼刻本,第13页。

⑦ 曾国藩:《曾文正公手书日记》(咸丰十一年五月十六日记),宣统元年己酉上海中国图书公司印行。

后，胡林翼写信给左宗棠告以病情："贱病血稍止而咳有加，恢恢一榻，……吾命穷矣。"①9月1日，胡林翼密荐李续宜代理湖北巡抚，并奏准开缺回益阳原籍调理。

胡林翼病重期间，曾致书其妻说："连旬寒疾，起坐不能自由，即病愈亦须怀桐军事大定乃可离营。意欲离营即归家也。父母见背，家庭之乐永不可得，所敬于心者，惟一老夫人耳。所心慈而念念尚有其人者，惟赐福耳。夫人善督家政、教育此儿以承宫詹公、汤太夫人之正祀。吾父母德大，二三代后必且大昌矣。"②

9月5日，湘、楚军攻陷安庆，消息传到武昌。据左宗棠记，是时，胡林翼"血尽嗽急，肤削骨峙，频闻吉诰，笑仅见齿"③。旋闻咸丰皇帝死于热河承德，"哀诏久未下"，胡林翼忧思徬徨，怀疑京师必有事故，病遂加笃。9月11日，胡林翼给曾国藩复信，历陈安徽、湖北、江西战事，最后说："惟七月十七之事（公历8月22日，咸丰皇帝死，年仅六岁的载淳继位——引者注），主少国危，又鲜哲辅，殊堪忧惧。"④

9月26日，胡林翼上了最后一份奏折《再陈湖北危窘情形吁恳减成收捐疏》。

9月29日，清政府下诏封赏攻陷安庆的将领，而次日胡林翼即病死于武昌，时年五十。

胡林翼临死前，念念不忘的是妻儿和后代的昌盛，忧虑难已的是湘、楚军的战事和清王室的安危，以及他没有干完的镇压太平天国的事业。

---

① 胡林翼：《复左季高太常辛酉七月二十日》，载郑敦谨编《胡文忠公遗集·抚鄂书牍》（卷八十三），同治六年黄鹤楼刻本，第22～23页。

② 梅英杰：《胡文忠公年谱》（卷三），己巳三月梅氏抱冰堂刊，第27页。

③ 左宗棠：《祭胡文忠公文》，载《左文襄公全集·文集》（卷五），光绪十六年版，第2页。

④ 胡林翼：《复曾制军辛酉八月初七日》，载郑敦谨编《胡文忠公遗集·抚鄂书牍》（卷八十三），同治六年黄鹤楼刻本，第24页。

胡林翼死了，清政府少了一位得力的干将，载淳的上谕说，胡林翼在军九年，"克复武昌及沿江郡县，肃清皖境，并调遣官军攻复江西、九江，……本年八月克复安庆省城。朕念其公忠体国，懋著勤劳，方冀长资倚畀，乃以积劳成疾，甫经赏假，遽闻溘逝，实深悼惜，胡林翼着追赠总督"①，予谥文忠。

胡林翼死了，曾国藩湘系集团丧一支柱。曾国藩湘系集团是中国近代一个军事政治集团，这个集团在曾国藩创办湘军时开始形成，到曾国藩死去解体。从它的全部发展过程看，胡林翼担任湖北巡抚的七年（1855年至1861年）是曾国藩湘系集团的重要发展阶段。这个阶段中，特别是1860年以前，曾国藩一直为清政府所疑忌，甚至一度被清政府削除兵权，逐回原籍，正是胡林翼锐意经营湖北，倾湖北之力与曾国藩合作，对于曾国藩集团的发展起了重要作用。胡林翼维护和扩编了湘军，支持曾国藩东山再起，成为湘军和曾国藩湘系集团的第二号人物。胡林翼又和曾国藩党同伐异，与何桂清、胜保倾轧，把湘系集团的势力范围扩张到浙江、安徽。在这个阶段中，湘系集团以湖南、湖北为基地，以湘、楚军为实力基础，以曾、胡合作为标志，因此，把这个阶段的曾国藩湘系集团称为曾、胡集团更为确切。曾国藩曾深有感触地与李续宾论及胡林翼说："古来似此关系绝大之人，亦不多也。"②胡林翼死后，曾国藩更是感慨万端地说，"自文忠与江忠烈（江忠源谥忠烈——引者注）殁，而同事者鲜能一心"。我历尽艰辛，"胡润芝事事相顾，彼此一家，始得稍自展布，以有今日，诚令人念念不忘"③，"中道弃捐，岂独吾党

---

① 奕䜣等撰：《钦定剿平粤匪方略》（卷二百七十四），同治十一年铅印本，第16页。

② 曾国藩：《致李迪庵中丞》，载李瀚章编《曾文正公全集·书札》（卷六），光绪丙子传忠书局版，第24页。

③ 赵烈文：《能静居日记》（同治二年七月十二日、七月十九日条），载江世荣编注《曾国藩未刊信稿·附录二》，中华书局1959年版，第381—382页。

之不幸"①。

胡林翼死了,他的同僚"相与唏嘘慨叹,佥谓有清中兴之业,实基自公,而惜其年来中寿,不获竟其功用"②,颂谀之词连篇累牍。

汪士铎写道:"方粤贼之张也,蹂躏遍江淮以南诸行省,众无虑百余万,所力争者惟江汉。当是时,赞纶扉、绾兼圻、专斧钺者前后数十人,握军十余万,縻帑千数百万,卒之,城邑破灭以百余数,黔首涂炭以百余万数,得无锱铢而破军失地之报日相望。圣主赫怒,或黜、或囚、或窜、或殛、或槛车收之、乞命海隅不少贷。公独以牂牁太守积功至巡抚,阶至太子太保,冠带至一品、荫轻骑都尉"③。反其意而用之,可以看到太平天国何等沉重地打击了清王朝!清王朝之所以最后能镇压太平天国,除了其他原因,正是得力于胡林翼等人的竭力支撑。

太平天国失败了,但是它沉重地打击了清王朝的统治,清王朝百孔千疮,奄奄待毙,所谓"同治中兴",不过是行将就木时的回光返照。太平天国将士的斗争精神激励后人继续战斗,最后推翻了清王朝的统治。太平天国是中国历史上一座巍峨的丰碑,光照千秋。

---

① 曾国藩:《复郭筠仙》,载李瀚章编《曾文正公全集·书札》(卷十六),光绪丙子传忠书局版,第39页。
② 梅英杰:《胡文忠公年谱》(卷三),己巳三月梅氏抱冰堂刊,第45页。
③ 汪士铎:《湖北胡文忠公祠记》,载《汪梅村先生集》(卷六),光绪七年刊本,第2页。

附录　大事简记

1796年　嘉庆元年·丙辰

　　川楚白莲教农民起义爆发，历时九年。

1811年　嘉庆十六年·辛未

　　11月26日　曾国藩生于湖南湘乡。

1812年　嘉庆十七年·壬申

　　7月14日　胡林翼生于湖南益阳。

　　11月10日　左宗棠生于湖南湘阴。

1813年　嘉庆十八年·癸酉

　　9月7日　天理教农民起义爆发于滑县。

　　9月15日　林清率天理教徒众潜入北京进攻皇宫。

1814年　嘉庆十九年·甲戌

　　1月1日　洪秀全生于广东花县。

1819年　嘉庆二十四年·己卯

　　陶澍以女陶琇芝字胡林翼。

1825年　道光五年·乙酉

　　胡林翼从贺熙龄读书。

1830年　道光十年·庚寅

　　胡林翼入赘陶家，并从蔡用锡读书，究心经世之学。

1831年　道光十一年·辛卯

　　益阳及邻县水灾，"饥民聚掠"，胡林翼到官府请求赈灾等，以消弭农民起义危机。

1832年　道光十二年・壬辰

湖南江华爆发赵金龙瑶民起义，广东瑶民响应，被湖广总督卢坤、广西巡抚祁𡐔镇压。胡林翼到金陵两江总督陶澍任所，时林则徐任江苏巡抚。

1833年　道光十三年・癸巳

胡林翼自金陵到北京，参加会试与左宗棠相会，胡、左定交。

1835年　道光十五年・乙未

胡林翼回籍参加乡试，考中举人。

1836年　道光十六年・丙申

胡林翼到北京参加会试，中进士，朝考入选，改翰林院庶吉士。

1838年　道光十八年・戊戌

胡林翼授职编修。

12月31日　清政府命林则徐为钦差大臣，节制广东水师，驰赴广东查办海口事宜。

1839年　道光十九年・己亥

两江总督陶澍死，胡林翼聘左宗棠至安化陶家当塾师，交往极密。

1840年　道光二十年・庚子

4月　胡林翼充会试同考官。

6月　第一次鸦片战争爆发。

7月　胡林翼充江南乡试副考官，取汪士铎、蒋照等。回京复命时，因正考官文庆携带举人熊少牧入闱阅卷，胡林翼以失察降一级。

1841年　道光二十一年・辛丑

9月　胡林翼因父死回籍守制。自此至1846年2月赋闲五载。

1842年　道光二十二年·壬寅

《中英南京条约》签订。

1846年　道光二十六年·丙午

林则徐从新疆放归，本年在陕西巡抚任，胡林翼在陕西捐输案中报捐内阁中书，捐升知府，分发贵州使用。

1847年　道光二十七年·丁未

4月　林则徐调任云贵总督。

12月　胡林翼署理贵州安顺府知府。

1849年　道光二十九年·己酉

5月　胡林翼署理贵州镇远府知府。

9月　云贵总督林则徐病免，回福州原籍。

1850年　道光三十年·庚戌

2月　道光帝旻宁死。

3月　奕詝即位，以翌年为咸丰元年。

10月　胡林翼署理贵州思南府知府。清政府命告病在籍的林则徐为钦差大臣，驰赴广西镇压农民起义，林则徐力疾就道，11月24日行至潮州府普宁县病死。

1851年　咸丰元年·辛亥

1月11日　洪秀全在广西桂平县金田村发动农民起义，正号太平天国，旋称天王。

8月　胡林翼到贵州黎平府任知府，大办保甲团练，自练"黔勇"武装。

1852年　咸丰二年·壬子

10月　胡林翼推荐左宗棠入湖南巡抚张亮基幕，主军事。

1853年　咸丰三年·癸丑

1月　曾国藩奉命帮办湖南团练，旋即着手筹组湘军。

3月19日　太平军攻克金陵，改名天京，定为首都。

10月　湖广总督吴文镕奏调胡林翼率所部黔勇赴援湖北，时胡林翼已升任贵东道道员。

1854年　咸丰四年·甲寅

1月　胡林翼率所部黔勇启程赴援湖北。

2月　太平天国西征军在湖北黄州堵城击毙吴文镕，胡林翼行次湖北金口，进退失据。旋为湖南巡抚骆秉章奏留湖南，时左宗棠在骆秉章幕。

曾国藩率地主武装湘军水陆师一万七千余人，从衡州出发，进向湘北顽抗太平军，胡林翼随同湘军参与湘北争夺战。

6月　太平军二克武昌。

7月　胡林翼升四川按察使，奉命仍留湖南，驻防岳州。

10月　湘军攻陷武昌，清政府收回成命，着曾国藩毋庸署理湖北巡抚，赏兵部侍郎衔。改命湘系政敌陶恩培为湖北巡抚。胡林翼调补湖北按察使。

1855年　咸丰五年·乙卯

1月　胡林翼率部入江西，会同湘军罗泽南部进攻湖口、梅家州。太平军湖口大捷。

2月　太平军再获九江大捷，湘军外江水师残破船只上驶武汉。

秦日纲、韦志俊、陈玉成率领太平天国西征军攻破湖广总督杨霈的广济大营，进克汉口、汉阳。胡林翼率军自江西回援武昌，升任湖北布政使。

4月　太平军三克武昌。湖北巡抚陶恩培毙命。

胡林翼署理湖北巡抚，负责长江南岸军事。

5月　清政府罢免杨霈，荆州将军官义继任湖广总督。

9月　胡林翼岑山败绩，奏调在江西作战的曾国藩湘军、罗泽南部五千人赴援武昌。

1856年　咸丰六年·丙辰

4月　太平军击毙罗泽南，李续宾接统罗泽南部。

夏秋　鲍超至湖南募勇三千左右，自成一军，号"霆军"。

9月　天京变乱，太平天国诸王自相残杀。

12月19日　胡林翼指挥湘、楚军攻陷武昌，旋即遣军东下，进犯九江、安徽。

1857年　咸丰七年·丁巳

3月　曾国藩因父死回籍守制。

4月　陈玉成进兵湖北，救浔保皖。

6月　石达开率军脱离天京，进入安徽。

7月　陈玉成在蕲州望天畈大破湘、楚军，乘胜追敌至巴河。胡林翼急至黄州督师。

7月26日　曾国藩上《沥陈办事艰难仍恳终制折》，对清政府表示不满，不久被削除兵权。

9月　陈玉成军进攻湖北失利，敛师退回安徽。

10月　湘、楚军先后攻陷九江外围据点小池口、湖口、梅家洲。

11月12日　胡林翼上《起复水师统将以一事权并密陈进剿机宜疏》，奏请清政府起用曾国藩，清政府不许。

1858年　咸丰八年·戊午

春　陈玉成率部再次挺进鄂东，救浔保皖。

4月24日　陈玉成占领湖北麻城。

5月19日　湘军攻陷九江。贞天侯林启荣壮烈殉国。胡林翼加太子少保衔。

6月　陈玉成率部放弃麻城，撤回安徽。

7月 清政府起复曾国藩视师，驰援浙江。胡林翼按月协济曾国藩军饷三万余两。

8月 胡林翼母死，回籍守制。

9月 李续宾率领所部湘军从九江渡江，进犯安徽。

11月 陈玉成、李秀成联兵作战，大捷于三河，李续宾毙命。

12月 胡林翼因三河溃败，夺情视师，返回湖北。

1859年　咸丰九年·己未

1月 胡林翼驻营黄州，与李续宜收聚残兵败将，重整旗鼓，并谋三路图皖。

3月 石达开率部分裂出走后，本月攻入湘南。

5月 石达开部围攻宝庆。胡林翼派遣李续宜统军大举援湘，同时"专招湖北勇丁"，重建楚军。

6月 胡林翼运动官文上奏，为曾国藩谋四川总督之位，清政府不许。

8月 石达开率部从宝庆撤退，转进广西。援湘军队陆续回师湖北。

9月 曾国藩、胡林翼决定联兵图皖。

12月 湘、楚军进犯安徽太湖、潜山，胡林翼命多隆阿总统前敌各军，自己扎大营于英山。本年，湖广总督官文因与湖南巡抚骆秉章有矛盾，拟借樊燮案将骆秉章的机要幕僚左宗棠置于死地。胡林翼等多方设法，为左宗棠解围。

1860年　咸丰十年·庚申

2月 陈玉成军失利，湘、楚军攻陷太湖、潜山，进窥安庆。陈玉成率部回救天京。

3月 李秀成军袭破杭州。浙江巡抚、湘系人物罗遵殿毙命，清政府旋命何桂清集团骨干王有龄为浙江巡抚。

5月5日　李秀成、陈玉成等部太平军二破江南大营，旋即东征苏常。

6月8日　清政府将两江总督何桂清革职，赏曾国藩兵部尚书衔，署理两江总督。

6月21日　湘军水师督韦志俊部降军攻陷安庆后路重镇枞阳。

7月　曾国藩从宿松渡江，至皖南建立祁门大营。

8月初　曾国荃部进至安庆城下，开掘长壕围困安庆。

9月　天王洪秀全命陈玉成、李秀成等军即赴北岸救援安庆。

9月下旬　英法联军逼近北京，咸丰皇帝逃奔热河，清政府调鲍超部北上"勤王"，遭到曾国藩、胡林翼的抵制。

11月　陈玉成军攻挂车河多隆阿部失利。

12月　李秀成西上江西、湖北招兵，进入皖南。

1861年　咸丰十一年·辛酉

1月　陈玉成军转攻枞阳。李秀成军从江西德兴折回浙江。胡林翼从英山拔营，至太湖扎下大营。

2月12日　陈玉成军从枞阳撤退，回至桐城、庐江。李秀成军从浙江常山出发，继续西上。

3月10日　陈玉成击溃驻防霍山的余际昌部，从英山挺进湖北。胡林翼急得吐血，惊惧欲死。

3月18日　陈玉成军占领黄州。

3月22日　英国参赞巴夏礼至黄州见陈玉成，阻挠陈玉成攻打武汉三镇。李秀成军至江西抚州。

3月31日　李续宜部回援湖北，本日抵武昌。

4月21日　陈玉成留军守黄州等地，自率一万余人以黄州为基地，经黄梅、宿松回救安庆，攻安庆围师之背。

5月上旬　洪仁玕、林绍璋、黄文金等自天京等地援安庆，进攻挂车河多隆阿部失利。

5月10日　曾国藩自祁门移驻东流。

5月19日　陈玉成留刘玱琳等部精锐数千守赤岗岭，自去桐城约援再战。

5月24日　陈玉成与洪仁玕、林绍璋、黄文金等部会攻挂车河多隆阿部失利。

6月初　赤岗岭四垒失守，刘玱琳突围被俘牺牲。

6月中旬　李秀成军进入鄂南。

6月19日　胡林翼自太湖起程回武昌。

6月22日　胡林翼与曾国藩会于香口舟次，晤谈三日。

7月9日　李秀成军开始从鄂南撤退，回师开辟浙江根据地。

7月10日　胡林翼回抵武昌，以病情加剧奏请开缺调理。清政府旋命李续宜代理湖北巡抚。

8月7日　陈玉成约同杨辅清军由英山、宿松一路进军至太湖，本日由太湖进援安庆。

8月22日　咸丰皇帝奕詝死于热河承德。先一日，立载淳为皇太子，命载垣、肃顺等八人为赞襄政务王大臣。

8月25日　陈玉成、杨辅清军开始猛攻曾国荃部。

9月5日　安庆失陷，陈玉成、杨辅清军撤退。此后，桐城、舒城、宿松、蕲州、黄梅、广济、庐江、黄州等地相继失守，陈玉成困守庐州。

1862年　同治元年·壬戌

5月　湘军从安庆东下，进逼天京，曾国荃部扎营雨花台。

5月　陈玉成被叛徒苗沛霖诱至寿州，执送胜保大营。

6月4日　陈玉成在河南延津慷慨就义。

9月11日　曾国藩移设两江总督衙门于安庆，安庆成为湘军进攻金陵的前进基地。

9月29日　清政府赏胡林翼太子太保衔，另加赏骑都尉世职。

9月30日　胡林翼病死武昌。清政府给胡林翼追赠总督，予谥文忠。

冬　李秀成军、李世贤军开辟浙江根据地，12月29日攻克杭州。

1863年　同治二年·癸丑

12月4日　苏州失陷。

1864年　同治三年·甲子

3月31日　杭州失陷。

6月1日　天王洪秀全病逝，幼天王洪天贵福续立。

7月19日　曾国荃部湘军攻陷天京，太平天国失败。不久，李秀成被俘遇害。太平天国余部坚持斗争。